一眼看穿金钱骗子

YIYAN KANCHUAN JINQIAN PIANZI

YIYAN KANCHUAN JINQIAN PIANZI

冯敏飞　冯之凌◎著

新华出版社

图书在版编目（CIP）数据

一眼看穿金钱骗子 / 冯敏飞，冯之凌著.
北京：新华出版社，2016.10
ISBN 978-7-5166-2876-8

Ⅰ.①一⋯　Ⅱ.①冯⋯　②冯⋯　Ⅲ.①金融－诈骗－预防－中国　Ⅳ.①D924.334

中国版本图书馆CIP数据核字(2016)第250875号

一眼看穿金钱骗子

作　　者：冯敏飞　冯之凌

责任编辑：鞠景　　　　　　　　　　　　责任印制：廖成华
封面设计：臻美书装

出版发行：新华出版社
地　　址：北京石景山区京原路8号　　　邮　　编：100040
网　　址：http://www.xinhuapub.com　http://press.xinhuanet.com
经　　销：新华书店
购书热线：010－63077122　　　　　　中国新闻书店购书热线：010－63072012

照　　排：臻美书装
印　　刷：河北鑫宏源印刷包装有限责任公司
成品尺寸：170mm×240mm
印　　张：19.5　　　　　　　　　　　　字　　数：140千字
版　　次：2016年11月第一版　　　　　　印　　次：2016年11月第一次印刷
书　　号：ISBN 978-7-5166-2876-8
定　　价：39.00元

目 录

序

陈彩虹

　　我给他人作品写序之事，很少为之。一则名气不够，不足以让作者"沾光"，有请为之者大多推拒；二则性格直率多于委婉，于自己信仰、理念或知识结构所不认同的书稿，多有抵触，拟序也就不知如何落笔，更不知如何成章。接敏飞先生新作的作序之邀，我没有任何的推辞，欣然命笔。作品的资料丰富至极，写作的方式轻松畅达，文字功夫又十分到位，尤其是所及之事、之理颇具社会生活价值，无须"名序"增加光彩；加上本人对发生在当今社会生活中的诈骗行为深恶痛绝，还不时听得并亲自处理过发生在"银行门口"的许多金钱诈骗事项，给"防诈骗"之作写个序，要说的竟是许多，当然乐于为之。

　　钱是货币的俗称。当钱作为社会财富的一般代表时，诈骗金钱的行为也就相随出现了，"骗钱"不过是"谋财"的别名而已。从今天的社会生活来看，钱的本质应当说并没有多么明显的变化，它还是社会财富的一般代表，但钱的形式却是花样翻新、千姿百态的——既有实物形式的（如黄金），又有纸制形式的（如纸币），还有数字形式的（如银行存款、储蓄卡），等等。使用钱的方式也是日新月异，用现金，开支票，电话交费，网络付款，等等，多多是也。钱的形式和使用钱的方式越是多样化，诈骗的方式也相应地多样化起来，好像这个世界只有正面的发展，没有反面的陪衬就不成其为世界一样，你有多少种形式的钱，你有多少种使用钱的方式，每种形式或每种方式都会有相伴随的诈骗发生。如果说，在一个社会里，金钱的诈骗超过金钱的正常使用，这个社会是不可能进步的。经济学告诉我们，只有诈骗的社会，只会使已有的社会财富在不同的人之间进行再分配，并逐渐被消费掉，社会新的财富生产不出来或很少生产出来，由于对付过多的诈骗还要大大增加社会财富的耗费，社会进步当然无从谈起。

因此，每个正常发展的社会都有对付金钱诈骗的法律制度、管理组织体系，当然也少不得对社会大众的道德教化。所有这些，都是试图约束人们的行为，从严厉的惩罚威慑到择善为人的人性反省，减少人群中从事诈骗者的比重，造就社会正常发展的环境。这是一个社会宏观上对付诈骗的办法。对于具体的个人、家庭而言，现代社会中金钱诈骗的不可消除性，仅仅由宏观办法并不足以保障人们不受到被骗的困扰，即使事后会有法律对行骗者严惩，被骗的损失终究是不可完全挽回的，被骗的心理伤痕更是难以弥合的。如何在社会生活中有关金钱的事项上不被诈骗？这就是敏飞这部作品的用意所在。它主要从个人的角度，微观地提供了防止金钱诈骗的一些思考，并具体提供了一些"高招"，大有与我们这个社会宏观上防止诈骗的方法形成结合之势的意图，其社会价值是巨大的。更何况这种防止金钱诈骗思考的缜密与"高招"的丰富！

防金钱诈骗要有警惕意识。骗子实施骗术是用"心"的，他们通常会给自己好好地包装起来。一经包装，人模狗样，识破就会有困难。更要命的是，一些骗子不要包装就很能迷惑人。敏飞在书中列出了许多种类型的骗子，他们或是美丽，或是先进，或是可亲，或是可信，就是不像骗子。常人没有警惕，容易上当受骗。不过，骗子既然是冲着金钱来的，目的非常明确，也就不会不露出马脚的，时刻保有一种警惕意识，是防止受骗的关键。

防金钱诈骗要有知识。钱的形式的多样化，使用钱的方式的多样化，掌握一些关于它们的基本知识，是防止受骗的重要基础。人总是会受一些诱惑的吸引，在现代市场经济社会中，金钱的诱惑、获利的诱惑是很大的，社会可以也有必要教育人们不要过于被诱惑左右。但人人都完全地拒绝这样的诱惑，市场经济也就不成其为市场经济了。这也就是金钱诈骗活动能够有市场的最基本环境。如何在谋取合理的市场利益中，不受骗，掌握关于金钱形式和使用金钱方式的基本知识，必不可少。敏飞在书中介绍了各种形式金钱的知识和使用钱的知识，由于文字朴实、好读易懂、贴近生活经验，并不需要花费读者多么大的精力和时间，是防止受骗非常值得的"时间投资"。

防金钱诈骗更要有智慧。什么是智慧？智慧就是生活的高超技巧或艺术。防止诈骗的智慧是从警惕意识和知识准备中升华出来的，更是从现实生活的经验中总结出来的。敏飞在书中提供的智慧，并未明确分类地写在某章某篇中，却贯穿于全书的各个故事和细节里，贯穿于警惕的提示和知识的介绍里。相信每一位细心的读者都能体会到这样的智慧。

敏飞的这本书是一部体系相当完备的防止金钱诈骗的读物，也是一本体系相对完备的防止金钱诈骗的手册。敏飞用他的"心"，广泛地搜集资料，精心地打造，奉献给了社会一份特殊财富。他要告诉大家最核心的意思是，唯有用"心"防诈骗，用警惕、用知识、更用智慧，防诈骗方可成功，这正如敏飞自己用"心"写作此书必定取得相当的成功一样。

书写得很翔实，却不可能包括一切的诈骗术和防诈骗之术。你用心在防诈诈，骗子们也在用心制骗。因此，这本书更要引动大家之"心"的，是催生一种持久的意识，在市场经济社会时，在强调与人为善的交往中，莫忘记还有诈骗金钱的骗子们。毕竟，钱仍然还是社会财富的一般代表。

（本文作者系中国金融学会理事、中国投资学会常务理事、北京师范大学等兼职教授、中国建设银行董事会秘书）

开篇　痛说金钱骗子

一、三次遭遇金钱骗子的亲历

骗子分布太广，涉及社会生活的各个方面。早在千年前，大文豪苏轼就大发感慨："宠辱能几何，悲欢浩无垠。回视人间世，了无一事真。"（《用前韵再和孙志举》）在他眼里，骗子无所不在，世事无一不骗。

被称为中国当代诗文学家、佛学家、教育家、文化传播者、学者、诗人、武术家、中国文化国学大师的南怀瑾更甚，他说：

我读古人笔记，看到明代有一个人，对于买卖古董的看法，说了特别高明的三句话，他说："任何一个人，一生只做了三件事，便自去了。自欺、欺人、被人欺，如此而已。"我当时看了，拍案叫绝。岂止是买卖古董，即使是古今中外的英雄豪杰，谁又不是如此。

这么说来，人人都是骗子，只不过有骗人与骗己之分；同时，人人又都无不受骗。这话让人听着好不舒适，但想想又觉得不无道理吧？

四五百年前，研究骗子的人也开始多起来。明人张应俞以笔记小说的形式，写成《江湖奇闻杜骗新书》，揭露24种骗行与骗术，即脱剥骗，丢包骗，换银骗，诈哄骗，伪交骗，牙行骗，引赌骗，露财骗，谋财骗，盗窃骗，强抢骗，在船骗，诗词骗，假银骗，衙役骗，婚娶骗，奸情骗，妇人骗，拐带骗，买学骗，僧道骗，炼丹骗，法术骗，引嫖骗。由此可见，江湖骗子挺多。

我觉得对骗子分类挺难，因为类似交叉太多。我想，官场骗子关键环节在于骗你选票，情场骗子关键在于骗你解带，金钱骗子关键则在于骗你掏钱。

为此，本书主要依据金钱的支付形式，比如用钱币支付、用外币支付、用存折（单）支付、用银行卡支付、用票据支付、用股票（基金）支付、用黄金支付等，着眼于把握最关键也是最后的关口。当然不限于此。

以亲身经历来说，我曾遭遇三类金钱骗子。

1. 老乡之骗

在拙作《用贷款享受今生》一书中，我曾披露这样一段家丑：

曾有个多年未见的老乡，同宗同族，论辈分我得叫他叔叔，说是在外做生意，手头很紧，突然来找我借500元钱周转。我说没钱，他以为我信不过他，便拿出一个一万元的存折连密码交给我，说是怕出外不安全（怕车匪路霸），请我先帮他借点，等他在外面联系好货后给我电话，帮他取钱电汇去。见他说得如此恳切，我便转请我上司借了钱给他。没想到，再也不见他的人影。等到不耐烦时，跑银行一问才发现：这个化名的存折涂改过的（这存折上实际仅有一元钱，害我被当地银行调查了好几天）。那时500元是我好几个月的工资啊，幸好老天有眼让我阴错阳差中了个福彩大奖1000元，及时还清了这笔冤枉债……我对这冤枉债仍耿耿于怀，便于1994年底以此为素材创作了题为《信用卡》的小说，发表在1995年3月号《福建文学》杂志。这小说还得了个小奖，算是又得了点补偿。

2. 基层官员之骗

几乎是在创作小说《信用卡》的同时，我又遭遇一次金钱骗子。

当时，我在县政府办公室工作。有位从沿海来的老板到我县某镇投资兴办养鳗场，说是资金差点，实际上也为给我们单位弄点福利，请我们个人集点资，一年后按很高的比例分红，而且由所在镇政府用一辆小车担保。办公室主任交由大家讨论。我们想：养鳗利润可观，这人来路可靠，何况有镇政府小车做担保——再怎么样这镇政府也没胆子诓他顶头上司啊！因此，我们纷纷集资。我手头紧，还是借钱投资8000元。我们非常关心这个养鳗场的情况。记得我到这个镇下乡，主任还特地要我顺便到养鳗场看看。前几个月，确实正常。然而，这个养鳗场的老板什么时候溜了都不知道。

找了两三年找不到那老板，我们只好向法院起诉该镇政府，要求用抵押物赔偿。本来政府是不能作担保的，但当时这种情况较普遍，因此国务院要求已作担保的必须承担法律责任。可是，该镇政府的这辆小车并不只是抵押给我们，同时还抵押给几处。将它拍卖，钱先赔给谁？按比例分，又没有几个钱。更现实的问题是，有位县领导忠告说：逼着把人家唯有的一部小车拍卖，是不是太不近人情？好像还是我们理亏。就这样，我们赢了官司并没有赢回本钱。又拖一两年，将那养鳗场场地处理，收回了点钱，按比例瓜分，我得800元。不久，又分得500元。我平生这头一回"投资"，纯亏老本6700元。

这不久我调银行工作后，才知道这就是所谓"非法集资"，吃一个哑巴亏。

3、书商之骗

调入银行后，工资较高了，我更不幻想发财。身边人炒股炒得那般火热，我也探究过写过炒股，但迄今没买过一分钱股票。每天一下班就躲进书房躲进故纸堆，可我依然没能躲过金钱骗子。

2013年夏，我的历史随笔《中国盛世》一书行将完稿的时候，从网上看到出版社征稿启事，便联系。他们看了我部分书稿，有意出版，发来合同邮件，却是北京文化公司，说是出版社的下属机构。我很不愿意再跟公司打交道，但对出版社印象很好，便犹豫着。8月下旬，我到中国作协雾灵山创作之家休假，在那里改完定稿，回程经过北京，特地到这家公司去看，跟常务副总经理、主编谈了一会，感觉不错。他说那出版社换领导了，换个出版社出我这书，我同意。我只提了一个条件：不得对我的书稿擅自修改，他同意加入合同。这样，当场签了。第二天上午，我在宾馆作了些最后修改，正式发邮交稿。

出版顺利，第二年初上市，还在北京开了新书发布会，近20家媒体参加。特地请了中国作协作家权益保护办的主任参加，她发言中只说一句行话：呼吁保护作家的合法权益。

按合同，出版半年内付清稿酬。超过半年还没付，我催一次。主编说最近资金周转不大顺利，要再过一段。我想别让他为难，没再催。没想第二年初，忽然联系不上，那公司搬迁了，接触过的其他两三个职员都说离职了。中国作协作家权益保护办的主任真要为我维权了，可是只从网上找到相关信息：还有其他作家在找他们索讨稿酬，在中国裁判文书网还有几份某印刷厂向他们索讨印刷费的官司。这意味着：我这稿酬没指望了！这笔稿酬不到 2 万元，却让我异常伤心。做出版的，好歹也算文化人吧，何至于下作如此？

其实，书商首先是商人。书商赖作者稿酬，又赖印刷厂印刷费，跟那个投资养鳗突然跑路的金钱骗子，该属于同一路货吧？

第一次受骗，收获短篇小说《信用卡》，我呼吁：我们需要钱与钱之间的信用卡，更需要人与人之间的信任！

第二次受骗，收获《银行 VS 骗子》一书，我想让千千万万的读者不再受骗！

第三次受骗，收获这本书，我想让更多的读者不再受骗！

二、骗子看起来十全十美

我曾经以为骗子很好辨认，岂料大错！

我父亲是个小知识分子，但生不逢时，一个错案一错就几十年。第一次见父亲，那是个倾盆大雨下得昏天暗地的白天，他刑满释放从大门外进家来，挑着被子之类，又戴副眼镜，把我吓得直往妈怀里躲……

当时我老家那个小镇，戴眼镜的屈指可数。乡亲们似乎反感眼镜，有些人叫我父亲"四眼狗"，有的会藏起他的眼镜捉弄他。

更重要的背景是当时的电影，我发现戴眼镜的总是坏人。那些美帝国主义、日本鬼子、国民党兵、苏修坏蛋分子之类，一个个总是尖嘴猴腮，衣服扣不好，帽子也戴歪，端着枪，还驼背，一点光彩没有。相反，凡是好人都长得仪表堂堂(女人有些例外，漂亮的都是美女蛇，妖里妖气)，挺胸昂首，言语洪亮……

正是在这种文化氛围中，我曾长期以为父亲是坏人——叩请他在天之灵饶恕我，以为只有坏人才"破相"（天生长不好、猥琐甚至包括戴眼镜、拄拐杖之类），而冠冕堂皇的一定是好人。直到改革开放后，各方各面开始逐步恢复正常，我年龄也大些，这才逐渐发现以貌取人是件挺危险的事。陈佩斯和朱时茂是一对优秀的老搭档。有回演汉奸和八路，自然是陈佩斯演前者，朱时茂演后者，可是一换衣服，角色换过来，也惟妙惟肖。这自然是笑话。跟"样板戏"不同的是，小品只为博人一笑，并没要求把它当着学习教材。

记得有回在街上，看到刑车上押个眉清目秀的小伙子，我的心强烈地颤抖起来：这么清楚的人怎么会犯死罪？这种情形，常可以从电视新闻中看到。长沙运钞车抢劫杀人案首犯张某，血债累累，人称"杀人魔王"。"9·11"事件发生后，本·拉登像瘟神一样令人唯恐避之不及。看多了警匪新闻，我们走在大街上更加困惑：什么样的人是坏人？

也有另一种情况，就是看到一些伟大人物的老照片并非帅哥靓妹，则又会想：这么"土"的人怎么会才华横溢，那么崇高？看着小说、电影《巴黎圣母院》中那外貌确确实实无比丑陋的卡西莫多，不能不觉得他可敬又可爱……

还是马克思一句话让我警醒。他在评论路易·波拿巴政变这一段历史的时候写道：

像法国人那样说他们的民族遭受了偷袭，那是不够的。民族和妇女一样，即使有片刻疏忽而让随便一个冒险者能加以强奸，也是不可宽恕的。这样的言谈并没有揭穿哑谜，而只能是把它换了一个说法罢了。还应当说明，为什么三千六百万人的民族竟会被三个衣冠楚楚的骗子弄得措手不及而毫无抵抗地做了俘虏呢。

读这段话的时候，我正思考"文化大革命"这一段刚过不久的历史。我思索的问题是：为什么我们十几亿人的民族竟然会被四个衣冠楚楚的骗子弄得措手不及而毫无抵抗地做了俘虏呢？

后来发现，金钱骗子也是"衣冠楚楚的"！

那么，金钱骗子具体啥模样？

对不起，我无法给这类歹徒下个明确的定义，无法画个具体的脸谱，只能试着揭露以下几个特征：

1. 骗子挺"美丽"

骗子不仅不丑陋，相反往往一表人才，在异性看来还挺诱人。马来西亚一鞋帽公司福建晋江分公司业务员黄某，冒充其老板打电话给陈埭镇的陈某，约定在晋江市中心的天华大酒店 613 号客房交易美钞。陈某提着 30 万元人民币到来，没等开口谈生意，黄某便用铁锤将这个少妇击倒，再将她那 30 万元装进自己提包，然后逃亡，到合肥歇脚。有天，他闲逛到一家健身中心，仍有艳遇。《生活·创造》杂志发表的通讯描述："由于黄××既有一张明星脸又有一副健壮的体魄，加上有诱人的香港老板身份和出手大方的派头，使得健身中心那个芳龄20、高挑个儿、大专院校毕业的舞蹈教练江×很快就被迷住了。江×对他柔情似水激情如火，而黄××生性风流，自然不会放过此等送来的艳福，没多长时间，两个人就同居了。就这样，黄××在合肥有了个既能避难又温馨浪漫的处所。"

2. 骗子挺"先进"

"衣冠楚楚"是个象征性说法，不仅指穿戴清楚，还包括有身份（或伪装）。威格集团董事长兼总经理林某，《人民公安报》在报道中对他写有这样一句："善良的人是很难将身高1.8米多、仪表堂堂的林××与狡诈罪犯联系在一起的。"这个骗子身上还有一大串耀眼的光环：先后被评为市优秀青年、省优秀青年、市优秀企业家，被团中央授予"全国优秀青年企业家"称号，威格集团也多次被评为省、市十佳企业。如此人物，在被告席亮相之前，很可能出现在不少美女的春梦里！

无业人员陈某，在地摊上私刻"鸿发公司湖北市场部"的公章，印制"鸿发幸运卡"，收集6大本全国各地通讯名录，给北京、广东、四川、河北、新疆、黑龙江、深圳等地8万多名"幸运者"寄上"鸿发公司500万元大奉献"的信函，说是把他们收到的卡刮开，如果是"868"的号码，只要向武汉市场部邮汇108元"奖品邮寄费"，即可收到一部价值3000元的电脑。为了让人们更轻易地相信，这骗子还计划印上"庆祝建国50周年"的字样，只因印刷量太大，时间来不及，才没印上。但他并不罢休，改为"喜迎澳门回归"的标签，还是披上一件"爱国者"的外衣。

那些吵着闹着找外国银行索要所谓巨额外币存款的大骗子，往往一边口口声声说"我办的是为中国讨回公道的事，同时也有利于国家的经济利益，更长了中国人的志气"，一边处处诋毁外国经济、法律和民主制度，大作政治文章，煽动民族主义情绪，吸引一些官员和媒体一起胡闹，大丢中国人的脸面。

3. 骗子挺"慈善"

陈某是个老骗子,因诈骗一次被处劳教3年,又一次被判刑5年。出狱后,化名在上海市金汇花园某街坊租套房子继续行骗。她嫁个70岁的台湾退役老兵,吹嘘他是台湾某集团的大老板,拥有该集团30%的股份。她常说:"我是信佛的,讲究因果报应,做了坏事佛要报应的!"可背地里,她伪造各种各样的公章,从公安局、法院到房产公司都有,到处骗人。

陈某到上海某汽车发展有限公司,对沈经理吹嘘:她在南当小莲庄开假日酒店,有2500万港元快到账。这全赖佛的保佑,为此她要给大学捐辆奥迪车,以后还要来买现代跑车和宝马车。签了购车合同,她又请沈经理垫付车款64万元,说等那笔2500万港元到账马上来还。沈经理为难,就请求为她贷款,因为她的身份证、户口簿都遗失了。她说:"到时候,我另付2万元给你辛苦费。"沈经理这才勉强同意。

陈某开着沈经理贷款买来的奥迪车到某寺庙,大搞捐赠仪式,吸引很多媒体,大出风头。一星期后,她又到该寺,说是善事要善终,开这车去挂牌照。方丈同意。她却将这车以30万元的低价卖了,所得款项自然进自己的腰包。沈经理上门讨债,她拿出一张她丈夫"5000万台币资产证明"给他看,斥责道:"你急什么?"陈某当然不急。家里有那么多"公章",街上有那么多商店,山上有那么多寺庙,她还怕没钱吗?

4. 骗子挺"可亲"

金钱骗子与杀人越货者不同。凶手装也得装出一脸杀气,而骗子装也得装出一脸亲善。骗子最基本的技能是能说会道,甜言蜜语,简直能叫你认贼为父,骗你还能让你千恩万谢,以身相许,以命相报。上海的贾某,到龙门路一家饮食店吃点心,与店主王某、孙某夫妇一见如故,掏心掏肺说:"做点心生意起早摸黑很辛苦啊,股市又有风险,不如把钱投到我的羊毛衫生意里,我保证给你们100%的回报。"他们当即决定投资2.7万元,以后又不断把钱投进去。后来,这对夫妇觉得投资回报少得可怜,开始怀疑。她又说:"我表哥秦某是泰国人,是大老板。他要到上海来投资做生意,要办一个'申达投资公司',注册资金6个亿元,委托我做董事长。公司开业后,凡是参加投资的人都可以分到很多利润，而且还可以到公司工作，享受很高的薪水。公司还要到川沙建造'申达综合楼'。"她精心伪造一份盖有申达投资公司公章的《工程委托书》和盖有西达商场印章的收款凭证，带他们到川沙看一块并不属于她的地皮。结果这对夫妇在贾某那里又投资46万元，本钱也无归，只好自己互相埋怨，互相指责，最后离婚。

这女骗子几乎每星期都到一家美容院做头发，每次花一两百元，另给50—100元小费。这家美容院老板薛某是来自黑龙江的年轻姑娘，对贾某颇有好感。贾某经常嘘寒问暖，送饭送菜，陪她说话，照料她的生活。薛某生病住院，贾某到医院看望。贾某还说，她只有儿子没有女儿，要认薛某做干女儿。薛某感动不已。薛某生日，贾某把她接过来，频频向她敬酒，祝她生日快乐。酒后耳热之时，贾某这才说："我以前一直是做外贸生意的，国外的订单很多。我在泰国的表哥要到上海来开一家公司，委托我做董事长。你做美容赚不了多少钱，又那么辛苦，不如把钱投到我的公司里，可以分百分之一百的红利。"看薛某有些犹豫，贾某又说："将来公司开张了，我安排你到公司上班，工作又轻松，薪水又高。你是我的干女儿我才挑你，要是别人我还不肯呢！"就这样，薛某将8万元存款交给贾某。交钱以后，贾某鬼影子都不见了。

法院调查，贾某诈骗17人，其中包括住院时的医生、以前的邻居、开电梯的人、卖杂志的摊贩，可以说她是遇上人骗人、遇上鬼骗鬼，涉案总额达124万元。这些钱大部分已被她挥霍掉。

5. 骗子挺"有志"

湖南麻阳的王某，决心创建一艘中国的"经济航空母舰"，但实力距理想太遥远。他到深圳打工，走马灯似的换了十几家公司，也找不到合适的位置，几年工夫只赚一套住房，而这房也被法院变卖抵债。转而承包某报信息服务部，又涉嫌诈骗，被处劳动教养3年。劳教出来，他用三天三夜撰写一份《致中华有志健儿的一封信》：

80年代中期，我国曾经有一位活跃在中国信息产业舞台上的叱咤风云的人物，其名字曾频频出现在全国大小报纸杂志上，1988年7月2日《中国青年报》还专门撰文介绍了他"订报三百种，年赚三百万"的事迹，被誉为"中国的信息大王"……这个人就是我——王××，1986年毕业于科技大学信息科学系……我准备在我所新结识的朋友中，选出50位志同道合的有志者，入股加盟我的公司，立志带领大家共同奔富……

该信具体说，他准备成立一家"经济技术发展有限公司"，召集个人股东。他个人出资90.2万元，另外49人每人出资2000元共9.8万元。以这100万元作为注册资金。每个投资者都是永久的股东，享受的税后分红。每个投资者一年后的股份可增值到40万元以上。在此基础上，吸纳上千亿元民间闲散资金，组建一家超级跨国公司。然后，办几件大事：一是用20亿元组建一所国际一流的名牌大学。二是建立企业经营管理公司，开发销售高质量、高品位、高价格的名牌产品，建立覆盖全球的跨国连锁店。三是创办一份大型日报《国际经济技术信息报》，其权威性和影响力必须超过《经济日报》。四是创办或收购一家"跨国银行"，像美国金融冒险家索罗斯那样操纵国际金融市场。这封长信最后写道：

人生在世，区区几十年，不求惊天动地，也要轰轰烈烈；不能流芳百世，也要遗臭万年。男子汉，大丈夫，要有战死疆场马革裹尸还的大无畏英雄气概……

"九天阊阖开宫殿，万国衣冠拜冕旒。"而今中华民族处在历史的紧要关头，金碧辉煌的大汉民族宫殿，神工鬼斧的市场经济冕冠，祖国的繁荣昌盛，民族的兴旺发达，要靠我们当代人去开拓、去拼搏、去冲杀、去争夺……

为中华振兴，何事不能为？

为振兴中华，何事不敢为？

这封信还论证其意义不亚于京九铁路和三峡工程，挺诱人的。王某从杂志上抄一大堆姓名和地址，寄往全国各地。

结果挺失望，盼了4个月仅28人汇来5.6万元，对于他那宏大的理想来说，实在是杯水车薪。很快就有人要求退股，而他又连这点钱也退不出，自然惊动警方，贻笑大方。

6. 骗子挺"可信"

骗子的看家本领就是作假，但他们仿佛施展魔法，往往能让你信誓旦旦，不思其反。广西荔浦县停薪留职的女教师陶某，想骗老朋友郭某的钱，就编个离奇的故事，说："三姐，如果不是亲眼见了中央首长，又当面听老太婆说，我也是绝不会相信的。我以党员及优秀教师的人格作担保，这是千分之千的真实，你尽管放一万条心。你在我危难之时帮过我，我感恩都来不及，还会昧着良心骗你？我只想使你早日摆脱困境。"古希腊悲剧中常出现一句台词："假如我说出来的话，顽石也会为之流泪。"套用这台词说，听了陶某这样又亲又热又有政治高度的保证，顽石也会予以信任。

央视《今日说法》曾播一个案例：牛某成立"纪元创智贸易有限公司"，声称发明了一套赚钱理论，叫"三维营销法"，说只要投资 3300 元，20 天左右就能拿到 520 元纯利。来听课的人，每天二三十个，多时四五十个，纷纷打开自己的口袋。短短 3 个月，就有 527 人参与，非法募集资金 1200 多万元。原来，"三维营销法"是上线吃下线，用后投资者的资金返给早期的投资者，牛某自己也不否认这种方法相似于传销。在区法院门口，记者采访前来领取被骗款的人，发现"几乎所有来领钱的当事人都不承认自己是上当受骗"。面对摄像机镜头，一位受骗者说："我还认为牛经理是好人。"另一位受骗者说："我觉得他没坑我们。"

7. 骗子挺"好学"

金钱骗子的文凭大都不高，迄今也没有哪个大学办过骗术专业，但他们非常好学，大都是"自学成材"（少数有"师傅密授"）。湖北十堰的马某，偶然收到这样一封信：

9 月 27 日是某公司谭董事长的七十大寿，谭董事长愿意无息（无息期为 5 年）提供 1800 万元，扶助 700 人经商做生意，条件是受理人必须让全国各地 100 位年龄在 18 岁以内的人在他七十大寿之日前，给他寄去贺卡或贺礼，男女不限。欲贷款者，服务部支付你所贷款总金额的 2% 的手续费。

马某一眼看穿这个骗局，根本不予理会。然而，他却效仿成立"十堰市东方经济商务会社"，自称是"IBI 国际商务金融投资集团"、"IIIS 信利国际投资公司"、"菲律宾投资财团"等多家跨国公司的"驻华代表"，向全国各地寄发这样一封信：

某部直接代办 5 年期无息贷款，提供 1800 万元，扶助 700 人经商做生意，每个县市名额只限一位，每位起贷额为 1 万元至 3 万元不等。

如您决定争取这次难得的机会，请电汇 275 元咨询服务费。为争取时间，请另付 25 元特快专递费，本社见资寄发全部详细资料，由您亲自签办手续。

不久，给马某的汇款单从江西、广西、内蒙古、吉林、上海等地像雪片一样飞来。直到这个骗子落网后，仍有人往那个"商务会社"汇款。

8. 骗子挺有"本事"

如果认为骗子只是吃嘴皮子饭，真本事没有，那就大错特错。应当承认，骗子不仅不可能是傻子，而且往往比一般人聪明能干。民谚说："贼是小人，智过君子。"古代兵法说："兵不血刃，不战而胜者为上。"从这个角度说，骗子比小偷、强盗之类技高一筹。比如江苏邳州某银行的软件维护员孙某，设计一套自动给自己增加存款的程序，每当余额低于 5 万元时，该系统就会自动增加 3 万元。一劳永逸，钱会像山泉一样源源不断地流进他的户头。银行有多少钱，他孙某也就可以有多少钱。不费一枪一弹，银行等于他私人的，足以让武装抢劫银行的匪徒俯首称臣。

对骗子张某，警方惊呼遇上绝顶高手。张某 1964 年考入某部队外语学院，毕业后在军方情报部门工作，曾经担任领导职务，而且是业务尖子。1978 年转业，先后担任银行上海培训中心常务副主任、市北支行副行长，1991 年因受贿被判刑。张某不仅有丰富的社会阅历，还有广泛的人际关系，对金融业务非常熟悉。警方叹道：我们这点"手艺"不在他话下。张某最终落到警方手里，还不肯服输。

9. 骗子挺有"来头"

赵某经营的专用电机厂发展很好，产品出口创汇。有一天，内弟带给他认识一个东北人。这人不仅倒卖外币，而且告诉赵某："国家要解冻国民党逃往台湾时留在大陆的大批金银财宝。解冻资金的经费要在民间筹措，谁对解冻资金有功要安排要职。"不久，有位自称是高干子弟的朱某来找赵某。朱某说，他是"币主先生"身边的人。"币主先生"是原国民党要员，手里有大量外币，现在着手搞那笔资产解冻。赵某动心。朱某不时给赵某吹风："'币主先生'病了，国家领导人某日专程看望"，"先生今天见了中央某某领导人，资产解冻已受到国家有关领导人的关注和支持"。就这样，朱某以解冻资产急需资金为名，通过支票、汇票、现金和信用卡等方式，先后 60 余次从赵某手中骗走 790.5 万元。

深圳富婆郑某筹办村镇银行的时候，经人介绍认识万某。万某称他不仅当过兵，而且参加过对越作战，曾任江西景德镇市税务局长，又帮总理打过金融战，《货币战争》书名就是他起的，现在是国际知名金融专家；他师妹是国际著名货币投机家索罗斯的妻子，认识中央很多领导、军委领导以及深圳市的领导；他本人现在则执掌着加拿大的皇家银行，可操控海外 3000 多亿美元的皇家基金。他又给郑某介绍刘某，说刘某是清朝的乾隆皇帝，只因吃了长生不老药隐居迄今，现为全世界 27 个皇家之一，掌握着大清皇家的大量遗产，而这遗产只有万某才能解冻。为此，郑某"投资"了 4000 万元。这种事，稍多读两年小学的人都不会相信，可是此案 2016 年 8 月在深圳人民法院开庭审理，不可能虚构。

10. 骗子挺"富有"

骗子也会装可怜相，但他首先要装富翁，没有一个金钱骗子会显露穷相。即使表现困境，那也只是一时资金周转不灵，有张巨额存单没取，有一箱外汇未兑，有座金佛等着变现。不仅富有，而且还像观音现世，普度众生，要救你出苦海。河南郑州的赵某，多年在外行骗，不知嫁了多少人，60 来岁还不肯"退休"。她到获嘉县，自称是美国洛杉矶国际投资有限公司副董事长，前来实地考察，想同该县合资兴建一个防弹衣厂。她持美国护照，有一张银行漯河市支行营业部签章的 3 年期 2000 万元储蓄存单，还有"建设世界和平大佛"的批示和印章。这样，从官方到民间，无不信任她，无不想讨好她。出租车司机吕某高攀上这位富婆，她许诺说："你的车我包了，一个月一万块钱。"她说她 3 万元贷款到期，而在广州那几千万元存款一时取不出，骗吕某拿房产给她担保贷款。结果，吕某跟她 7 个月不仅工资没得分文，还背上 3 万元冤枉债。被捕后，司法部门考虑她年龄偏大，又患有高血压等多种疾病，安排她到建筑职工医院进行看管医疗，并同意她请一个保姆。在这看管病房里，她打电话从广州调鲜花来摆阔。这样，人们还相信她是富婆，包括企业家、社会名流和政府官员，仍然接踵来探望。她给人们新的诺言是："只要我能出去，要想多少钱都是小菜一碟"、"我将来出去，你们都跟我干，保证吃香喝辣"。然而，她逃跑，哪儿"考察"去了也不知道。

挺美丽，挺先进，挺慈善，挺可亲，挺可信，挺有志，挺好学，挺有本事、挺有来头，挺"富有"，你说这该是一种怎么样的人？

这样的人，看去，听去，感觉去，没有什么不好。他们好像什么优点都不缺，唯缺一颗良心。

三、骗子啊，你该当何罪

有个笑话说，甲偷了乙的鸡，请乙一块吃，吃完才说这鸡是你家的。这只是笑话，真正的骗子是一点"回扣"都不给的，吃人不吐骨头。哈尔滨退休教师井某，办公司经营不善，转而搞"内部集资"，通过关系办一张经某银行审批的《企业集资审批表》，以20%——60%的年息为诱饵集资，2600多人上当，骗取资金2926万元，被判处死刑。井某之死不足惜，可怜的是众多居民的血汗钱如入虎口。南岗区公司街的居民王某，带着11.47万元找井某，特地说："井总，这些钱是我和老婆用了近10年时间，给南方客商加工刺绣赚的，都是一针一针绣出来的……"井某拍着胸口说："放心！我老井的信誉是不容置疑的！"结果，王某这笔集资款连本钱也没要回一分。这一针一针绣出来的10多万元，你想象一下那凝聚着王某夫妇多少心血，竟然就这样给骗得无影无踪！

《笑林广记》有则笑话：有个人好玩将一串佛珠挂到猫的脖子上，老鼠们见了，十分高兴，奔走相告："猫老官已经吃斋念佛，不会再吃我们啦！"他们跑到大厅上欢呼雀跃，被猫看见，连吃几个。老鼠们哭丧着说："我们以为它念佛心慈，没想到假意修行。"其中一鼠说："你不知道，如今世上'修行念佛'的，比寻常人的心肠更狠十倍。"骗子就如此，那美丽、先进、可亲、可信、富有、本事和来头等，只不过是他们的佛珠。

——某某还是我什么什么亲戚啊，他怎么也敢骗我？

——我做事一向谨慎，这回是看准没错啊，怎么还会受骗？

亲戚、朋友、同学、同事、战友或其他看上去那么可信任的人，笑里藏刀，突然反戈一击，令你赔了夫人又折兵，怎不比凶神恶煞更可恨？

——江苏南通一位85岁老人，辛苦手剥114斤蚕豆，卖给一小伙1200元。没想到，老人拿这钱去银行储蓄，才被告知是同号假钞，被银行没收。老人哭诉道："我要买饭吃的呀！"

——武汉年仅34岁的郭某，不幸患上慢性肾炎，造成五级伤残，确诊为尿毒症，家人东拼西借筹集12.5万元准备为其换肾。这时，他收到一条手机短信："你在新世界消费了9300元，这笔交易将于两月内从你账户扣除。"郭某打电话询问，接话的女子称：短信是假的，你银行卡密码出了问题，要到银行去"升级保护"。郭某听信，到银行新办两张卡，在自动取款机上将12.5万元转入两张新卡，然后按那女子的指示一步步操作。回家后，他把转账事一讲，家人觉得不对头，马上跑银行，可那12.5万元已全部在深圳被人取走。因为钱被骗，郭某无法换肾，父亲又卧病在床，母亲为此发疯。他向记者哭诉："这是我的救命钱啊，现在只有等死！"

——江苏60岁的老太鞠某，租用泰兴市鼓楼南路三间门面，开一家"珍珍百货"。由于乐善好施，鞠某成了当地有名的"慈婆婆"。鞠某以帮银行朋友"吸储"为由，许以年利率15%的高息，频频向亲戚朋友借钱。37岁的妇女李某，女儿从小患脑瘫，家庭经济拮据。她将好不容易聚起的5万元从银行取出准备给孩子看病，在回家途中被抢匪夺去。就在她成天以泪洗面的时候，鞠某表示要帮她，说："我朋友在银行有储蓄任务，你帮忙用房屋贷点款，月息1.5%，比存银行高多，也算我帮你多赚点钱！"李某听信。6万元"借"出不到3个月，鞠某连本带息给她，让她感到遇上"活菩萨"了。不久，她将连同弟弟的钱共33万元交给鞠某，约定半年还款，不想鞠某突然"失踪"。

——2015年1月31日，武警某支队某大队排长徐某，救火回程途中遭遇车祸。在车子翻下悬崖的瞬间，徐某用力将坐在他身边的战友刘某推出车外，侥幸逃过一劫，而徐某身亡，年仅24岁。同年9月，一家人正沉浸在失去爱子的悲痛中，却被骗子盯上。徐某的母亲舒某当时在一家公司做会计，一个骗子冒充公司老总，从舒某处骗走17万元。徐某的父亲说："这都是孩子的抚恤金。"他报了警，但一直未破案。2016年8月24日，舒某又遭遇类似的诈骗。徐某的父亲说，他怀疑自己的个人信息，包括儿子牺牲获得的抚恤金等信息都被泄露了，否则骗子不会再次找上门来。

——2016年8月18日，刚被大学录取的山东临沂18岁女孩徐玉玉，接到教育部门发放助学金的电话通知，过几天就能收到，非常高兴。没想到第二天，又接一个陌生电话，要她将准备的学费先打入某账号，很自然没有疑心，万万没料想那家人东拼西凑的9900元送到了骗子虎口。还不到一万元，对许多人来说也许不足挂齿，但对徐玉玉则无异于天文数字。她母亲残疾，只靠父亲在外打零工，月收入仅三四千，9900元他们攒了大半年。徐玉玉痛哭，一遍一遍问天："我家都这样了，为什么还有人来骗我！"她伤心欲绝，郁结于心，在去派出所报案回来的路上心脏骤停，两天后离世……

请注意：徐玉玉遭骗致死绝不是孤例，就在同一天，广东惠来一位女大学生也因被电信诈骗近万元的学费和生活费跳海自杀，稍后23日凌晨，山东临沭的大二学生宋振宁也在遭遇电信诈骗后心脏骤停。区别只不过徐玉玉之死侥幸轰动了社会而已。

行文至此，我忽然想起节烈传。我曾经读过民国版《福建通志》上3000多个节妇烈女的传记，血泪淋淋。长乐李氏，遭遇海寇，她历数家人几代伶仃守节，那些杀人不眨眼的海寇也动恻隐之心，掉头离去。可是，这些金钱骗子连海寇都不如！

诚如公信网有个帖说："赖债给债权人带来的精神和经济伤害，远比偷盗为甚。从民权被侵害程度而言，赖债人比盗贼更可恶。"赖债是骗子伎俩之一。

骗子并不比强盗仁慈。碰上强盗，我们自认倒霉。而遭遇骗子，虽然一般没有生命危险，但往往更不堪忍受。北京大学金融法研究中心教授白建军描述：

桌上摊放着100个故事，100个银行如何被骗的故事。

一遍一遍翻阅这些真实的金融诈骗案件，脑子里晃来晃去的倒不是那些骗局设置者的贪婪面孔，而是那些被害银行行长们可怜的、惊诧的、不知该责恨谁的表情。从某种意义上说，作为被害人，这些行长们的处境还不如抢劫、盗窃等犯罪的被害人。因为在这些传统犯罪中，加害发生时或得逞后，被害人即使放弃反抗，他至少知道自己正在或刚刚被害。可有些被诈骗的行长们惨就惨在犯罪发生时甚至发生后，竟然不知道自己正在或已经被害。

对银行客户来说也如此。在受骗之后不仅造成经济损失，更糟的是还带给莫大的精神伤害。

金钱骗子伤害的绝不仅仅是个人，而是整个社会。《金融时报》专栏作家蒂姆·哈福德最近在《信任在分享经济时代的意义》一文中写道：

鉴于德国是全球最成功的经济体之一，而巴伐利亚州又是德国经济最成功的行政区之一，我脑子里确实冒出了这样一个想法：信任或许是经济成功的秘诀之一。世界银行（World Bank）经济学家史蒂夫·克纳克（Steve Knack）长期思考信任这件事，他曾告诉我如果以足够广的角度看待信任，"信任基本能解释美国与索马里人均收入的全部差距"。换句话说，没有信任——以及它的关键补充，守信——经济就不可能发展。

金钱骗子正是破坏这样的经济基础。被一张假汇票骗了，下一趟生意稍有风险我就宁愿少赚或不赚；被一个假外商骗了，再来投资稍不放心我就宁愿不要这个项目，而这样又非常可能错失发展的良机……

也不仅如此，金钱骗子们还破坏了整个人文环境。

——路边那些以各种名义行乞的人，有些是行骗。出于受骗的恼怒，我在无法区分真假时，对真正需要接济者也丢失了怜悯。

——在 ATM 机边，有人请求指导他用卡，可他借机骗走了我的卡。再有人求助于我，我就不再理会了，人与人之间变得越来越不信任。

对于国人在海内外经济生活中形形色色、大大小小的欺诈行为（或美其名曰"小聪明"）所造成的社会影响，知名经济学家曾从理论高度这样指谪：

如果说，中国这块国土之上的人们对于自身可称之为"道德建设"的事业不予以极大关注，基于我们这个社会中也无可例外地存在着的"道德风险"，其发展未来，就是大面积的"不道德"行为的出现，就是一个难以顺利运作的市场经济体系出现，我们就将在协调、监管、控制等方面耗费过大的成本而大大地推迟中国走向繁荣的时间。同时，又在给予那些身在海外却根自中国且仍然心系"祖国"的外国人，有着源自于"祖国"的不良德道意识与观念，并不时地受到他种民族不可避免的批评与指责。

人们的良知，就这样渐渐被蚕食……

我们的人文环境，就这样渐渐恶化……

电信诈骗日益猖獗。据统计每年以20%——30%的速度增长，增幅远高于GDP。全国全年骚扰电话数高达270亿个，按人口14亿算，平均每人达19.3个。2015年全国电信诈骗案达59.9万起，造成经济损失222亿元。近9成网友曾遭遇电信诈骗，超过20%被骗了钱。而电信诈骗的破案率，新华社说是只有3%。如考虑到没有立案的，这个数字事实上还会更低。如今，电信诈骗几乎让每一个国人都感到厌烦与不安，于是各种"防骗教材"层出不穷。最经典可能要数所谓"六个一律"、"八个凡是"之类。

对此，我觉得不敢恭维。真要如此，很可能要误些正事。廖保平在《沸腾》撰写了一篇网文挺精彩，他写道：

真是一朝被蛇咬，十年怕井绳，人们对电信诈骗本来就心怀恐惧，加之徐玉玉之死掀起的持续舆论，层出不穷的个人信息泄露，以及导致的惨重损失，人们提防的心提到了嗓子眼了，有点矫枉过正了。

可很显然，并不是所有一谈到公检法税务或领导干部的电话都是诈骗电话，比如检察官要给你电话，可能正好与某个诉讼案件有关，可以是嫌疑人，可能是证人，可能是被害人相关的人员。作为一个公民，是有义务配合公检法等国家机关侦办案件，一律挂掉，绝不是个办法，这将极大地增加社会成本。

该文还指出：比之财产的损害更可怕的是，这样的社会里，每个人其实都在假设"他人即地狱"，每个人都在告诫自己"不要和陌生人说话"，那么所谓的"友爱"、"和谐"、"宜居"，"诗意的栖居"从何而来？这将是多么人心隔离，冷漠而缺乏温情的社会？

四、如何看待金钱骗子猖獗

如同官场堆着政治骗子，美女身边围着爱情骗子，钱财旁自然挤着金钱骗子。

金钱骗子的历史，跟金钱的历史一样悠久，几乎是孪生兄弟。古代有个故事很有"中国特色"，相信用外语翻译很困难。有个人到油漆店买10两生漆，付给一两银票，说："你到钱庄兑换银子，我过一会儿就来取生漆。"接着，那人又到烟店，买10两7钱的烟，叫烟店的伙计跟他到油漆店取款。到了油漆店，那人问："我那张银票兑换了吗？"油漆店伙计说："兑换了。"那人又问："是10两漆吗？"那伙计回答："是10两漆。"然后，那人指着烟店伙计说："那好，你把它交给他。"说着，那人说有急事先走。不一会儿，油漆店伙计拿出生漆给烟店的伙计，烟店伙计莫名其妙说："那个人在我店里买了10两7钱的烟，说烟钱由你店里付，你给我生漆干什么？"生漆店伙计说："他买我店的生漆，付了一两银票，我只知道要把零钱给你。"10两7钱的烟比10两漆价值高，两个人为此争吵半天，才发现同是受骗者。

骗子有骗子的祖宗。今天的骗局，好些是历史的翻版。千百年过去，依然惊人地相似。在张应俞《江湖奇闻杜骗新书》中，"丢包骗"类有一则《丢包于路行脱换》：

江贤，江西临川县人。钱本稀少，每年至七月割早谷之后，往福建崇安（注：今武夷山市）地方以缉鞋为生。积至年冬，约有银壹拾余两，收拾回家。

中途偶见一包，贤捡入手，约有银二三两，不胜喜悦。从前一人曰："见者有份，不许独得。可藏在你箱中，待僻静处拿出来分。你捡者得二分，我见者得一分。"贤意亦肯，况银纳置己箱，心中坦然无疑。行未数十步，忽一人忙赶到来，啼哭哀告曰："我失银三两作一包，是措借纳官司的。你客官若拾得者，愿体天心还我，阴功万代。"前见者故作怜悯之容，曰："是此缉鞋财主拾得，要与我均分。既是你贫苦之人的，我情愿不分，你可出些收赎与他，叫他还你。"贤被人证出，只得开箱，叫失银者将原银包自己取去，但得其一钱收赎，亦自以为幸；不知自银已被棍（注：即恶棍，指骗子）

将伪包换去矣。至晚到乌石地方，取出收赎银还酒，将剩者欲并入大包。打开只见铜铁，其银一毫也无，只得大哭而罢。

将这个故事跟现在各地大小报刊经常披露的丢包骗局对比一下，除了银两变成人民币之外，你看还有多少区别？该书作者为此批注："贤所赚银，必早被棍觑见，故先伪设银包套合。"这点评换成现代语，就是我们最近惊呼的"精准诈骗"！

我曾查阅历史时期的档案，觉得霉味刺鼻。可是读起这类古籍，又变得好像读隔日的报纸。

更值得注重的是，随着金融创新增多，世界各国交流增多，金钱骗子也日益增多。特别是有关现代通信工具的诈骗，如电话、互联网、QQ、微信等，简直连银行都来不及应付：

——欧元是世界上最年轻的货币。2002 年 1 月 1 日欧元现钞才开始流通，同月 3 日就在德国西部发现第一张欧元假钞，2 月 7 日在中国银行沈阳分行营业部发现我国第一张欧元假钞。可以说，金钱骗子已率先实现"全球经济一体化"。

——作为网络交易结算支付手段的第三方支付平台快速发展，目前拥有中国人民银行发放牌照的多达 270 家。然而，电信网络诈骗等犯罪团伙利用第三方支付平台转移赃款和洗钱的案件也在全国频发。新华社报道，2016 年七八月，福建厦门接到电信网络诈骗报警上千起，其中通过第三方支付平台转移赃款占一半以上，涉案金额近千万元。福建泉州市公安局刑侦支队一大队长陈宗庆说："传统电信诈骗案中，诈骗团伙主要通过银行卡转移赃款，涉案资金在多个银行卡之间拆分转账、取现。近年来，公安机关和银行建立快速查询、冻结机制，第一时间就能对涉案银行卡账户进行冻结，掌握资金流向。但第三方支付平台没有建立这一机制，涉案资金一旦转入第三方支付平台账户，公安机关必须到平台企业总部现场查询。往往等公安机关查清资金流向时，赃款早已被取现或消费。"更为严重的是，一些第三方支付平台安全标准较低，网络系统建设严重滞后，案发后甚至不能协助公安机关查询资金流向和准确交易等相关信息。

——深圳南山警方官方微信平台公布一种最新骗术：某市民在路上捡到一个信封，里面不但有银行卡，而且附带密码。信的内容——

王处长：

感谢你在招标过程中对我们公司的帮助，因为不方便登门致谢，特附上银行卡一张，里面是我公司的一点心意。密码是工程开工日期（150328），如果在取款中遇到问题，请咨询开户办理的银行。

拿这张卡到银行柜员机一查，发现里面余额多达几十万元。可是，一按取款键，里面提供的信息却是"不予承兑"。拨打信上那个开户行电话，其实是骗子电话，答复说："先生，查到这张卡有5000元滞纳金，您只要往该卡号转5000元，就可以自由存取了。"然而，转去5000元之后，发现受骗上当。对此，一些银行人士也感到困惑不解：插入ATM机输入密码能查到余额，说明这卡是真的，怎么会是骗局呢？还是警方最终从骗子那里弄清这类诈骗流程：第一步：骗子先办一张额度为30万元的信用卡，但先通过不予激活或先行注销等手段，让卡能查到额度却无法取现。第二步：将真卡复制若干个伪卡，伪卡的磁条信息仍然是这张真卡的，但伪卡上面的账号则是骗子的私人账号。第三步：将伪卡和伪造的行贿信装入信封，四处散播，故意让人捡到。第四步：受害人捡到这张卡，由于磁条信息真实，密码也对，所以插卡会显示余额。第五步：以此卡需要交滞纳金为由，要求转账到卡面账户激活，实际上把钱打到骗子的账户上去了。

——2016年8月21日，中国女排在里约奥运会上夺冠，引发全民欢呼，大家纷纷为她们点赞，送祝福。第二天上午，重庆警方便接到报警说：

短信的大概内容就是点进一个网址为中国女排夺冠点赞。我当时由于看完直播心情比较激动，我就按照短信里面的网址点了进去。然后，突然我的手机就死机了。几分钟后，我的手机恢复正常，紧接着又收到了一条短信，不过这次是银行发来的信息。说我卡里的2万多元钱被划走了。我就怀疑是不是开始的网址有病毒，中了病毒，被盗走了。

金钱骗子率先实现"两岸四地一体化"。据统计，台湾地区平均每天发生114件诈骗案，有867万元落入诈骗集团口袋，几乎每个人都有自己或亲友被骗的经历，反诈骗专线已成台湾警察全新的"客服中心"。近年来，岛内诈骗集团盯上了祖国大陆。深圳市警方曾破获一起境内外勾结利用"中奖"短信诈骗的案件。该团伙总部在台湾，挂名"香港某国际投资集团深圳办事处"，公司设在深圳，实际都在厦门活动。他们利用两岸警方不能正常互动的特点，搞跨海峡诈骗，仅台中一个骗子团伙涉及金额就超过一亿元人民币。

防范金融诈骗，是个历久弥新的话题，吸引着无数的专家学者在那里皓首穷经。1988 美国总统大选刚结束，就暴露存贷社经理进行诈骗活动，洗走纳税人 5000 亿美元，引起 20 世纪最大金融灾难。对此，美国政府进行了彻底调查，媒体进行广泛报道，金融专家基蒂·卡拉维塔写了《白领犯罪——金融业巨额诈骗及权术》一书，以"白领犯罪"指那种"受社会尊重并具有较高的社会地位或经济地位的人在其职业活动中谋取不法利益而破坏刑事法律的行为"。白领犯罪在某种意义上讲是"智力犯罪"。程金华撰文说：

夜黑，风高，蒙巾蒙面；麻袋，撬棍，银行铁栅栏……

窗明，几净，西装革履；键盘，密码，金融电脑房……

这样的场景很容易使人想起两部风格迥异的好莱坞影片，前者大多反映美国开拓西部时期的牛仔劫匪，后者则以《豪门俱乐部》为代表，有着哈佛背景的男主角在高级商住楼里玩弄法律游戏，犯罪于千里之外。其实，诚如大家所言，文学、艺术作品往往是现实生活的写照，实际上的金融犯罪也大抵经历了从"街头犯罪"（Street Crime）到"白领犯罪"（Whitecollar Crime）、智能犯罪的发展。

"白领犯罪"的提法，在学术界颇有争议，但我觉得这与马克思"衣冠楚楚的骗子"之说有异曲同工之妙。

前些年，国家监察部驻金融系统监察局、中国人民银行保卫局、中国人民银行条法局、中国人民银行合作金融机构监管司、中国农业发展银行保卫部、中国工商银行保卫部、中国农业银行保卫部、中国银行保卫部、中国建设银行保卫部、交通银行保卫部、公安部经济犯罪侦查局和中国政法大学联合组织编写一册《金融诈骗识别与防范百答》。其曰：

（1）金融诈骗犯罪具有国际性特点，在世界上任何国家和地区都存在。

犯罪人的作案区域也因全球经济一体化进程而跨越了国与国的界线。许多我国目前还尚不多见的犯罪手法，肯定会在不远的将来出现，金融部门和司法部门应该早做准备。

（2）金融诈骗的犯罪人不会因法律的严惩而放弃已经产生的犯罪动机，他们往往会调整犯罪手段，捕捉作案机会，集中全部智力和金融部门的防范体系较量。

尽管已经看过大量惊心触目的案例，这两段话还是让我不寒而栗。对此，我很信服，更坚定编写这本书的信心，且还有一种紧迫感。

当然，这绝不是某一个几个人的事！政府官员、金融专家学者，众多将帅早在那里指挥千军万马。特别是将一个如花似玉的女准大学生"精准诈骗"致死，让几乎每一个人都感觉到了不安。诈极必反。李克强在国务院常务会议强调，要依靠法律手段加大对利用"伪基站"等开展电信诈骗等违法犯罪活动的惩戒力度。中共中央政治局委员、中央政法委书记孟建柱在上海考察反电信网络诈骗工作，具体部署：一是联手治理，要加强公安机关各警种之间以及公安机关与银行、通信等部门的协作配合，建立全国反电信诈骗工作平台。二是技术治理，要围绕信息流、资金流、人员流，强化大数据、云计算等新一代信息技术深度应用，提升源头阻断电信网络诈骗犯罪的智能化水平。三是信息安全，要严厉打击泄露或非法获取公民个人信息犯罪活动，切断电信网络诈骗的"黑色产业链"。新闻说："消灭电信诈骗，我们有方法、有手段、更有决心。"我相信，金钱骗子猖獗的势头很快将得到遏制。

然而，我们不能幻想金钱骗子绝迹。历史上常说"夜不闭户，路不拾遗"，那只不过是一种美好的理想。一个社会有各色坏人是正常的，只是太多了才不正常。

针对电信金融诈骗问题，2016年"两会"上，全国人大代表麦庆泉提出"陌生账户'T+1'到账"方案，即对陌生账户转款延时一天到账，此举能把90%被骗的钱追回来。据说，公安和银行专家都予以认可。但半年过去，仍未实施。徐玉玉案爆发后，《环球时报》发表文章，说"如今人命攸关，央行能否帮被骗者一把，把时间争取到他们这边来，去挽救那90%的被骗人？"

显然，这文章催促央行实施这一提案。我觉得这事有必要冷静一议。

我在银行负责基层企业文化工作多年，就银行服务问题开过很多座谈会，采访过很多客户，还有职代会提案等途径，有所了解。总体上说，客户对银行服务意见最大是手续烦琐，而银行内部其实也颇有意见，抱怨防范太甚，过多"不必要"的环节，造成系统变慢，成本增加，客户意见增多。然而，这类意见往往十之八九说了也白说。一旦某地出个案件，全国吃"药"，进一步防范，变更麻烦。说白了就是"屁股指挥脑袋"的问题，你主管安全当然希望防范越严越好，而我主管业务当然需要效率越高越好。事实上，大多数客户首选效率，哪怕能少排队一分钟也好，能让资金早半分钟到账也好。打个比方，如同交通，为了安全不得不限速，而为了效益不能不求快。甘蔗没有两头甜，在风险与效率两者间如何权衡，是个大课题。要将"实时到账"的现实倒退延时一天还是半天，或 2 小时、4 小时、6 小时，银行很容易，应该也很乐意——好些银行行长跟县长市长一样"不求有功，但求无过"，那么客户呢？也即本书读者呢？你希望在风险与效率之间如何选取最佳平衡点？"'T+1'到账"方案说是可能减少 90% 的损失，醒目得很。可是别忽略，这 90% 是指电信金融诈骗的上当受骗者，那么这种受骗者在电信金融客户总数中占多大比例？肯定不超过 1% 吧？为了不到 1% 的 90%，而影响总数99% 以上用户的效率，社会成本是否太高？

我想强调的是：如同不要因为车祸影响交通事业的发展，不要因为金融诈骗问题影响金融现代化的方寸。

五、期待先哲在天之灵道歉

中国人最会骗人吗？

对于这个问题，我想都不愿意去想。然而，有一些幽灵逼着我去想。比如孟德斯鸠 (1689—1755)，法国伟大的思想家、法学家，他居然白纸黑字说中国人"生活完全以礼为指南，但他们却是全球上最会骗人的民族"。无独有偶，德国著名哲学家康德（1662—1722）具体指责中国人卖鸡往鸡嗉子里填沙、秤砣上做假。德国另一位杰出哲学家黑格尔（1770—1831）也曾说中国人"爱骗人"。

其实，孟德斯鸠等人本身是受骗者，但不能说全受中国人的骗。17、18世纪，欧洲人开始反对世袭贵族制，四处寻找思想武器，通过耶稣会士教团发现中国儒学和政治是平等而宽容的，十分高兴。儒家提倡"仁政"，他们想当然认为"儒学是人民反对暴政的正义斗争的卫士，是一种赞成社会和政治改良（如果不是革命）的力量"。美国著名学者顾立雅说："17和18世纪的德国、英国和法国，有大量的学者、哲学家和政治家受到了中国思想的影响。"当时西方帝王们像当今少男少女"追星"一样崇拜中华文化，不仅仿造中国皇家园林，还仿效康熙亲自驾牛扶犁耕地作秀。法国文豪伏尔泰在书房中挂着孔子像，每天一起床向孔子行礼。

然而，好景不长，欧洲人很快发现受骗上当。伏尔泰把乾隆时的中国称为政治宽容的典范，而实际上"文字狱"盛行，乾隆是"中国历史上最大的（以禁止'危险思想'为名的）文献毁坏者之一"。人们觉得耶稣会士教团过于美化中国儒学与统治者，耶稣会士教团于是失去各方面的信任，1773年被教皇取缔。西方主流世界也从此对中国文化不再有兴趣。

尽管孟德斯鸠、康德和黑格尔都是外国伟大学者，尽管卖鸡往嗉子里填沙的事我小时候还听大人抱怨过，在秤上做假则迄今上街买菜还常遇到，我还是不愿意接受他们的指控。我没在他们那个时代生活过，我不知道那个时期的祖先是否真像他们说的那样。更重要的是，其他国家的骗子从古到今无疑也数不胜数，但我无从比较，无法判断国人最会骗人，还是最不会骗人。

夜深人静之时，冷静想想，我倒是觉得国人在某些方面肯定为孟德斯鸠、康德和黑格尔补充了论据。比如"大跃进"那样从上至下堂而皇之全国说谎，肯定是其他国家不曾有也不可能会有的。转而改革开放，又似乎有这么一种社会思潮：谁如果能从银行"弄"到贷款谁就算有本事。国有企业逃废银行债务，不少都得到当地政府的公然支持。法国路易十五那句名言"我死后，哪怕洪水滔天"，倒是在我们不少官员身上体现得很充分。为了自己出"政绩"，他们不惜破坏生态环境，也不惜破坏社会环境。正如古人愤然指责："窃钩者诛，窃国者侯"。个人信用卡恶意透支千百元要受追究，例如广西南宁的林某，做水产品生意，因资金周转困难。后来听说办信用卡可以先用后还，便到某银行办两张，透支共 2 万元，一直未还款。银行以涉嫌犯信用卡诈骗罪向公安局报案，她这才急坏了，四处筹钱，在公安机关立案后还清透支款项的本息，但仍然被法院"从轻"判处有期徒刑 2 年缓刑 3 年，并处罚金 2 万元。然而，那些骗走银行贷款上千万元、上亿元的国有企业负责人及其上司呢？则非常可能换得升迁。

步入新世纪，中国终于大张旗鼓开始信用重建。我曾写《中国森林与中国信用》（《管理与财富》2001 年七期）一文，认为中国的信用跟中国的森林一样，曾经是茂密的，但是遭到了人为的严重破坏，而信用重建与植树造林有所不同：

植树造林不一定非要长官带头不可，也不必提倡"人人有责"之类。请个大官从深宫到山头，发动市区居民长驱到远郊，劳民伤财，事倍功半。其实，只要抓好山里人种树就够。山里人也不必人人去种树，应当人尽其才，多搞一些造林专业户，事半功倍。而信用就不同了。县长不讲信用，你叫科局长怎么讲信用？父母不讲信用，你叫儿女怎么讲信用？我请吃饭你迟到 59 分钟，你请吃饭我为什么不能迟到 60 分钟？你说"我心里只有你"却跟别的靓妹眉来眼去，我为什么不能对别的帅哥暗送秋波？所以，在重建信用问题上，倒应该提倡"人人有责"，并坚持推广那个口号："从我做起，从现在做起。"不过，必须加上两句："从领导做起，从生意做起！"如果领导无信，却在那里领导着信用重建，不是像蓬头垢面的家长训导儿女讲卫生一样吗？

所幸的是，随着改革的深入，中国官员越来越难以指使商业银行了。

网上盛传一帖《中国各大城市骗子排行榜》。对于这个帖子，我第一反应是置疑。可是，稍认真一想，又觉得这并非空穴来风。2015 年 11 月，公安部部署打击电信诈骗专项行动，公布境内电信网络诈骗第一批重点整治地区，一是河北丰宁，主要是装黑社会；二是福建龙岩，主要是利用网购；三是江西余干，主要是利用重金求子；四是湖南双峰，主要是 PS 艳照敲诈；五是广东茂名，主要是冒充熟人和领导；六是海南儋州，主要是利用航班取消；七是广西宾阳，主要是盗用好友 QQ。这七大重点，居然没有福建安溪。我印象更深的是：诈骗货款的骗子，似乎大都是安溪人，写作中常令我有一种羞为福建人之感；"打美国佬"外币诈骗，则集中在江西丰城。那么，为什么没将安溪列入？一了解，原来安溪前两年已经被重点整治，可以"脱帽"。然而，骗子们太不给面子了，在徐玉玉案中，6 名犯罪嫌疑人中，5 名来自安溪，另一名虽是重庆人但长期在泉州生活。此案发生后，《封面新闻》记者迅速走访安溪，长文最后写道：

> 不过，在安溪县城和魁斗、长坑以及"骗死女生"头号嫌犯陈文辉家所在的白濑的街道上，封面新闻记者却并未看到网上说的"满街都是打击电信诈骗的标语"。

> 对此，村主任解释，"发下去了"。

这几句描述意味深长，让我又联想到中国式造林：年年造林，年年不见林。

一个家庭出现个把骗子，很难说家长有什么责任。而如果出现两个三个，那么这个家庭一定有问题，家长肯定有失职之处。以此推论，"骗子村"的村主任、骗子乡的乡长、骗子县的县长，肯定得负一定责任。至少是教育无方，导致当地社会公德沦丧，荣辱颠倒，见恶思齐……

不过，金钱骗子的地域特征既然能形成，也能消除。试想，改革开放不久，福建石狮曾经假货横行，也是全国出名，现在不是很久没听说了吗？可见，只要当地政府真下狠心治理，金钱骗子的地域特征只能是昙花一现。可以相信，历史终将证明：中国人并不是最会骗人的民族，"山寨"不是中国的代名词。

让我们期待孟德斯鸠、康德和黑格尔诸位先哲在天之灵向中国人道歉！

六、政府及金融等部门、媒体应尽更多责任

1. 最新努力

金钱骗子不仅骗百姓大众，也骗银行，骗各级政府，而且一骗就是巨额，影响犹如地震。说政府、金融机构不努力防骗绝对冤枉。早在 1994 年 5 月 15 日，针对金融犯罪活动突出，严重干扰、破坏金融改革的严峻形势，国务院

专门召开"防诈骗、防盗窃、防抢劫，保资金安全"的全国电话会议，部署"三防一保"工作。资金是银行的生命钱。银行讲究"三性"，一是安全性，二是流动性，三是效益性。没有资金的安全，银行也就没有生命。可以说，防范诈骗不仅是金融整个行业的重中之重，也是公安、媒体工作的重点之一。各级公安机关内部专设有相关机构，CCTV 上可以常看到防范金钱诈骗的内容。

——为切实做好处置非法集资相关工作，加强有关方面的协调配合，提高工作效率，经国务院同意，2007 年初制定了"处置非法集资部际联席会议制度"。联席会议由银监会牵头，发展改革委、公安部、监察部、财政部、建设部、农业部、商务部、人民银行、工商总局、林业局、法制办、新闻办、证监会、保监会，以及邀请中央宣传部、高法、高检等有关部门和单位参加。其主要职责：一是在国务院的领导下，会同有关部门和省级人民政府，建立"疏堵并举、防治结合"的综合治理长效机制，切实有效地贯彻落实党中央、国务院处置非法集资的方针和政策。二是研究处置非法集资的相关法律法规，提出起草、修改建议，为及时、准确、有效地预防、认定和处置非法集资提供保障。三是制定处置非法集资的工作制度和工作程序，建立"反应灵敏、配合密切、应对有力"的工作机制、上下联动的宣传教育体系、齐抓共管的监测预警体系、准确有效的性质认定体系、稳妥有力的处置善后体系和及时灵敏的信息汇总报告体系。四是组织有关部门对涉嫌非法集资案件进行性质认定，由有关部门依法做出认定结论。重大案件的认定意见按程序报批。五是指导、配合省级人民政府建立处置非法集资组织协调机制，提示、督促省级人民政府和有关部门按照处置非法集资工作机制和工作程序要求，做好相关工作。

——2015 年 6 月，国务院建立公安部、工信部、中宣部、中国人民银行等 23 个部门和单位组成的打击治理电信网络新型违法犯罪工作部际联席会议制度，加强对全国打击治理工作的组织领导和统筹协调。同年 10 月，国务院召开打击治理电信网络新型违法犯罪工作部际联席会议第一次会议，部署在全国范围内开展打击治理电信网络新型违法犯罪专项行动，将注重关口前移，强化源头治理，进一步规范银行、电信、网络公司、软件开发企业的经营行为。

　　各地方政府成立"反诈骗中心"，由市政府领导挂帅，下设受理处置、研判、打击、宣传、金融防控、电信防控、勤务保障等工作组，根据警银协作工作机制、警企协作工作机制等制度，发挥公安、银行和通讯运营商的合成作战优势，对电信网络诈骗案件集中开展紧急查询、封堵止付、分析研判、预警宣传、联动防控、精准打击等工作，确保一旦接到电信网络诈骗举报，能够第一时间封堵诈骗电话号码、第一时间冻结诈骗银行账户、第一时间部署案件查证工作，最大限度减少群众损失，已取得初步成果。如杭州，2016年前7月已破获通讯网络诈骗案件802起，比去年同期上升45%；摧毁诈骗团伙70个，比去年同期上升55.6%；抓获通讯诈骗犯罪嫌疑人492名，比去年同期上升53.3%。又如福建三明，几个月间破获电信网络诈骗案件25起，捣毁诈骗窝点1个，抓获诈骗犯罪嫌疑人11名，运用紧急止付机制，对6个账户实施紧急止付，止付136万元，冻结嫌疑人账户6个，通过公安部止付平台对239个账户实施紧急止付，成功止付239笔。

　　——在2014年《商业银行理财业务监督管理办法（意见征求稿）》的基础上，银监会2016年7月份形成了新的意见征求稿，下发至各银行。与老版本相比，新版本做出了较多的调整，具体措施比较严格，监管力度明显加大，专家称之为史上最严的银行理财新规。主要内容一是建立风险准备金制度，二是拟对银行理财业务资质进行分类，三是禁止银行发行分级理财产品

　　——2016年8月，公安部等八部门发布《关于规范居民身份证使用管理的公告》，明确要求国家机关或者有关单位及其工作人员不得擅自复印、扫描居民身份证，不得扣留或者抵押公民的居民身份证。公民应当坚决抵制擅自复印、扫描居民身份证或者扣押居民身份证的行为。这一举措显然有助于公民身份信息流失，堵塞骗子利用的重要漏洞。

　　——近年来，央行多次出台文件对第三方支付平台予以规范，包括要求第三方支付机构建立健全客户身份识别机制，采取有效的反洗钱措施，对支付、转账金额限制等。但是，落实不力。某银行首席经济学家说："央行出台规范措施时，常常在第三方支付行业引发反对。一些第三方支付平台不落实监管部门的要求，为抢占市场一味追求交易便捷，引发洗钱风险。"为此，

国家公安部最近出手，18家第三方支付公司被列为重点监管和整改对象，希望此举能够收到实效。

2. 尚有缺失

"官样文章"的套路通常是首先肯定成绩，然后用个"然而"、"但是"之类转而指出不足，有它的合理性，这里不能免俗。目前尚有诸多未到之处，这也是显而易见的。

一是法律滞后。最近，在徐玉玉遭骗致死案中，人们惊恐"精准诈骗"，大量读者吐槽亲身经历，如：我买车交税上完牌照第二天就有所谓"本市车管所的警察"给我打电话，知道我的手机号、姓名、车牌，然后要给我"退税"；我去医院体检孕情，一回家就接到月子中心的营销电话，孩子一出生就有影楼来电话推销满月照，还有保险营销，母女姓名、出生信息一字不差；我在报名一个资格考试后，马上接到上百条买卖答案、修改成绩的短信……

其实，这种事远不是最近才有的。江西丰城的金某等，窜到河南孟津常袋乡刘某家，说是福建某中外合资企业的，因生意急需，想用人民币以 9.5：1 的高价兑换美元，听福州一个朋友说刘某父亲最近从台湾回来，带了美元，所以特地赶来。刘某见他们连自己父亲的姓名都能说出来，便信以为真，决定先换 1000 美元。金某说，都是第一次，不知真假，提议到银行鉴定。双方一起到洛阳车站附近一家银行储蓄所，金某当面存入 9500 元人民币，设双方都知道的密码。经鉴定，1000 美元都是真的，顺利成交。两天后再兑换，金某将 8 万多元人民币存入银行，并写上刘某的名字，然后回孟津取 8500 美元，再到洛阳。金某等请刘某吃饭，之后说先回旅馆，等刘某取那 8 万多元一起到龙门、白马寺玩玩。刘某到储蓄所取钱，银行告诉他说这存折被涂改过，实际只有 10 元。刘某马上到车站旅馆找金某等人，踪影也不见。这不就是"精准诈骗"吗？可这案例在我 2002 年出版的《银行 VS 骗子》一书中就写了。十几年来，个人信息失密的现象越来越严重。

在德国，通过发短信和打电话进行的低端电信诈骗案例就很少。原因有二：一是德国数据保护法较为严格，法律严格规定任何服务单位不得泄露客户的个人信息；二是德国人的个人数据保护意识较强。早在 1970 年，德国黑森州就颁布了德国首部地方性《数据保护法》，从而在全球开辟了一个新的立法领域。之后，《联邦数据保护法》、《州数据保护法》、《数据保护法》等多项法规不断出台。在德国，商家会采集顾客的部分信息，在宣传促销的时候也可以通过电子邮件通知顾客，但是绝对不允许给顾客打电话或者发短信。

二是执法不严。最近，FT 中文网一篇文章谈论中国网贷机构用社交媒体数据评估信贷风险，说在美国有关隐私保密的监管压力加上歧视的可能性，导致网贷机构不敢使用用户的 Facebook 行为去衡量风险；但在中国，"P2P 行业受到的监管程度相对较低，所以他们开始尝试各种新方法"。

"法耀星空"在美国做过诉讼律师，回国后也经常参与仲裁和诉讼，注意到一个非常严重、深恶痛绝而又百思不得其解的问题，这就是：我国法庭上谎言和伪证泛滥。这位律师举例：在一个融资租赁案件中，承租方将其从生产商租赁的设备以不合理的高价卖给第三方，同时向生产商谎称设备丢失。在庭审中，因为承租方对高价倒卖租赁设备的事实矢口否认，生产商不得不派人到位于异地的第三方求助，请其出具从承租方处购买设备的说明。并请公证员前往第三方的厂房，对正在使用的相关设备进行公证。相关的时间成本、人力成本以及高昂的公证费用，完全由生产商自行承担。该律师写道："一方当事人的谎言和伪证直接导致另一方当事人诉讼成本和诉讼难度的增加，这样的例子在现实中比比皆是，所有做仲裁和诉讼的律师都知道。"根据我国《民事诉讼法》第 111 条，对于在民事诉讼中伪造证据的，法院可以"予以罚款、拘留，构成犯罪的，依法追究刑事责任"。然而，对于伪证，法院一般最多只是批评教育或训诫，很少采取罚款或拘留等妨害民事诉讼的强制措施。

2014 年，全国人大常委会对 7 个法律适用问题做出解释，其中一条是：以欺诈、伪造证明材料或者其他手段骗取养老、医疗、工伤、失业、生育等社会保险金或者其他社会保障待遇的，属于刑法第 266 条规定的诈骗公私财物的行为，构成诈骗罪。国家审计署全国保障性安居工程的跟踪审计结果，2013 年度有 4.75 万家庭骗取了保障房，2014 年度 4.4 万，2015 年度增至 5.89 万，却没有一人因此被判刑。某部原任政策研究司副司长，2015 年骗取住房补贴

16.5 万元，已达到诈骗罪中"数额巨大"的标准，量刑范围应"处三年以上十年以下有期徒刑，并处罚金"，却只是受党内严重警告、行政记大过处分并被免职。更让人大跌眼镜的是，仅仅两个月后该官员就转任某报社副总编辑，行政级别仍是副司级，工资待遇大幅提高。中国政法大学教授符启林介绍：香港有一对年过八旬的夫妇，以子女不赡养为由，向政府申请购房补助十几万港元，但有人向廉政公署举报，查证他们在银行有存款 200 多万元，法院以"盗窃政府财物罪"判他们各监禁 6 个月。有不少人求情，说香港自开埠以来没判过这么年老的人，但法院依然维持判决。对比来看，内地执法太过宽，在一定程度上助长了各类诈骗行为。

三是管理不到位。信托行业有一定特殊性。所谓"信托"，就因为信任才托付你代为理财，你依靠投资人信任才能生存、发展。没有信任，投资人自然不会托付。由于种种原因，中国信托业被称为金融的"坏孩子"，30 多年被 6 次清理整顿，从 1000 多家缩减到 68 家。但这并不意味着管理已经到位。清理后的深圳一地，名称中带有"信托"字样的公司就还有 33 家，差不多占全国信托企业的一半，显然有假。其中"深圳某信托资产管理公司"，涉及全国数个省市，三个网贷平台，一个文化产权交易所，上万投资者数万家庭，老板却忽然跑了，被卷走资金达 7 亿元。这个公司都持有真实营业执照。

不论存折还是银行卡被冒领，最要命的是密码失窃，这责任固然主要在于用户自己，但由此也可见，我们银行系统的保密措施仍显得落后。北京实现者律师事务所律师张捷，有着 10 年芯片设计经历，参与过重要部门的系统安全设计，并和另一位律师一起起诉过交通卡存在的严重问题。张律师说："客户丢的是一个密码，而银行丢的是密码本。"他指出，银行卡诈骗分子所使用的"写卡机"，在国外是作为比枪支还重要的物品管理，而在我国可以随便买到。有了"写卡机"，卡很容易被"仿真"。有了相关程序，就跟复印一样。客户是无意丢密码，可更大的责任是造卡程序。这个程序里有不同银行的编码规则。犯罪嫌疑人如果没有拿到银行的编码规则，是造不出卡的。那么，有关方面管理"写卡机"，能否也像我国管理枪支弹药那样从严？

四是技术上不够先进。据说，全世界就日币很少假钞。究其原因，如果说他们国民素质好，显然不是全部因素，而且很容易引起一些同胞不快。就其次说技术吧，日元纸币在纸张、印刷、水印方面制作精良，被公认为最难伪造的货币之一。日元纸张属于合成纸，掺了日本特产三桠树皮浆，坚韧有特殊光泽，声音清脆，呈浅黄色，面额越大颜色越深。同时，采用防复印油墨，大写面额及人物肖像所用油墨带有磁性。民间还说每一张日本的真实造价跟面额都是等值的，也就是说如果想要仿制一张几乎难辨真伪的日元假钞，那所付出的造价也几乎等于真钞的实际价格。

而人民币制造技术似乎简单了些。2016 年 8 月，山东烟台抓获一名制造假币的李某，他已伪造出千万元的 20 元人民币纸币，却只是一位刚毕业的大学生，现年 23 岁。他在网上学了点技术，修版调色全靠自己，警方在其家中查缴的制假设备仅电脑 2 台、打印机 20 台、纸张以及部分假币。国务院反假货币联席会议办公室秘书处处长在一个记者会上表示，目前只有少数验钞机的生产企业技术合格。同时，央行货币金银局局长指出，有一些验钞机生产企业为了追求低成本和满足低层次商户需要，验钞机的检验标准很低，因而识别伪钞能力相对较差。据介绍，部分验钞机生产企业为降低成本，只针对伪钞的某一特征或两三种特征设计、生产，而这些产品只能对伪钞的水印、磁性和紫光进行鉴别。显然这是不小的漏洞。

3. 媒体的正反面作用

媒体在金融诈骗当中的作用，这里特别列出来一说，因为它影响太大了。

如果媒体只顾涂脂抹粉，只顾赚广告费，那么它很可能成为骗子的帮凶。如浙江温州的苏某，曾创办一家城市信用社，因此入选《共和国之最》。他还创办一家民营企业——东方企业，在深圳看中一块地皮，准备建一幢 26 层的大厦，总投资近一亿元。

其实，苏某没有那么多资金。他未经中国人民银行批准，以无风险、高利息为诱饵，非法向社会公众吸收资金。由于苏某在温州知名度高，很多市民相信他的宣传。多年来，他形成一个习惯：企业越是陷入困境，越要花钱请媒体替他宣传。在资金周转不灵的 9 天时间里，3 家报纸杂志连续 9 次图文并茂地报道他的"温州纪事"、"深圳传奇"、"明日宏图"和"乘风破浪正当时"，说"人们完全有理由相信，苏某和他的'东方'一定会在深圳这块'码头'上走出一条金光闪闪的大道来"。这样，又吸引一批人投资，让他又一次度过危机。据不完全统计，近几年全国各地报纸、杂志介绍他的文章有上百篇，且多是"鸿篇巨制"。被刑事拘留一个月后，某电视台还播放他的"光辉业绩"。一位受骗者深有感触地说："越是关心时事的人，就越相信苏某。"等到关心时事的人们终于不再相信苏某，为时已晚。警方介绍，苏某非法吸存 1.85 亿元公众存款，以及银行贷款 6000 万元、私人借款 1000 万元，都没能使他走出困境，造成经济损失达 2.8 亿元。

这篇报道原文还介绍，苏某长期生活糜烂，挥霍无度，但没介绍以前有关记者们分享了多少残羹冷炙。当一个文人丧失知识分子应有的良知时，完全可与妓女相提并论。"文娼"之害甚于娼妓，从苏某案中可见一斑。

而媒体如果多揭露骗子的真面目，那就可能成为"照妖镜"，及时让受骗者惊醒。

彭某是个老骗子。她原是成都某厂医院的护士，下海做生意，因诈骗他人巨额财物被判刑 4 年 6 个月，其间因逃脱加刑 6 个月。刑满释放后，又多次行骗，被处劳教 2 年。劳教期间，她还多次写信对外行骗，又被延长劳教 3 个月。

在劳教所，彭某从报纸上看到资阳市某制药厂的广告，便给这药厂总经理张某打电话，说有极重要的事想见他。张某来到劳教所，她说是因为走私汽车被劳教的，但警方没有证据，没有搜到她存在广州的几千万元资金，她打算把这几千万元投资到药厂。4 月 1 日解除劳教当天，她到资阳找张某，说她的钱已经汇到内江银行，还有一辆雅阁轿车在内江，要张某送她去内江。

当晚到内江，彭某说要送一辆车给张某，带他到成都汽贸公司内江分公司，以 42 万元的价格订合同。然后，和汽贸公司的人到银行提款。银行说，她的款没到。这样，汽贸公司不肯给提货。

第二天，彭某带着张某到资阳，自称是台商，要投资 4000 万元在这里办个度假村。见市开发办主任后，达成投资 1500 万元、购地 10 公顷的口头协议。然后，到资阳市最高档的涉外宾馆大厦下榻，要求包下一层楼，要住进她 30

多名职员。大厦总经理与市开发办联系，证实这是一位台商富婆，便让她包下第七层楼。她本人要最高档的套房，又要求弄个保险柜到房间放美元和汇票。

第三天，彭某在市开发办领导的陪同下考察资阳城西开发区，选中一块地。

第四天，星期日，彭某打电话给开发办主任，说她的职员从广州乘专机给她送购地资金，希望派一部车陪她去成都接款。到成都，她叫陪同人员到一家餐厅等候，自己先办些其他事。在餐厅外，她看中一辆红色桑塔纳，就对这车司机张某说，她在资阳投资办厂，要租用这车，并请这司机帮她找4个小姐照顾她的生活。

不想，司机张某却发觉彭某很面熟，突然想起《成都商报》曾追踪报道过一个叫彭某的女骗子，照片连登了六七天，肯定是她。她如今又说到资阳投资办厂，莫不是又在骗人吧？于是，他驱车《成都商报》社。该报社派出吴某和李某两位女记者，扮成彭某要找的小姐，亲眼看见了她最后一番表演。

看来，把报纸刊版面、电视镜头多让些给骗子，还是挺有社会效益的。如果《成都商报》发行量能再大些，让那制药厂长和开发办领导也看到，显然能够早些止损。为此，顺便广告一句：读读本书案例，也是有意想不到益处的。

七、别光指责受骗者"贪心"

说到犯罪，往往总要加上一句："法网恢恢，疏而不漏。"其实，这只是一句警告，相当于老妇女对天诅咒："骗我钱的人，不得好死噢！"挺解气的，但无济于事。本书所提及的骗子，大都已是落网之徒，而且大都可以加上一笔被处以怎样的刑罚。然而，现实生活中确实有不少漏网之鱼，警方轰轰烈烈、捷报频传的"网上追逃"就是一个间接证明。再高明的警察，破案率也不可能百分百。新加坡法治之严是出名，但不能杜绝金钱骗子。新加坡某外币兑换公司，长年经营寄往中国的汇款业务，有位中国民工发现一个月前交付的汇款未到家，前往查核，突然发现这家公司已关门停业。其他中国民工闻讯纷纷打电话向家中查询，回答都没有收到钱。新加坡警察部队商业事务局接到报案后立即展开调查，有1100多名中国民工报案，涉案金额700多万新元(约3500万元人民币)。可见，不能幻想骗子会断子绝孙，防骗主要还得靠我们自己。著名法学家霍姆斯有言曰：法律的生命在于经验，而非逻辑。这话也许可以理解为，法律总是滞后于现实。

更何况，我们的法治现实常常让人不敢恭维。中央电视台曾报道，河南郑州的王某晚上乘出租车，下车时将身份证、银行储蓄卡等物遗失在车内。第二天一大早，她赶赴银行营业网点办理挂失手续，卡内2.5万元存款已被人分4次通过ATM机和银行柜台取走。银行向记者和王某展示监控系统图像资料，王某指认冒领存款者正是那出租车司机。原来，她将身份证上的生日设为储蓄卡密码，让骗子很容易骗过银行。她说："都说有困难找警察。我相信公安机关一定会帮我破案，挽回损失的，所以我首先想到的是到派出所报案。"然而，找警察本身也并非不困难。从上车地所属的派出所到下车地所属的刑侦中队，从刑侦大队到区公安局，从110报警中心到市公安局控申处，都说此事不归自己管。3天后，王某被推至郑州市公安局法制室。该法制室主任说，此事应该由人民法院受理。王某来到人民法院，法院也搬出有关规定，认定这起案件完全应由公安机关立案查处。就这样，王某和她的男朋友5天中来来回回跑了一二十趟，且不说破案，连个立案的地方都没找着。

立案了又如何？梁某是大学副教授，每年都能申请到科研经费。前两年，他声称申请下国家农业部一个项目，有好几百万元经费，但先期需要一笔启动资金，还出示项目证明复印件，上面写着他是该项目的第一人，并盖了大学的公章。他以此向数十位亲戚、朋友、同事借款，许以20%——50%不等利息，总额达数百万元。有些人是把房子和车抵押出去，以解他的燃眉之急。然而，他突然从人间蒸发。人们找到他的家，只能在防盗门上用白色油漆写上"还钱"的字样。防盗门右侧的白墙壁则写："被骗人联合起来"，还留有几个电话号码，再是一幅"梁某大骗子"的漫画。7名债权人把梁某告到法院。法院在梁某缺席的情况下判决他七日内偿还欠款，但只是把传票贴到他家门上。债权人也纷纷到属地派出所报案，但警方表示，需要先到刑侦队的经济分队立案，但立案可能性不大。曾经借款20万元给梁某的律师郭女士表示，事情的关键在于是否能够确定梁某构成诈骗罪，而由于梁某给每一位债主都开具了欠条，并说明还款日期，过期不还只能作为民事纠纷到法院起诉，并不能构成诈骗罪。另外，已经收到法院判决书的债主必须撤销法院诉讼才能再到公安机关立案，这在法律上操作起来很麻烦。总之，索债比出借难多了，连要回来的希望都渺茫。

作为骗子，十之八九不会等着你去报警。然而，骗子被抓被判被杀了又如何？钱已经被骗子挥霍掉，别人不会赔给你。何况有些情况你本身也不合法，比如参与非法集资，政府明令禁止，国家有关部门负责人早就明确表示："因参与非法集资活动受到的损失，由参与者自行承担，法律不予保护，国家不会代偿。"常有些集资诈骗的受害者集体上访，实际上是没道理的。

所以，防骗主要还得靠我们自己，防患于未然。

说到受骗，往往总要告诫人们戒贪。中国警务报道网上，不少标题就如此，例如：《莫贪小，贪小反失大》《欲贪小便宜，被骗万余元》《贪财不成反受骗，9万元真币换白纸》《女大学生贪玩贪喝，不法歹徒趁机行不轨》。有篇文章报道，上海闵行区发生街面诈骗案数十起，犯罪分子利用一些人的"轻信和贪小心理"，采用扔"炸药包"方式，用假外币、假药材、假金银财宝等手段进行诈骗，文章最后献上一首打油诗：

天上不会掉馅饼，路上不会长黄金。

发财好事送上门，非亲非故为何因。

联档撬边设陷阱，当心贪小被斩进。

不熟之人要警惕，不要轻易相信其。

不贪小利免是非，不是我物不归己。

子虚乌有没好事，加强防范须警惕。

是啊，"不贪小利免是非"！比如自古就有的"丢包骗"，你如果能够"拾金不昧"，骗子如何用一包冥币之类换走你的真钱？又比如近几年几乎全国各地都大面积出现的"集资诈骗"，你如果不贪图远远高于法定利率的收益，何至于连本都被人卷跑？

然而，对于"贪心"，我觉得不应该过度指责，不应当光指责。尤其是当我们面对骗子的时候，更不应当归咎于受害者的"贪"。

不"贪"存款赚利息而将钱堆在床铺底下，自然不会有被冒领的是非；不"贪"方便用银行卡而用金条银锭，自然不会有密码被骗的是非；不"贪"做大买卖用票据而只在村里跟邻居做交易，自然不会遭遇假汇票，肯定不会……可我们的"小康"从哪来？天上不会掉馅饼，难道会掉"小康"吗？我觉得就像不教鱼儿识别渔人的阴谋而要求其禁食，有弊无利。

我总觉得这有我们传统文化的幽灵在作祟。

宋朝中国出现"理学"。人问寡妇可否再嫁，著名理学创始人程颐说："饿死事小，失节事大。"到了他的弟子朱熹，有过之而无不及。朱熹最著名的言论是："革尽人欲，复尽天理。"为生存着想是应当复尽的"天理"，为享受着想就是应当革尽的"人欲"。举一反三，点电灯而不点油灯，看电视而不看经书，用电脑而不用传统的"文房四宝"，统统属"人欲"，难怪我们连电都懒得去发明。

朱熹之流的流毒没清除，又有种种对马克思主义的"误读"压抑中国人的享受欲望。在新中国建立到改革开放前夕的几十年，始终没有摆脱"短缺"和"卖方市场"的约束，甚至还有人把"买方市场"看作资本主义的产物，认为"短缺是社会主义的基本特征之一"。很自然，在这种条件下，消费传统又增添了计划经济的色彩。

宋明以来，中国人防"温饱思淫欲"，丝毫不亚于防"穷山恶水出刁民"。

不要盲目指责"贪心"。鲁迅说，不满是向上的力量。人类从驯兽代步到发明自行车、汽车、飞机、宇宙飞船，无不是"贪心"的结果。如果不"贪心"，我们满足于"人民公社"的"瓜菜代"就可以，何苦"铁心拼搏奔小康"？

车毁人亡的悲剧，全世界每天都在发生，可是汽车生产和乘车人数仍然每天在增长。"9·11"发生后，飞机乘客一度骤然减少，全世界航空业都受重创。然而，并没有哪个国家的飞机停飞。美国波音公司曾对"9·11"事件后还经常乘坐飞机的2100名旅客的调查，91%的人认为现在乘飞机很安全，96%的人认为美国人应该享有安全飞行的自由，92%的人认为航空业对美经济发展有至关重要的作用。在被调查的人中，96%的人表示他们的公司对乘坐飞机没有提出任何限制，92%的人相信美国的航空业将很快恢复正常。近十几年的事实，不是印证了这组数据吗？金钱诈骗也如此。尽管存款诈骗、银行卡诈骗、QQ诈骗、微信诈骗等在各地都常有发生，但与把钱藏在家里相比，把钱存在银行、存在卡里仍然更安全，更方便，更能生钱！

所以，精力不要放在指责"贪心"上，而要放在识破诈骗上。就像大鱼教小鱼，如果一味教它戒"贪心"，它们不饿死也会饿得皮包骨瘦；而如果鼓励它们积极去觅食，同时教它们如何识别鱼钩、渔网等，它们才可能生活得美好。

八、我们自己能做些什么

首先冒广告之嫌说：请读读我这本书吧！

这本书不是学术性著作，不是有关金钱诈骗的大全书。我只是以一个作家和银行职员的感觉来写。在这本书中，我要突出的是：

1.与百姓经济生活密切相关的，换言之是普通百姓在自家门口都可能碰上的案例。

2.最新发生的，也就是说今天在我福建发生的闻所未闻的奇案，很可能明天、后天就会出现在你的北京、天津。

千万不可忽略：虽然骗子大都没你那般高的文凭，但他们不是傻子，且"勤奋好学"。微信上有个笑话：警察抓住一个小偷，在其家中发现大量时装杂志，十分不解地问："你想做服装生意吗？"小偷不好意思说："我主要是看新款服装，口袋在哪里？"现实中，确有其人。北京的胡某，曾被判刑20年，狱中脱逃。这人老谋深算，常常自诩："一万个人中也找不到一个我这样的脑袋。"为精心策划京城诈骗案，他专门研究了一堆金融管理的书籍。湖南株洲的喻某，从江西萍乡市教育学院毕业，因诈骗被处以劳动教养2年。对于这次劳教，他得到的教训不是认识到不该行骗，而是自责骗术不高。于是，劳教回来，他买了全套法律专业的教材苦读，并多次到法院旁听，下苦功提高自己的骗术。

骗子如此，你不"跟上"，吃亏的就你了。在 ATM 机上伪造银行公告之类，骗持卡人将自己的存款转到骗子账户上，这种案例前几年就开始出现，并公开揭露了，但到现在还时有发生。黑龙江某职业学校学生胡某，从南方一份报纸上看到有人伪造银行通知行骗的，便如法炮制，晚上到一家银行分理处、中央大街某银行分理处及经纬街经纬分理处等地，将内容为"我行的自动提款机发生故障，请按以下程序处理……"的假通知，张贴在 ATM 机上，一夜骗得 3350 元。骗子能从报纸上反面"学习"，你为什么不能从正面学习呢？你如果也先看过这报纸这案例，还可能相信那骗子贴的"通知"吗？

有一类骗子专门针对出差、求学在外的人，冒充医院之类给他们家里挂电话，说他们在外的亲人出车祸或突然发病，要求火速汇一笔款到某账号。等家里人明白真相，骗子已在外取款消失。江西鹰潭市公安机关一度连续接到江西、安徽、四川、贵州、浙江、江苏、河南、山东、湖北、陕西、重庆、上海等 10 多个省市这类报案 26 起，有 12 人果真将钱汇到骗子的账号，还有 20 个家庭扶老携幼千里迢迢赶到鹰潭市人民医院。那么，什么人会上当，什么人不会受骗呢？

春节前夕，福建武夷山的农民龚某，等着在长春工程学院读书的女儿回家，却接到电话说她途经黄山时突患脑溢血，要求火速从银行汇一万元到某账号，以便尽快安排手术。龚某凑足钱赶到当地银行汇款，经办员陈某说他们已遇到不少类似情况，劝他等查清对方账号后再汇款。一查果然查出疑点。但龚某救女心切，仍然租车要连夜赶去黄山医院，最后才听从警方劝告等女儿如期到家。这个案例有两点教训值得吸取：

1. 知道这类诈骗案的人，如该案例中的银行职员陈某，不仅自己不会上当，而且能帮助他人不受骗。

2. 不知道这类诈骗案的人，如该案例中的龚某及其家人，不仅在一般情况下容易上当，而且在银行和警方劝阻的情况下仍然可能受骗。

徐玉玉惨案也充分证明了这一点。她的死给社会带来震撼，一时间几乎举国热议。在呼吁加大打击金融诈骗力度的同时，相关部门应堵塞公民个人信息的漏洞，人们也反思了她自己一方的原因，这就是：

——她家庭太穷,用的是一台老旧的诺基亚手机,只能拨打电话和收发信息,无法从微信朋友圈中了解大量的相关内容;

——农村太落后,电信部门长期对农村或贫困地区歧视,从"神州行"时代开始,运营商就标榜信号已经达到深山老林,但实际上,农村不但信号差,通信费用也比城市昂贵。

此外,还有人归咎于老师与家长多年来一直禁止学生上网,视之为洪水猛兽,妖魔化关键的生存技能,动辄没收手机,也制约了青少年对于身外社会真相的了解,容易受骗上当。这从另外一个角度说明了解骗术的重要性。

总之,正是"且莫怨东风,东风正怨侬"!

我曾犹豫要不要写这本书。可以预见骗子也会从这本书中学些作案手法,骗子很可能因此多几个。可是,我不写这本书骗子就会少几个吗?

不可能!

而有了这样一本书,千千万万读者的眼睛亮起来,就断了许许多多骗子的"财路",且有些骗子也可能因为被识破的风险增大或者良心发现而金盆洗手,从良自新,骗子应该会更少些。我深信!所以,我最后还是决心写。

新加坡的黄美娇女士接到一个诈骗电话,差点被骗走所有存款。惊醒之余,她写一篇文章《差点被骗》发表在早报网,详述经历,最后写道:"真心希望警方、相关单位正视此事。也希望报章多报道此事,以免更多人上当!"

有位青年男子到山西太原一位退休教师的家,说是他的学生,从北京回来,在太原经商3年,现在一家医疗器械公司任经理,今天特来看望恩师。老师觉得陌生,索要名片,他惊叫道:"哎呀,糟了!我的包忘在车上,车开到机场接客人,这下连回去的车钱也没有了!"他连打3个电话,司机都没联系上。看他很为难的样子,老师给他100元车费。临走时,那人留下联系电话。晚上,老师的儿子听说这事,觉得蹊跷,便打那人电话,发现是空号。儿子连忙叫父亲立即打电话告诉其他老师,以防受骗。

《五灯会要》记载,鼎州梁山缘观禅师问:"家贼难防时如何?"对曰:"识得不为冤。"

只有在不懂那是骗术的情况下,你才会受骗。这是很简单的道理。

法国大文豪巴尔扎克说："傻瓜旁边必须有骗子。"换言之，骗子只能骗傻瓜。

济南某高校一名大四学生小雨，成绩优异，打算报考北京大学研究生，整个暑假都泡在学校的自习室里。她从网上看到徐玉玉被骗猝死消息，对骗子深恶痛绝，可万万她没想到就在这天，她也掉进电信诈骗的陷阱，被以医保金、涉嫌洗钱为名，骗走 27930 元。4 天后，小雨终于拨通那骗子的电话，想讨个公道，对方竟然辱骂说："我是骗子。你好，你个傻子！"

在蔡淑妍留给弟弟的 QQ 遗言中，她绝望地写出自杀原因："老弟，当你看到这条'说说'的时候，我应该已经自杀了，自杀的原因就是因为自己太蠢了，相信了短信诈骗，被骗光了老妈给我的一万多元钱，很蠢对吧？我也觉得自己很蠢，可是错误已经造成，无法解决，我害怕被骂，害怕因为这样造成我不能去读大学，真的很害怕，有了希望，然后绝望，这种感觉真糟糕，我真的承受不了，只能以这种方式来结束我的生命。"

其实，老虎也有打盹时，鹰有时比鸡飞得还低而鸡永远不能飞得鹰那么高。当一两回傻瓜，并不影响你做回聪明人。美国总统林肯就当过金钱骗子的"傻瓜"。由于政治上失意，林肯与人合伙在新萨拉姆开一个杂货店。不善经营，难以为继，只好将店转让。有俩兄弟买这店，林肯收下 1000 美元的支票，事后才发现这是一张空头支票，而那两个骗子早跑了。债主纷纷索债，合伙人又跑了，丢下所有的债务，林肯花了 17 年时间才还清。然而，这并没影响他后来当总统，而且被公认是伟大的总统。我国著名作家叶某也当过一回这样的傻瓜，被一个熟人骗走 50 万元存款，以致跟银行上海分行打官司，闹得沸沸扬扬，但没影响他继续当大作家。如果骗子把你当傻瓜，你深陷其中而不能自拔，一蹶不振，像徐玉玉那样抑郁猝死，甚至像蔡淑妍那样自杀，那就真是傻瓜了。

也许正因为林肯遭遇过金钱骗子、想必遭遇过不少政治骗子、也许还曾遭遇爱情骗子，他才能在那最著名的演说中说出那句令全世界人铭心刻骨的话：

你能在所有的时候欺骗某些人，也能在某些时候欺骗所有的人，但你不能在所有的时候欺骗所有的人。

对于爱情骗子和金钱骗子来说，他们根本没有在所有的时候欺骗所有人的野心，而只想欺骗你一个或部分人一部分时间，一旦达到目的撒腿就跑，根本不像政治骗子那样在他目的达到之后还妄图要千秋万代欺骗下去。

2016年8月下旬，几乎举国上下都被电信诈骗激怒了，8月29日23点25分，中关村的派出所110接到报案：大学一位老师，被冒充公检法电信诈骗1760万元。令人肃然起敬的大学教师，而且是有着1760万元巨款的大学教师，也跟准大学生一样遭遇这么简单、这么"老套"的诈骗。

俗话说："聪明一世，糊涂一时。"对于金钱骗子来说，只要你糊涂那么一时。你糊涂一时，他糊涂一时，金钱骗子就可能富裕一世。当然，你要多糊涂几时，金钱骗子绝不反对。

如何防范糊涂那么一时，请具体翻翻这本书。许多骗术其实并不高明，如同魔术，一点就破，而不点破你就永远给蒙在云里雾里。

这本书试图让你在糊涂那么一时之前警醒！

当然，识骗也有技术可言。曾经参加审讯关塔那摩监狱战俘的美国高级军事审讯专家丽娜·西斯科，最近以亲身实践写了一本系统介绍快速识别欺骗的书《超级识谎术》。在这本书中，她将说谎者分为两类：普通小骗子，专业撒谎家。谎言的识别并不像科学那样具有精确可操作性，但可以肯定：就连恐怖分子也不喜欢谎话。因此"普通小骗子"说谎时会有心理压力，"测谎仪"的工作原理就是识别这种压力。然而，"专业撒谎家"——如间谍，他们"享受说谎"，测谎仪是没用的。于是现在又发明机能性磁共振成像（FMRI）用来测谎。按丽娜·西斯科的分类，本书所说的金钱骗子显然都属于"普通小骗子"，测谎仪或者FMRI很可能都有效，但我们普通民众又用不上那些玩意。丽娜·西斯科还将撒谎分三种方式：虚假陈述、添油加醋、隐而不报，并指出："撒谎的人总试图说服别人相信他的话，而说真话的人只是传递信息。"我觉得这话技术含量挺高，并易于操作。比如一个人只是偶然说到即"传递信息"他的生意很好，很可能是真话（当然也得当心有些骗子欲擒故纵，假装无意说出）；而他如果特地找你说，还让你看大堆"证据"，那就是"试图说服"

了，你就得小心陷阱了。略施这等小技，很可能有助于及时识破些骗子。

被骗后补救，也是有术的。浙江的林女士被电信诈骗 90 万元，所幸她没有惊慌失措，处理非常冷静。她立即跑到最近的 ATM 机，插入被转走 90 万元那张银行卡，故意输错三次密码，冻结这卡，并马上给银行打电话，进行口头挂失。然后，她一边在电话中稳定骗子的情绪，一边拨打电话报警。在去派出所的路上，骗子给她打了 20 多个电话，她一个不接。这样，让骗子明白了，发慌了，连忙退还她的钱。不一会儿，银行发来第三条短信，她账户收入 50 万元。十分钟后，银行来第四条，她账户又收入 39 万多元。至此，被转走的 90 万元已回来 899900 元，只少了 100 元。

不过，本书不想把本来挺简单的事弄出大堆的名词术语，而只想精选典型案例，尽量"述而不作"，努力让你"一眼看破"。

并且，还致力于让你读得轻松些，——我喜欢写小说，努力让你基本可以把这本书当作"笔记小说"来读，当作一串串酸酸甜甜的葡萄来品尝。

第一章　集资类骗子

近两年，"集资诈骗"在全国各地井喷式暴发，即使没受害的人也难免耳闻目睹。但我对是否使用这名词曾犹豫。

包括中国执法机构在内，越来越多人将"集资诈骗"称为"庞氏骗局"。庞氏指查尔斯·庞兹，19、20世纪的意大利投机商，移民美国。1919年，他开始策划一个子虚乌有的企业，许诺投资者将在3个月内得到40%的利润回报。然后，他把后面投资者的钱作为快速盈利付给最初投资的人，诱使更多人上当，7个月就吸引了3万名投资者。持续了一年之久，受骗者才清醒过来。后人称之为"庞氏骗局"。国外也有人将此形象地称之为"金字塔骗局"（Pyramid Scheme），在中国又称"拆东墙补西墙"、"空手套白狼"。

如果说钱币诈骗、存单诈骗、银行卡诈骗之类一般只是走路不小心打个趔趄，顶多是骑自行车摔倒的话，那么股市、期货之类诈骗是车祸，车毁人亡，惨不忍睹，而集资诈骗更惨，好比飞机失事，一失百万元千万元是家常便饭，上亿元也不少见。

集资诈骗的受害者主要是普通民众，也有很多大小企业，往往还祸及党政官员。各级各部门官员都想为发展当地经济做点实事，招商引资是重要工作。有人前来投资，有关官员甚至当地一二把手都常会出面，将来人捧为座上宾，哪料到会是骗子！经济损失如果不算大事的话，丢尽面子可是令人又恼又羞的。

一、假银行

1. "中国国际银行"

河南巩义的刘某，曾供职于公安和政府机关，因偷窃、诈骗被多次处罚、判刑。刑满释放回原籍，纠集一些社会闲散人员，四处放风，说他有一笔海外资金无法进入中国，想成立一家民间银行。他伪造国务院批文等材料，流窜到开封、北京、西安等地，骗取许多人的信任。不久，中央有关部门对此有察觉，向各省市自治区下发紧急通知，刘某闻风而逃。风声过后，刘某在郑州成立"中国国际银行中原分行"，然后在郑州、广州、珠海、海南、深圳等地建分行，以"中国国际银行"的股东为诱饵，诈骗钱财。

刘某用一张伪造的美国花旗银行一年期期票（面额 500 万美元）作抵押，骗取上海某企业投资有限公司 12.5 万元人民币，受骗者报案。警方对刘某住的宾馆客房搜查，在卫生间查获大量假文件，在一份"关于组建中国国际银行的请示报告"中，还有三行字迹苍劲的手书："同意设立该行，资金到位正式行文，即可注册组建。"还赫然印有中华人民共和国国务院红彤彤的假印章。

直到被捕，刘某仍然谎称早年投身革命，长期担任领导工作，离休前是部队的一名将军，与中央领导有密切接触，目前受有关高层领导的委托筹建中国国际银行，要求警方保密。在审讯中，刘某还拍着胸脯担保所作所为都是合法的，只要资金到位即可组建银行。

骗子虽然没有杀人放火，但胆子并不比杀人放火的小。有几个敢造假造到国务院？又有几个敢在警官面前老三老四？

2. "中国万宝通银行"

温某和张某自称"中国万宝通银行（总行）深圳分行筹建处"的，拿着所谓的中国人民银行批准的金融许可证和营业许可证副本复印件，到银行深圳分行营业厅要求开户。工作人员发现，这金融许可证等文件是伪造的，于是一边稳住这对男女，一边用电话跟中国人民银行总行联系，答复说根本没有批准什么"中国万宝通银行"。银行有关人员立即报案，派出所民警马上出动，将他们带回。

温某和张某交代，他们受雇于陈某，并供出陈某在深圳某大厦13楼租房。民警马上赶到，抓获正准备逃跑的陈某等人，在其房内搜出私刻的"中国万宝通银行（总行）深圳分行筹建处"公章及财务章等。

陈某交代，钟某自称在北京设立"中国万宝通银行"总行，注册资金3亿美元，营业许可证等证件已齐全，准备在全国各大城市设立8个分行。陈某觉得有利可图，纠合几个人，自任分行董事长，开始筹建深圳分行，已骗得一港商信任，答应在银行账号开设后，融资200万元港元。

银行有句行话："有账户就会有存款"，看来对假银行也适用。

3. "中国国际科技银行"

广州林某等人，伪造国务院关于同意成立"中国国际科技银行"的批文和国家工商局的营业执照，并私刻了银行公章，筹建"中国国际科技银行华南分行"，在广州环市中路某大厦租用两间办公室，公开挂出筹建处的牌子，声称这是官助民办的股份制银行，在联合国注册，规模不受控制，全免税，以年息一分八至二分甚至更高的利息骗取存款。

4. "美国创业集团贷款银行远东区代表处"

香港的张某和梁某，原本做小生意。他们认为内地一些银行、企业和个人对外国银行知之甚少，但又迷信外国银行，有机可乘，便以注册过期的香港威煌集团的名义，租下广州市人民中路某中心大厦为办公地点，未经中国人民银行等有关部门审批，就以"美国创业集团贷款银行远东区代表处"的名义挂牌开展金融业务。他们谎称，这个代表处开出的远期汇票，可以在内地的银行抵押贷款，也可以用该银行的名义作担保，只收取2.5万美元的开户费和8000美元的手续费。如果贷款成功，用款人向该代表处支付4%至8%的利息。这个假银行先后开出8张金额共1800万美元的假汇票、3份假担保函。警方查获他们伪造的美国万国银行、加州银行、城市银行空白汇票12张，半成品一叠，以及用于作案的"美国创业集团贷款银行远东区代表处"印章等。他们伪造的汇票工艺很差，纸质粗劣，用水轻轻一擦便会掉色，而且是不规范打印制作，明眼人一看就知是假，但对银行业务不熟的人还是可能上当受骗。

因为对银行外行的人太多了，因此骗子觉得没必要做得太真。

二、私设其他金融机构

1. 私设基金会

蔡某，持香港身份证，曾是某市政协港澳委员、某市政协常委、福建某集团公司董事长、某市商会（农村）基金会董事长。但他未经中国人民银行批准，便以商会（农村）合作基金会名义，采取高于同期银行利率的手段，向社会公众募集资金，募得 1900 多万元。蔡某没有按基金会的章程操作，除贷出 40 万元、支付利息 264.47 万元及部分赞助外，其余存款全部由个人支配及挥霍，有 804 户计 1309.77 万元存款无法偿还。案发后，仅追回赃款 168.67 万元。

这骗子骗的远不只是储户。

2. 私设股金站

河南浚县的赵某等 6 人，合作创办经济实体。他们打着该县计经委的旗号，成立"浚县企业管理协会股金站"。随后，又相继在乡村成立分站。他们在未经中国人民银行批准，未取得《经营金融业务许可证》的情况下，以固定利率向社会吸收大量存款。中国人民银行浚县支行发现后，明令停收股金、清理债权债务，赵某等人置之不理。当地人行将其有关印章 21 枚销毁，但赵某等人又通过不正当手段刻制有关印章 29 枚，继续吸收存款。至案发，他们发展分站 32 个，涉及储户 1300 多家，吸收存款 780 余万元，其中 280 余万元无法退还"股民"。

这伙骗子根本就不知道什么叫"央行"。

3. 私设钱庄

浙江三门以"商行"、"公司"等名义经营存贷款业务的私人钱庄，曾有 100 多家，非法集资 1 亿多元。由于盲目投资，管理不善，几百位借款大户的本息无法归还，几千万元资金难以追回，几万名存款户损失惨重。陈氏家族四大钱庄，是其中最显赫的。

　　闲居在三门城关的陈某，未经人民银行等有关部门批准，率先在海游主要街道人民路设立"商行"，以高息吸收公众存款，并以高出法定利率数倍的高利率放贷。其长子从父亲手中接过商行，以2分的高息吸存，然后以3分、4分的利息放贷，坐收渔利。其妻原在邮电部门工作，也停薪留职与丈夫一起干，改为"四通实业公司"，继续从事非法借贷业务，吸收公众存款达1100万元，除贷出、投资外，尚有850万元无法兑付。

　　陈某前妻林某与陈某三子在三门城关蟹山路口开设"调剂商行"，以当铺的形式经营存、贷款。陈某之女也从时装总厂停薪留职，参与经营。不久，他们又利用"合作基金会"的合法招牌，扩大经营，吸收存款达819万元，除投资外，尚有460万元不能兑付。

　　陈某三子退出与母亲合办的"调剂商行"，另立山头，开设"实业公司"，也是非法经营存、贷款。后来，他又将这家公司交由其妻杨某经营，自己另行创办"昆鹏公司"，下设"鲲鹏真品"，业务不变。他们吸收存款多达1386万元，有304万元不能兑付。

　　陈某次子原是银行三门支行的职员，其妻李某原在变压器厂工作，见家里人办非法钱庄都发财，也双双停薪留职，在县城人民路创办"丰裕燃具行"，非法吸收公众存款90万元，有45万元不能兑付给存款人。

　　非法金融机构的"利润"，正是无法兑付的那部分存款。

三、借金融机构揽储

1.冒充银行拆借资金

　　在四川万县搞移民开发的万某，通过关系找到湖北神农架支行下属工贸公司负责人梅某，要求搞点资金平整土地，以神农架银行的名义拆借，再贷给神建公司，但资金不划到神农银行，而划到他的清江公司，好处分享。梅某同意。万某又找某行三峡分行大坝支行，要求帮助组织拆借，所借的钱加2%。该支行也答应。

　　于是，梅某伪造法人代表委托书，又私刻神农架银行的公章及行长私章。

然后，与万某到大坝某行驻宜昌办事处，拆借 2000 万元，并通过万县清江公司转出来。两人分赃，梅某得 1300 万元，承担利息 299 万元和"中介费"91 万元；万某所在的清江公司得 700 万元，承担利息 161 万元和"中介费"29 万元。

一年后，银行大坝支行发现神农架银行借贷一年期 2000 万元到期未还，上门催讨，这才发现神农架银行根本没有借过这笔钱。通过警方努力，仅从梅某处追回 150 万元，从清江公司追回 153 万元。

如果赃款都能追回，骗子岂不是白干？

2. 银行员工私自揽储

广州的王某，从同学付某处听说南宁一些银行有高息，便带 70 万元现金飞到南宁某银行新城办事处，获 11 万元高息。不久，王某又携 105 万元现金赴南宁，也获高息。但当王某到那银行提款时，却发现她两个账上 175 万元存款不翼而飞。

王某存款时根本没想到：当时没有按规章要求填写"开户申请书"，也没有查看开户单位的营业执照和主管部门证明等法定文件，账户随便开立。她后悔说："一切都是贪图高利息害的。"

有此遭遇的远非王某一人，另外还有南宁市某摩托车行 100 万元、朱××20 万元、南宁市某招待所 25 万元等众多个人和单位的存款都不翼而飞了。这些储户纷纷向南宁某银行索赔。南宁某银行一概拒绝，理由是：此事属"个人行为，与银行无关"。

如果有骗子借你的名义去行骗，而要你赔偿，如何？

3. 承包信用社

武汉前川镇的林某，初中毕业，年仅 14 岁就到镇电影公司当放映员，不久辞职，与人合伙经营水产局综合经营部，自任经理，几年后资产达数百万元。他又在武汉市区成立"威格实业集团"，自任董事长和总经理，集团下面先后建有 11 家子公司。同时，贷款 7000 万元筹建一个以生产牙膏为主的集团公司。这样，他成为青年创业的楷模，先后被评为市优秀青年、省优秀青年、市优秀企业家，还被授予"全国优秀青年企业家"称号，集团也多次被评为省、市十佳企业。

随着摊子不断扩大，林某明显感到资金捉襟见肘，便通过关系弄到信托投资公司麾下信用社的经营权。他一方面通过高息大肆吸收存款，另一方面通过集团及其下属公司以贷款为名，从信用社拿走 1.065 亿元资金，造成储户存款到期不能兑现。在武汉金融界，集团名声扫地，林某只好把眼光转向外地。

广西某城市信用社，由于经营不善，出现大量呆账，欲转让经营权。林某通过关系买下这信用社原来 3 个法人股东的股权，控制这家信用社后，故伎重演，以高利率四处拉存款。同时，在信用社内部下达任务，与职工福利挂钩，组织职工外出拉存款。林某等人就此向社会非法揽取存款 4.07 亿元，储户达 1.6 万户。对于拉到信用社的存款，林某等人当作集团的"小金库"。为达到非法占有的目的，林某等用账外客户资金非法拆借、发放贷款，不办理任何手续直接转款。这样，通过集团及其子公司和有关个人，将城市信用社存款 10167.03 万元非法占有。

200 多名储户终于对林某等人有所了解，一起行动，要求提取存款，一片混乱。第二天上午，另外数百名储户也闻风而动。此后一连几天，要求取款的储户越聚越多，信用社根本无法应付。100 多名走投无路的储户到市人民政府上访，要求市政府给个圆满的答复。由于上访没有达到目的，储户们沿路往立交桥方向涌去，要到铁路上卧轨。市政府、市公安局和银行领导出面做工作，才渐渐平息下来，并查处了此案，将林某等骗子绳之以法。

为什么要等到储户们闹事才"发现"问题？当地有关部门早干什么去了？

4. 挂靠银行

湖北松滋八宝镇的周某，由于家境不好，初中便辍学到沙市当保姆，后来摆地摊。有次，她了解到荆门沙洋的存款利率比沙市低一些，就找沙洋某信用社科长全某，私自将信用社几百万元资金转到沙市，半个月就赚 20 万元利差。从此，她想方设法与银行工作人员套近乎，用高息吸引储户存款，然后拿去投资。她还定标准，3 万元以上才收存，后来提高到 5 万元，比银行还派头。她需要银行，银行也需要她。她成了沙市某信用社不在编的副主任，银行内部的人也这么称呼，一般储户更是深信不疑。

荆州某国有银行的任某，将储户托她存高息的250万元交给周某。周某收下钱，说办手续的人不在，要过一个月才能开存单。一个月后，周某躲着不见。无意碰上周某，她还是拿不出存单，任某这才报案。警方查明，周某采用种种非法手段吸收公众存款达2.8亿元，骗走资金7382万元，造成储户个人损失2189万元、金融系统损失5003万元、其他单位损失190万元。虽然追回赃款6741万元，绝对损失仍达600多万元。

需要个摆地摊的来当"副主任"，是中国银行业的悲哀！

5. 利用信用站工作经历

浙江永康七村的林某，仅小学文化，曾当过村会计、村信用站负责人。凭着村民的信任，她许诺有高额的利润，先后向本村及邻村近百户村民借款204万元。非法集资来的钱，开始用于建房，不久办起一个生产电热板的小厂。后来，按高出银行5倍的利息借给胡某做生意。胡某生意亏本，林某借给他的钱也打水漂。此后不久，又高息借给徐某9万多元，也一分未归还。村民们的钱就给她这样"借"掉了。

大处大骗子，小处小骗子。对于一个村来说，200多万元已经是天文数字。

四、假企业真骗资

1. 发行投资卡

肖某原是湖南长沙口腔医院技师，到北京西城区羊肉胡同租房，以广告艺术中心之名，在未获中国人民银行批准的情况下，以高于法定利率，向长沙中学校友会北京分会成员及其亲属吸储。她先发给投资卡，后改为借据，约定付给固定比例的高额利息，变相吸收公众存款。短短时间，150余人受骗，存款达600余万元。所集资金除部分用于经营活动外，有180多万元下落不明。

过去的匪徒往往讲究"兔子不吃窝边草"，而今的骗子可不讲那一套，甚至专吃"窝边草"。

2. 发行购物卡

内蒙古巴盟五原县的丁某，原在某银行工作，因经济问题离职，到呼和浩特物资贸易中心打工，从中发现商业有奖销售的猫腻，便自己办个贸易中心和商店，专搞有奖销售。其规则是顾客在购买商品时，将钱换成每张面值为 50 元的购物卡，购物后再发放同等金额的兑奖卡。兑奖分两次进行，购物一个月后兑购物额的 40%，叫小奖；4 个月后可兑 140%，即大奖。两次共兑 180%，中奖率 100%，这对客户来说当然合算。然而，当大量兑过小奖的客户来兑大奖时，发现丁某失踪。经查，丁某共发放兑奖卡 6 万多张，非法集资 300 多万元，受骗者达 1200 多人。

丁某如果再不"失踪"，岂不真要成"摇钱树"了？

3. 加盟电子商务

众奥电子商务有限公司，说是以网上购物加服务中心的复合型电子商务模式运营的公司，是一家在电子领域内取得合法经营资格的电子商务公司。该公司实行会员制，会员以"报单"的形式投资，会员卡白纸黑字写着："一卡在手、资讯全有、风险归零、获利交友"。每单 298 元，可买单数不封顶，承诺 30 天后返还本金，50 天后返还本金 85% 的利息，吸引了许多市民。

初期，还本付息运作正常。每到规定的日子，会员都能拿到钱。前期的会员尝到甜头，投资的数额越来越大，从几千元到上万元，甚至有一个会员投了 100 余万元。众奥的名声越来越大，有很多新会员涌入。每 5 天报一次单，有些大站一次就报 1000 多单。

有一天，公司通知说：为了配合国家整顿规范电子商务市场，保障广大会员切身利益，即日起每单提升到 318 元，原定 10 天一次还款调整为 15 天。这样，更多人被吸引，疯狂报单，直至这个公司突然人去楼空，近 3 万名会员傻了眼，约 1.8 亿元资金不知去向。

这种"摇钱树"能四季常青才怪呢！

4. "经济互助会"

浙江乐清的高某，谎称经营房地产、担保公司等，非法组织"经济互助会"，以 5%——6% 的高月息回报，引诱人参与。她将经济互助会款进行高息"倒款"（月息一般为 15%，年末或年初则高达 30%），将钱转借给其他会员，牟取暴利或用于维持"经济互助会"的运转。当资金运转发生困难时，为维护"信誉"，她就拆东墙补西墙，向他人借款补窟窿。

忽然，高某的"经济互助会"无法周转。至此，共骗取 115 人资金达 1 亿多元。她将骗得的款项用于购置房地产及个人挥霍，1.16 亿元无法归还。

如果能如数归还，还叫骗吗？

5. "合作造林"

亿霖公司聘某明星做广告"投资几万元，轻松做老板"，业务员具体介绍："我们公司主要从事托管造林，也就是说，我们把承包或收购的林地卖给投资人，再接受投资人的委托对林地进行管护。等林木长成后，双方再进行利益分配。而我们销售的全是速生丰产林，林木 7 年后保证成材见效益，每亩地的净收入可达六七千元。买地越多，好处越大。"

这样的宣传打动了 64 岁的何女士。她悄悄支取儿女的 20 万元存款，又把老母亲的 10 万元养老费借来，东拼西凑 40 万元。投资后，她多次要求去实地考察，公司以天气冷、工作忙等各种借口拒绝。她还是不大放心，连家人也瞒着，独自去，惊讶地发现所有树只有筷子那么粗，高矮一尺多，且死的多，活的少，丛生的杂草倒是比树高，于是报案。公安局经侦部门成立专案组，对亿霖集团进行全面调查。骗子们有所觉察，开始向境外转移资金，并伺机潜逃。专案组当机立断，一举抓获亿霖集团 11 名高管。侦查发现，短短两年时间，他们从全国各地狂敛资金 16.8 亿元。

明星嘴里出来的，并不都像他们表演的那么完美。

6. "300 工程"

所谓"300 工程"指以 300 元为一股参与集资，80 天一期，可得本息 380 元。以此推算，年息可达当时银行一年期定期税后利率的 66.67 倍。如果集资 3 万元，那么每天就有 100 元的纯利息收入。而且每 10 天发一次利息，80 天分 8 次发完所有本息。这种投资回报不亚于天方夜谭，但确有其事。广西南宁"通五洲有限责任公司"女董事长覃某公开推出，并炒得热火朝天：

——中英足球赛在南宁举办，"通五洲"公司赞助，在报纸和电台、电视台里渲染得火药味十足。当着无数的公众，老外向覃某送队旗。

——在南宁举行的全国 12 强体操精英赛，也是"通五洲"赞助，覃某频频在有领导出现的主席台和有记者进出的场地亮相。

——覃某上北京几天，捧回一大堆名人合影，并将这些照片放大挂在办公场所。

——"通五洲"还成为"军民共建"单位，公司的招牌竖挂在派出所大门旁边。问路找"通五洲"公司，他们便说："找某某派出所就行了，我们在他们边上。"

——公司印制精美的画册，把一位国家领导人的照片移花接木放在卷首，给人造成某种错觉。

——覃某声称参与组织编辑过英国剑桥华人出版有限公司出版的世界百国首脑献给 21 世纪的《世界和平圣诗》，美国诗人大会主席罗斯玛·魏尔金申夫人曾为她吟诵："沉浸于欢乐与友情之中，今夜我们同醉。"

通过一系列炒作，连"通五洲"的职员也对本公司深信不疑。不过，明眼人还是不难看穿。何某就是其一，但她想打时间差，趁他们垮台之前捞一把。她向亲友借 9.6 万元投进第 35 期，预计到第 52 期可得本息 13.6 万元，没想到惨局比她预料来得快。52 期到，覃某没钱了，何某想要点钱治病都要不到分文。

覃某本人当然更清楚她面临的是什么，但她像一个在快速道上疯跑的人，无法马上停下。为此，她开始把集资转化为投资，开始新一轮骗局：

——弄个年产 3000 万盒木瓜酶润喉片的可行性研究报告，计划年产销一亿盒，获利一亿元以上，并大力宣传这是一种完全没有风险的投资，这种喉片具有镇痛、止咳、利尿、抗菌、抗溶血等功效，百病皆治。

——在横县果农雷某那里搞一个 6000 亩的木瓜基地，并请一位高个子、黄红色头发的"俄罗斯专家"(其实为本公司职员)来考察，又是照相又是画图，然后大肆渲染。

此外，还有建在武鸣的草芽基地，建在来宾的通五洲酒业公司……

连覃某自己都被这一系列虚拟的远大目标陶醉。她到处拍胸膛，召开一个又一个会议，搞一个又一个大型社会活动，不明底细而又热心科技发展的各级领导们来一拨又一拨，覃某跟他们照一张又一张相。这样，吸引越来越多的投资者。警方查实，在不到一年时间里，她居然骗了1600多人，涉及本金及利息1.28亿元。

媒体记者在看守所采访时，她依然陶醉在自己虚构的美梦里，说："我的木瓜酶润喉片是赚钱的，眼看就可以赚几千万元。你们放我出去，等我还清钱再回来坐牢。"

阿拉伯有个故事：一个人信口开河说前边有人在散发金币，人们听了纷纷赶去，但去的人太多了，说谎的人自己也开始怀疑前头是不是真有人在散发金币。覃某自欺欺人就是这个故事的中国版。

7. 发展"消费嘉宾"

沈阳的邱某等人，到大庆开办再创业经营管理有限公司及再创业超市，注册资金200万元，实际只投入30万元。开张后，他聘用8名大庆人作为最上线的高级管理人员，在社会上游说：凡是加盟该公司的"消费嘉宾"，每份只需交纳350元，其中8元作手续费和资料费，返还139元的商品，余下203元作为股金参与公司的定期分红。每月5日、15日、25日为分红日，半年每份可分18次，受益金额达1800元。这就是说，每个"股东"可得到超过股金9倍的红利。"上线嘉宾"每发展一个"下线嘉宾"，可获35元的伯乐奖，有6次分红的机会。这样，吸引齐齐哈尔、哈尔滨等地不少人，仅2个月时间就有7000余人加盟，投入近5万股，非法集资和传销涉案总价值高达1700多万元。

不久，加盟的人数开始减少，而分红的人越来越多。邱某和会计王某把公司在大庆的所有存款485万元全部取出，与超市采购部经理矫某、公司财务部经理张某等一起悄悄逃跑。

这案件惊动中纪委、公安部、国务院信访局，在云南西双版纳将邱某等人抓获，但追回赃款仅50万元、美元17万元及部分物品，折合人民币200万元，其余已被挥霍掉。

怎么说很重要，但更重要的是怎么做。

8. 发展"营销会员"

郑州的李某，虚假注册成立"百花实业有限公司"，下设音像电器分公司和休闲商务俱乐部，采取"营销会员"模式，会员只要先交8000元至数万元的"货物抵押金"，并与休闲商务俱乐部签订协议书，就可以优惠的价格从公司提取等值的音像制品、器材、家用电器等商品去推销，不仅可得售货利润，年底还可获月利率2%——3%的高息。这样，吸收会员6000多人，收取会员货物抵押金7000多万元。同时，李某大肆作秀，陆续举办演唱会、文艺晚会、山水画展览等活动，在《商界》、《时代工商》等杂志作封面人物或介绍文章；人们称他"百花王子"，他被评为"优秀企业家"和第四届"优秀青年"。

中国人民银行郑州市支行认定李某搞变相集资，要求立即停止。没停几个月，李某又恢复，将原公司扩展为"百花实业（集团）有限公司"，自任总经理，妻子、小姨子及妹夫任副总经理，妹妹任财务部核算中心负责人，下设16家子公司，但多数是空壳公司。至案发，李某非法集资达33607.6万元和2万美元，涉及18488人次。

最后，李某既不付利息也不退本金，一家人携巨款潜逃。公安机关追回赃款、赃物价值7376.8万元，无法追回达13365.5万元。

为什么会是一边当地央行支行封杀他，另一边则是当地封号他"优秀"？

9. 发展"倒找钱"会员

辽宁中宏有限公司规定：只要购买价值180元的"老酒王"牌黑色酒，便成为该公司的会员，公司将在会员购物4次后退还240元。根据购买份数多少，公司将另外每份付给20元至30元不等的奖励。从投资之日起，每周开奖一次。他们还娓娓动听说："这不是公司做亏本买卖，而是在做广告销售。与其将大笔钱给明星、名人，不如让利给老百姓。"

人们称这种经营方式为"倒找钱"。一时间，葫芦岛陆续出现180、269、696、298.400、288、248等十几家"倒找钱"公司。但这都是骗局。如尹某的公司，当地派出所调查，她账上一分钱也没有。全市受骗者达五六千人，大多是普通工人、农民和下岗职工。

最幸运的是"180公司"会员，他们及时扣住一位负责人，索回310万元，而他们本金却超过790万元。多数老板则早早逃跑了，索债无望。

商人与慈善家之间，绝不可能画等号。

10. 签订预售合同

天宇股份有限公司法人代表澳籍华人陈某，以高利息为诱饵，采取签订商品房预售合同、停车位认购协议等手段，先后向4000余人非法吸收公众存款达亿元以上。陈某将他所持有的3120万股天宇公司的股份(原价每股一元)，以每股一分钱的价格卖掉，随后逃跑。

以原价的1%贱卖，只有骗子不会心疼。

11. 向职工揽储

一洋贸易公司法人代表商某，对大明公司财务科记账员李某说："如果你能帮我在你们公司吸储，让我抵押贷款，决不会亏待你。"李某同意，回公司鼓动，说只要拿9350元就可以得一万元的存单，一年到期后另按银行利率付息。大家觉得很合算，纷纷响应，117人集资1617550元。李某扣除1.5%好处费，余款由商某补足173万元，存到城市信用社，其中63万元按实际存款开出存单，由存款人自己保管；另外109人的110万元用3个储户代表姓名存，存单由李某保管。

接着，李某和商某拿着110万元的存单到同一家信用社办抵押贷款。合同约定：信用社贷款110万元给商某，期限4个月，用那3张存单作质押担保。如果到期不能还款，由担保方承担连带责任。然而，贷款到期，商某逃跑了，被捕只有李某。

骗子不仅需要骗财，也需要骗个替罪羊。

12. 向朋友揽储

建设兵团农牧团场陈年旧房需要新建。在团场打工的吴某略懂泥瓦技术，便拉起一支20多人的建筑队，承包下这工程。然后，找来几个朋友，鼓动说："现在有钱放银行最蠢，做生意搞投资才合算。我现在承揽了咱们团危旧房改造工程，手头有些紧张，你们把闲钱借给我，我可以付高于银行利息，年底连本带息兑现。"第二天，李某拿一万元现金给吴某，吴某对天盟誓，当即写字据："今借李××现金一万元整，利息按1分8计算，年底连本带息还款壹万壹仟捌佰元整。"他把老婆孩子从重庆接来，宣扬说："我老婆、孩子、房子都在这里，我已是团场的人啦，你们放心，年底绝对兑现！"投资的人很快多起来。吴某又要求说："不能声张。高息借款，国家不允许。"后经公安机关调查，有20来人借款给吴某，总数达12万元。

到年底，吴某从工程中赚7.8万元，但一算还不够还账。当晚，他趁夜深人静时，携妻带子逃走。他给一位朋友电话说："对不起了。你的钱我暂时还不了。今年工程是赚了些钱，我打算用这些钱做其他生意，以后赚了再还你，并请你转告其他朋友。我欠你的钱最多，我那3间房子就归你了。"一年多后，警方从吴某老家将他抓获，但他家里一贫如洗。

"绝对兑现"，意味着砸锅卖铁也要兑付。但骗子不是这么理解。要他们兑现，只能像酒鬼，只有喝醉了才肯吐。

13. 向乡亲揽储

浙江瑞安鲍田的郑某，在深圳某房地产公司，随后辞职与人合伙办房地产交易评估所、咨询公司，非常顺利。后来，他又以个人名义成立有限公司，但没有足够资金，于是把目光转回家乡。

郑某回瑞安，对生活贫困的弟弟说："你干这些赚不到钱，还不如帮我借钱，我不会亏待你！"他向弟弟和弟媳承诺：如果能以2%的月利息帮他筹到资金，他便以3%的月利息回报他们，而且房地产分红还有他们的份。后来，他姐姐及弟弟的岳父等人也卷进来，一起为他"跑"钱。5年间，仅在瑞安鲍田非法集资就达4000多万元，上百人受骗。

开始时，郑某也讲信用。借来的钱，人家想要回去，二话不说就连本带利还。然而，郑某的生意并不顺。深圳国土规划局对公司进行资格调查，认为其资产评估差，根本就不具备房产开发资格，责令其停业，接受检查。

在对该案进行调查时，许多受害人不仅不配合，反而要求不要立案，认为一立案，郑某就不会还钱；如果不立案，郑某还有1亿多元的资产，可能会还钱。他们哪知，郑某已负债数千万元，只能靠四处高息借款度日。

善良的人们总是把骗子想象得很美好。

五、借投资行骗

1. "千万富翁"的投资

陈某到苏州某材料供应公司，自称是某物贸公司老板，有数千万元的资产，要买下该公司面积达 3000 平方米的商品房。他说目前苏州还没有一个像样的休闲娱乐场所，他想建一个。材料供应公司被说动，签订转让协议：陈某以每平方米 3000 元的高价买下该商品房，购房款 2520 万元分 3 次付清，一周内先付 50 万元预付款，材料供应公司在收到这 50 万元后由陈某接管大楼。但不顺利，一个月后陈某给材料供应公司一张 50 万元的支票，然后开始进行装饰工程招标。

郑某很想得到这个装修工程业务，对陈某进行"公关"。陈某说他已经把工程交给另一家装修公司，那公司已付 20 万元定金。郑某马上拿出 20 万元给陈某，并签订合同。陈某还收郑某"协作费"2 万元。可是，装修工程迟迟不见动静，郑某起疑心，终于报案。

当民警追到陈某包租的宾馆时，陈某正在卷铺盖准备溜。民警在沙发、地毯下发现数枚假公章。经查，他账上只有 300 多元，但有几十万元的债务。

对于骗子来说，陈某没有自称"亿万富翁"已经是谦虚了。

2. "养蝎大王"的致富术

武汉纸坊镇的周某，是个老骗子。早在 1988 年初，《湖北日报》的《内部参考》就编发了《名噪全国的"养蝎大王"周××原是大骗子》的文章，揭露周某以"养蝎大王"、"民间科技型企业家"、"对国家有突出贡献科技人员"的名义，以及受过一些领导人接见的情况大做文章，编造"蝎毒价值十倍黄金"等谎言，在湖北、湖南、广西、广东等地行骗。骗局被揭穿后，畏罪潜逃。然而，步入新千年，湖南《新闻天地》杂志发表《毒蝎大骗局》一文，揭露周某故伎重演，仍然在行骗。

周某窜到海口，伪造银行进账单和会计师事务所的"验资报告"，注册成立"联久生物科技有限公司"，自诩获全国星火科技成果奖、"养蝎提取蝎毒技术被列为星火计划"、"十大杰出青年代表"、"科技企业家"等，在省市5家报纸上大肆进行虚假广告宣传，说公司有雄厚的资金，周某本人有丰富的养蝎技术，公司在省外有众多产业，已开发多种蝎子系列产品，拥有提取蝎毒的高科技技术，专为河南某药业有限公司的"乌杞蝎精"提供的蝎毒产品，代养种蝎能有高利润回报，并炮制出"养蝎致富典型莫××半年赚千万元"、"养蝎圆了轿车梦"之类假新闻。

该公司的运作方式是：公司提供种蝎，客户领养，种蝎回收，高额回报，即养殖户代养一组60只种蝎，只需交纳1000元押金，公司保证在3个月期限内，每只种蝎产仔20只，60只种蝎共产1200只仔蝎。3个月期满后，客户只需将60只种蝎还给公司，公司退还押金1000元。同时，保证以每只一元的价格回收仔蝎。如果每只种蝎产仔不足20只，也按20只回收。这样引诱人们上当，与他签订代养合同，公司收取押金，以"后人养前人"的方式，周而复始行骗。

经审查，该公司与1059人签订代养合同，收取押金2192万元。除退还养殖户押金200万元、支付回购仔蝎费用198万元以及支付公司各项开支、购买产房、支付土地租金等费用外，周某将606.35万元人民币、2.76万元美元据为己有，一部分资金去向不明。

周某之类"拆东墙补西墙"的骗子，很可能深受"永动机"理想的启迪，可惜他们忽略了关键的一点："永动机"在地球上迄今仍只是些无知者的梦想。

3. "跨国公司"回国

河南一家大企业正愁资金的时候，总经理陈某的朋友介绍孔某，说是欧亚集团（香港）国际投资有限公司的资金部部长，准备把东南亚地区的150亿美元转投祖国。如果项目确实有发展前途，大量资金即可注入，要求回报极低。陈某听了，马上求见。孔某及其公司驻海口办事处副总经理曹某，专程到河南实地考察。不久，曹某告诉陈某，香港总部已同意他们的投资方案，暗示陈某给他们送好处。陈某很高兴，马上给他们送钱送物。然后，陈某到海口，经过一番讨价还价，商定投资5000万元人民币，年回报利息7%，45天资金到位。双方到海口某律师事务所，签字画押。一切手续办妥后，陈某按规定交律师见证费 6 万元，只等资金到位。但从此以后，陈某再也联系不到对方。赶到欧亚公司海口办事处，保安说那公司早几天已搬走。他这才从噩梦中醒来，但已被骗 57 万元人民币。

警方查明，这伙骗子基本都是山东东明的农民。通过中介公司，他们在香港九龙尖沙咀注册成立"欧亚集团（香港）国际投资有限公司"，聘请一名女秘书值班，然后授权在内地开设办事处，到处放风说有大量资金外借。企业上钩后，他们又通过考察等手段，骗取各种各样的费用。一年多时间，受害企业达 100 多家，涉案合同金额 100 多亿元，骗走现金 500 多万元。

海南几家律师事务所也卷入此案，但涉案几名律师"下落不明"。后来，这伙骗子不想让律师分赃，便虚构一个律师事务所自己当律师。

这伙骗子不仅使受骗企业陷入更严重的困境，还让不少官员难堪。有关地区的市委、市政府主要领导为成功引资高兴，曾与骗子频频会面、照相留念、出席新闻发布会、宴请敬酒等。可如今，那些留在市民心目中的"新闻"如何消除？

一伙农民骗了大批大经理、大律师、大官员，不知是为农民"争光"还是丢脸，也许不该有动辄"代表"什么的思维。

4. "爱国商人"回乡

广东信宜农民廖某，利用关系移居香港，几年后回来，变成"香港世界商务中心集团"的总裁，说是要支援家乡经济建设，受到热烈欢迎：先后当选为市政协常委和省政协委员，被授予"市荣誉市民"。几年间，这位著名的"爱国商人"轰轰烈烈干了 3 件事：

一是承包农村合作基金会和信宜基金会，以高息招揽存款，然后自借、自批、自用资金 6000 多万元。他还以同样方式在广东惠州、清远和广西等地开设农村合作基金，融资 9300 多万元。

二是兴办农庄，分别与小楼镇 9 个村、朱沙镇 5 个村、金龙水库以及附近多个村签订协议，开发仙姑大庄园、现代庄园及江南避暑大庄园：村民将山地交给廖某开发，廖某每年交付一定租金。廖某大做广告，称只需投一万元即可购买仙姑大庄园一亩果园，可获 50 年的投资收益，利润将达 50 万元；

购 5 亩果园，还可另送 200 平方米的别墅用地。全国各地约 2000 人参加仙姑大庄园的投资，总额达 1.5 亿元。而廖某只向村民交部分订金，至今还欠村民租金、工人工资和修路工程费 300 万元。以同样的方式，廖某在江南避暑大庄园骗得资金 3500 万元，在现代庄园骗得 3.04 亿元。

三是投资建设项目，说是要在广州建世商集团大厦，高 17 层，投资 6.5 亿元，从一家金融公司骗得 8000 万元，而他在广州五羊新城和中山一路的闹市中围块地，挖个基坑，再也没动。同时，说是要修几条对广东经济发展具有重要作用的路，如湛江至徐闻的高速公路，潮阳至陈沙一级公路等，并与省高速公路公司、湛江高速公司签订合同，在项目设计方案未定、营业执照未批的情况下私自发包工程，骗取几十万元保证金。

由于廖某在茂名的基金会出现支付问题，股东不断向各级有关部门反映，公安部门对他进行立案侦查，并实施监视措施。结果，颇具讽刺意味。在廖某的办公室，各种荣誉挂满墙。其中一块荣誉牌与墙齐高，挡住一扇窗户，使人无法看到这个角落。这天，他砸烂这块荣誉牌，从窗户爬出，沿着窗户外沿和管道爬进隔壁房间，然后由私人秘书和司机把他装进一个纸箱运出大门，逃得无影无踪。据公安部门调查，廖某先后诈骗 15 亿元，但不知能挽回几何。

恩赐"荣誉牌"是一大"国粹"。据有的地方志书揭露，"贞节牌坊"也有假。如今"优秀"、"先进"、"最佳"之类含金量几何，有目共睹。那么，何以年年乐此不疲？明显有二：对颁发者来说，体验了一番"皇恩浩荡"的快感；对骗子来说，起到了太阳镜的作用。廖某如此逃脱，也太不给"荣誉牌"面子了！

5. "活菩萨"

王某只有初中文化程度，无业，但在北京南苑地区红极一时。有人称她为"活菩萨"，说她是观音转世来救苦救难，甚至有人想给她建庙供她为神。她何德何能受人如此顶礼膜拜？

原来，王某以借钱做生意为名搞非法集资。她找的都是同村的邻居、朋友、亲戚。开始时，人们取得勤，她就垫上自己的钱。时间一长，人们相信她真的有钱，就连本带息一同继续存。她家门庭若市，来取钱的，来送钱的，络绎不绝，都以为她给乡亲们带来财富。

法院审理查明：她编造自己和亲属做期货、房地产等生意需要大量资金的虚假事实，以给付高额利息为诱饵，授意朱某等 27 人为她非法吸收公众存款，骗取朱某等吸收的存款 4200 多万元，骗取徐某等 7 人非法吸收的存款 1100 万元，骗取孙某等 110 余人的非法吸收的存款 2000 万元，总计 7300 多万元，直接受骗达 140 多人。法院以诈骗罪判处王某死刑，缓期二年执行，剥夺政治权利终身，没收个人全部财产。受骗的人们惊醒，纷纷索债，有的人哭闹不止，向法院、向政府请求保护自己的血汗钱。但为时已晚，他们的钱财已被王某挥霍得差不多，大部分受害人的钱无望追回，只能花钱买教训。

给活人建庙，好像只有明朝著名太监魏忠贤在鼎盛时期享受过。金钱骗子竟然有此等荣耀，其"贡献"也大有直追魏阉之势了。

6. 母子开公司

本来这是两个不幸的人。江苏启东的老陆，想做水果和水泵生意，向邻居、熟人借大笔钱，结果亏损，继而暴病身亡，给这个家庭留下近 30 万元的债务。其妻黄某、其子陆某相继停薪留职，继续做生意。没有资金，他们就以高息搞非法集资，声称月息 3 分，期限 1—5 个月，很快筹集到 50 多万元。他们用这笔资金卖布匹，销汽车，开饭店，倒服装，办娱乐中心，还成立由陆某任董事长兼总经理的贸易有限公司，好不热闹。

但一桩桩生意都跟这母子俩无缘，50 多万元很快亏掉。然而，他们不是洗手，而是变本加厉，更疯狂地非法集资，把月息提高到 5 分、1 角，甚至 1 角 3 分，令人瞠目结舌。他们印制借据，加盖公司的章，采用拆东墙补西墙的方式，迷惑不少人。5 年时间，有 670 多人的血汗钱投进来，总额达 2200 多万元。

骗到钱就享受，陆某连平时换下的袜子都要洗衣店洗，在南通一家三星级宾馆长年包房玩乐。黄某则在启东宾馆包房，俨然是个富婆。终于有人举报，他们丢下 920 多万元的债务一走了之。

月息 1 角 3 分，这么高的利息谁敢许诺？只有骗子！因为他们许诺的时候根本就没打算践诺，别说 1 角 3 分，就是 1 元 3 角也敢。

7. 假冒港商

苏某，声称是香港百灵贸易公司负责人，与建新工程公司签订一份合同，百灵公司投资1.3亿元在伊犁州奶牛场兴建玉米精加工厂，土建工程价值2000万元，建新工程公司承包，百灵公司收取建新公司押金一万元。押金交后，却几个月不见开工，建新公司报案。

警方一查，发现这苏某是假冒港商，已与8家建筑公司签订土建承包合同，收取押金9.2万元用于个人挥霍。此外，他还以同样手段在河南石桥县、尉氏县和乌鲁木齐市、伊犁、霍城县芦苇沟等地大肆行骗。

8. 假冒台商

江西九江的黄某等人，在九江机械厂临时租用一间办公室，设立"九江轻风工艺机械厂"，骗领工商营业执照，用假身份证在银行九江市分行开户。然后，以台湾木业集团公司广州办事处名义向全国各地邮寄"合资公函"，寻求加工高档木制工艺品的合作伙伴，承诺提供生产设备和负责产品销售。

结果，四川、陕西、江苏、山西、河北等地不少企业被骗，到广州和九江考察，预付设备定金。短短一个月，他们就骗取各地企业和个人的定金127万元。

9. 真华人假考察

林某原是广州人，后加入美国籍。他回中国旅游，说是顺带考察经济合作项目。深圳的企业投资公司经理吴某和湖南长沙金辉公司总经理王某，获悉湖北襄樊有4个大型建设项目在寻找投资人，而林某则有10亿美元在寻找投资项目，便竭力撮合。襄樊市某县协作办、襄樊某实业公司分别与吴某签订6亿元、1亿元的引资合同，商定提成3%。签约后，吴某等人陪同林某及其妻子朋友一大群人到襄樊实地考察。考察中，林某不时打手机用英语跟国外公司联系，确定首批资金于3月14日汇到襄樊市银行。离3月14日还有好些天，林某一行人只好一边旅游观光，一边等待款到。为此，东道主花了十几万元，吴某和王某等也投入几十万元。

离3月14日只差一星期，警方却获悉林某没有任何有效证件，而只是当地有关人员代办住宿等手续。调查结果，林某美籍是真的，但引资是假的。还从浙江上虞警方得到一份传真："美国人林××意欲投资800万美元，在上虞市梁湖镇成立新世纪实业有限公司，生产销售纯净水，并向工商部门领取营业执照。但该人离开上虞后，仅在电话中与镇领导有过联系，所投资金分文没有到位，公司在成立前后所花近3万元费用也没结清。"另外查知，林某在重庆期间，也有经济纠纷被重庆市法院受理。

3月15日，警方对林某进行搜查，发现他随身携带的2个存折仅各有10元，另有55元和1美元现金；投资意向书倒有足足一密码箱，涉及10多个城市，还有大量空白意向书。

最近，有个骗子在西部进行投资诈骗，被捕后"理直气壮"地说："我如果有钱，还到西部来干什么？"林某这类来自海外的骗子也持同样的逻辑："我如果有钱，还到中国来干什么？"

10. 拿鸡毛当令箭

河南焦作市计划委员会曾作过《关于河南省云蝶轻型飞机开发公司新建YD系列轻型飞机生产线项目建议书的批复》，要求先做好可行性研究，然后按程序报批。云蝶公司法人代表南某得到这份批复后，没有跟市计委进一步联系，便任命沁阳市做玻璃生意的杨某为生产厂长，开具委托书让他开始跑地皮和资金。

杨某拿着南某的委托书到博爱县，说是要征地300亩建飞机制造厂。村委研究后表示欢迎，让他白吃白喝，还借给一笔零花钱。3个月过去，征地办厂的事一点进展也没有，便将他赶出村委大院。

杨某走进贵屯村赵某家，说是来集资的，等飞机厂建成后，按每月3分到5分的利返本付息，还可以安排子女进厂工作。赵某动心，兄弟每人给他5000元，并把自己的老院子给他做厂长室。后来，赵某又凑6000元给他。

杨某拿着赵某的钱，带着女儿、女婿及亲家等人，浩浩荡荡到武陟、洛阳、郑州及福建泉州、四川成都等地"引资"。这样，村委对杨某也另眼相看，将他重新奉为座上宾，并与他签订用地、用工协议。

后来，因被一位参与集资者举报，杨某落网，南某闻风而逃。

骗子的专长就是"无中生有"。对于已有眉目之事，稍加利用岂不易如反掌？

11. 直骗政府官员

福建某县统计局法律股股长林某，在停薪留职期间，伙同该县魁斗镇的陈某、易某等人，在广州成立企业发展有限公司，然后北上，参加黑龙江齐齐哈尔观鹤节，直接给区长挂电话，要求洽谈合作项目。区长自然表示欢迎，当即要求分管工业的陈副区长与他们接触。陈副区长将此事转交给计经委分管经贸的张副主任。张副主任根据他们介绍的情况，让区物资供销处主任李某接洽。通过交谈，李某觉得项目可以做。这样，区里决定派张某和李某应邀前往广州考察。

在广州，林某等人领着张某和李某到市区一个挂有"源昌达企业发展有限公司"招牌的办公室，见副总经理余某（实为易某）。易某介绍公司有关情况，又安排他们去中山市一个玩具生产厂考察，到生产车间看生产线及玩具半成品。经过进一步洽谈，并电传给陈副区长审定，双方在广州正式签订有关合同及协议书：合资创办儿童玩具厂，设备投资380万元，甲方（齐市）出资152万元，占股份40%，乙方（源昌达）出资288万元，占股份60%。乙方承诺联营公司生产经营的全部产品，均由乙方提供产品订单，保证满负荷正常生产，产品全部销往海外，年产值保证在1200万元以上。协议要求，第一期进口设备定金，甲方付49万元，其中先付15万元，余下34万元由乙方垫付，待联营厂生产后从利润中扣除。联营厂委托乙方订购进口生产设备。国产设备由双方在国内厂家选购。乙方收到甲方设备订金后，负责进口设备到广州。商检检验合格并评价后，甲方付给乙方第二期设备款71万元，甲乙双方会同海关商检共同验收设备，按商检核定价格，由乙方负责运往合资联营厂。从书面看，齐齐哈尔方面没什么风险，真是个很好的项目。

合同签订一个月，物资供销处连15万元也筹不到，眼看项目要泡汤。区天桥办事处所属的机械加工厂厂长王某得知，直接找到区领导，接手这个项目。张某和王某带着巨款飞广州，将合同协议上合作单位的甲方改为机械厂，合资厂名改为新源儿童玩具厂，就将15万元交给林某。不久，张某和王某又携带二期款71万元再到广州，发运设备。林某带他们去一家货场看了那些进口设备，包括2台注塑机、4套模具，当即组织车辆装车发运。张某和王某在货场亲自看设备的海关报关复印件，又看着设备装上运输车，也就没有去注意负责运输的货运单位及车辆车牌号、发货单等证件，便将4万元现金和67万元现金支票交给源昌达公司的财务（实为同伙）。

张某和王某回齐齐哈尔后，林某还在电话中说："放心吧，过两天就到。司机又不是第一次跑东北。你把厂房车间、供电等准备好。过两天货一到，我和技术人员到你们那去，月底生产出第一件玩具准没问题。"然而，一天又一天失望。区领导决定派两名检察官与张某、王某到广州找人，发现那公司招牌不在，人也不见。一问，才知道这家公司的办公楼租期已到，未再续租。到银行查询，被告知那笔67万元的款已被取走。

齐齐哈尔方面的损失，不仅仅是巨款。纪委、监察部门立案开展调查，形成一份调查报告：

张×同志作为区计经委分管经贸工作的副主任，在具体与外地来人洽谈合作生产项目过程中，对对方的真实情况未做详细了解审核，特别是在参与去广州考察中，没有对有关方面的企业性质、隶属关系、资信状况等做认真、详细、准确地考察，即盲目地称赞同我方合作单位与对方签订合同协议，并且在两次付款过程中没有严格把关，尤其在对方搞所谓对设备验关和发运的骗局中，对有关手续审查不细，盲目轻信对方谎言，同时亦未采取一定保障措施，导致我方86万元投资被骗的严重后果。对此，张×同志负有主要领导责任。而且在此之后参与对被骗款追查负责费用支出中，存在比较严重的不合理支出现象，支出中无任何票据的开支总额达9361元。

王××同志作为企业法人代表，在接续原合作生产项目后，没有对原考察情况做认真复核，并且在先后3次去合作方期间，亦未对有关单位企业性质及资信等情况作详细审查，盲目与之签订合同和协议，先后两次将共计86万元款付给对方，在对方搞所谓设备验关和发运中对有关证件和手续未作详细审验，亦未采取一定保障措施，盲目轻信对方谎言，造成所领导的企业86万元资金被骗严重后果。对此，王××同志负有重要领导责任。

陈××同志作为主管工业的副区长，在责成下属部门与外地来人洽谈合作生产项目过程中，没有严格认真审核有关人员的洽谈和考察情况，并且在亲自前去考察过程中，亦未对有关单位的资信等情况进行认真准确认证，在对其合作单位产生疑惑的情况下仍未引起其足够重视，更没有及时采取有效防范措施。致使我方有关人员盲目将合作投资款付给对方，造成 86 万元款被骗的严重后果。对此，陈××同志负有领导责任。

以上 3 人均犯有严重官僚主义失职错误。

除上述 3 人外，物资供销处主任李××，在开始与对方洽谈及考察过程中，亦存在有对有关情况了解不细，审查不严，考察不利，盲目与对方签订合同协议行为，给我方接续合作单位制造了虚伪印象，对此，李××同志也负有一定责任。

直到 6 年后，安溪警方开展打击系列诈骗犯罪专项斗争，这才逮到林某这伙骗子。

这是典型的"挥泪斩马谡"。幸好这几位官员比较廉洁，否则真要挨"斩"了。

12. 伪造政府公文

庞某曾被上海宝安法院判刑 20 年。刑满释放后，到深圳与他人合伙办名川公司，自任董事长。这公司承包酒店欠债 70 万元，庞某逃到内蒙古。

在内蒙古，庞某继续使用名川公司的营业执照和公章，骗取内蒙古某厅级部门发给的"港澳台侨企业批准证书"和包头市发给的工商营业执照，然后与西部天然气股份公司签订协议，约定名川公司认购 6500 万股天然气股份公司的股本，骗取公司筹备处的信任，取得公司发起人资格。但因股本没有按时打入，不久被筹备处开除。可是，庞某仍以该公司发起人的名义，伪造政府文件和工商营业执照，以呼市为基地，利用内蒙古多个工程项目到外地"招商引资"，以给工程项目和高额回报为诱饵，采取预收工程定金、保证金引资前期费、银行开票费、借款等手段，骗钱、骗物、骗吃、骗住，使数家单位和个人上当受骗，诈骗金额累计达 150 多万元。

赵某原是呼和浩特糖厂厂长，因贪污受贿被判刑，后出任呼和浩特贸易有限公司总经理。赵某结识庞某，两个骗子团伙狼狈为奸。按庞某授意，赵某起草"内政发文件"，即《关于呼和浩特市贸易有限公司和名川投资有限公司进行项目建设的公开招商引资的函》，指使李某用电脑扫描内蒙古自治区人民政府的红头文件和公章，采取拼接的方法，进行伪造。赵某将伪造的文件提供给庞某，庞某复印给团伙成员，到北京、四川、辽宁等地进行非法招商引资活动。警方查明，赵某共伪造各类政府和有关单位公文 9 份，其中自治区政府文件 3 份，自治区部门文件 2 份，金融部门有关证明 3 份，其他文件 1 份。

在骗子眼里，政府文件跟他们的"合同"差不多。

13. 利用国有企业

浙江平阳县的洪某、李某和包某等人，找到福建三明市的街道办事处，说是台湾云林县开餐馆的林女士要来这独资办厂，总投资 200 万元人民币，制造蜂窝纸板成套设备生产线，年产值达 3500 万元以上，委托他们 3 人具体操作。街道办自然高兴，热情派人协助他们跑区里、市里办各种手续。不到两个月，区计划局、外经局、市外经局有关投资企业的可行性研究报告、台港澳侨投资企业批准证书等文件均办妥。不久，工商行政管理局核发企业法人营业执照。

接下来，洪某拿着蜂窝纸板生产线设备图纸请机床厂帮忙生产。该厂说没有能力加工生产这种机床，要找总厂。总厂特意进行市场调查，认为这套图纸比较先进，全国目前只有广州和北京两家企业生产，市场前景较好。于是，甲方机床厂与乙方洪某达成合作协议。合作初期，按双方事先商定的价格，由乙方先行投入购买原、辅材料，配套件和加工费等资金，生产线完工后由乙方销售。甲方有生产权，乙方不得将订单委托第三方生产。鉴于甲方需添置必备的设备和新建厂房，乙方必须适当垫付资金。5 年之后，双方可自由发展。协议还确定，乙方在三明独立成立一家有限责任公司，负责蜂窝纸板生产线的技术和销售工作。地点设在机床有限责任公司内，甲方为乙方提供两间办公室。双方还签订厂房租赁合同，将机床厂原职工食堂租给乙方作生产场地。签完合同和协议，乙方对要作为办公室的两间闲置房进行装修，安装 2 部电话，"瑞泰机械制造有限公司"的铜质招牌则挂在机床厂的大门口。

与此同时，浙江丽水松阳的漆器有限公司在广东一家报纸刊出广告，称该公司专业生产儿童智力玩具、旅游工艺品、古代人物等系列木制工艺品2000多种，产品畅销美国、法国、荷兰、加拿大及东南亚国家，现因本县原材料紧缺，满足不了外商的需求，为节省长途运输、长期出差费用，决定将资金、技术、销售三输出，在广东寻找一家条件具备、木材资源丰富的企事业单位或个人合作，共同经营。该公司负责技术传授，销售全部产品，并预付生产定金，款清发货。

广东化肥厂的谢某与侄儿齐某看了这广告，想在家乡开办一家这样的厂，便与漆器有限公司联系，并应约前往浙江考察，了解产品的销售渠道、年产值、利润等情况。随后，吴某亲临广东清远实地了解资金、租用厂房的落实情况，双方这才达成协议：谢某和齐某为甲方，投资51%，吴氏公司为乙方，投资49%，在清新县太和镇兴建一家年产值800万元的工艺品有限公司，乙方包销售联营厂所生产的产品。

接下来订购生产设备。吴某说："据了解，这种设备浙江温州有。不过，温州的产品性能会差些。听朋友讲福建三明也有，较为先进，但价格要贵些。"他们决定还是要三明的先进设备。第二天，吴某等回浙江，与谢某顺路到三明订货。

在三明瑞泰公司，很快订下购货合同：广东清远的工艺品有限公司向瑞泰机械公司订购RT型系列木制工艺设备84台(套)，总价值107万元。合同生效交50%定金，75天后交货付20%，设备安装调试出合格产品付15%，另5%作为质保金，"三包"期满付清。合同签订后，谢某马上到三明银行提取10万元现金作为订金，吴某称要回浙江将33万元电汇给瑞泰公司。回广东后，谢某打电话到瑞泰公司，得知吴某那33万元已汇到三明，便将另外10万元又汇到瑞泰公司户头。

然后，谢某打电话与吴某联系，被告知电话已停止使用。谢某急了，赶到浙江丽水的漆器有限公司，吴某原来的那间办公室是空的。问厂里人，这才知道那是吴某租的。谢某马上拨打瑞泰公司的电话，也停机。马不停蹄赶到三明的机床厂，大门上那块"瑞泰机械公司"的铜质招牌还在，但办公室也是一片狼藉。在这里，还有来自河南驻马店、天津新科技产业园、广东汕头、陕西韩城、辽宁沈阳等地的客户，他们的遭遇和谢某一样。

就在三明警方对此立案侦查时，这伙骗子又开办"洛江虹鑫机械厂"，挂靠在中侨集团机械制造公司，并又在南方一家报纸上出现这样的广告：浙江仙居的金贵银制品有限公司欲在广东寻找一家条件具备，木材资源丰富的企业单位和个人合作创办木制品工艺厂，又有一些人像谢某一样上当受骗。

警方抓获洪某、李某和包某，但同伙中的陈某、徐某、毛某等人在逃，也许又在某个其他地方继续行骗。

"国有企业"这无形资产，倒是给骗子充分利用了一把。

六、官方资助骗子

说官方会资助骗子，没人敢相信，但这案例千真万确，而且就发生在与前例相同的福建三明！

怪事得从稍远说起。江西新余的吉阳投资公司，注册资金实际到账金额只有 800 万元，但成立 3 个月却在福建宁德注册资金达 3 亿元的霞浦吉阳新能源公司，起动号称百亿元的光伏项目。时值光伏产业冬季，连国内光伏企业龙头都不得不改行收缩战略，吉阳公司却疯狂地四处扩张。有媒体说，吉阳新能源遍布大江南北甚至国外，项目金额多达 350 亿元，如果全部投产，有可能达到并超过全球光伏太阳能组件企业的生产总量。可以说它生来居心不良，明眼人一看就知道是跑马圈地、遍地开花的资本骗局。然而，众所周知官方求 GDP 求政绩的动力，并不亚于吉阳新能源。

2010 年 9 月，新余吉阳公司 26 日将第一期注册资本金 7500 万元汇入霞浦县的验资账户，地方政府于次日将第一期借款 7500 万元汇入新余吉阳公司账户，霞浦吉阳新能源公司于同月 30 日登记成立。同年 12 月 22 日，新余吉阳公司将第二期注册资金 7500 万元汇入验资账户，地方政府于同月 24 日将第二期借款 7500 万元汇入新余吉阳公司账户。同时，地方政府承诺协调某银行福建省分行为霞浦吉阳建设项目出具贷款承诺函，承诺贷款金额为项目一期 3 亿元、项目二期 4 亿元。此外还有个前提条件：地方政府要垫付 500 亩工业用地出让金和高标准厂房建设的资金。由此可见，这个新公司实际上等于是地方政府独资开的，低三下四求着吉阳公司来撑门面而已。这样的企业效益如何，可想而知，自首期项目建成后即处于停产状态，未能归还两期借款 15000 万元，也未能依照协议在"一期项目投产之日起 3 年内一次性支付土地出让金"。

不过，主持引进这个项目的地方政府领导梁某的个人目的似乎达到，2011 年 6 月调任某县委书记，实权大增。梁某感到颇受鼓舞，在这个省级贫困县如法炮制霞浦经验，同年 10 月便成立吉阳新能源公司，列为省级重点项目，总投资 50 亿元，占地约 500 亩。前提条件，仍然是由地方政府借款、垫付土地出让金、代建厂房并协调银行授信贷款。为此，地方政府组建项目班子，各部门协同配合，迅速推进证照办理、土地平整、网管铺设、供水供电、建材调运、厂房建设、设备订购、人员招聘等各项工作，并以专题会、现场分析会等形式及时解决项目建设过程遇到的各种困难，强力确保项目按时推进。

梁某似乎又成功了，2015 年 4 月升任省某局副局长。只可惜梁某成全了骗子，骗子却不肯成全梁某，4200 平方米的厂房主体建设后同样烂尾，更严重的是向地方政府借的 2.3 亿元迟迟没有偿还。

2016 年初，省市相关部门注意到该县违规借款问题，决定"严厉追查、全力追款、严肃问责"。梁某同年 2 月被"双规"，6 月定性为"心存侥幸、不知止、不收手、顶风违纪"，涉嫌严重违纪受到立案审查，其涉嫌违法犯罪问题线索被移送司法机关依法处理。同时，因涉嫌诈骗等经济犯罪，吉阳公司也被立案侦查，一举几败。

七、网上陷阱

美国哥伦比亚 Bosanko，在拍卖网上贴出广告：出价最高的人，将得到一个可能以极高价格出售的稀有棒球卡片。他利用竞买者的信任，收许多钱，却没有发送过任何商品。Bosanko 被捕，罪名是"互联网拍卖诈骗"。据美国联邦贸易委员会网站透露，全美国每星期都会发生近 500 起互联网诈骗案件。

近年来，网上金融诈骗也大量在我国出现。

广东阳江林某等人，在广州芳村区租下金融大厦 1305 室作办公地点，注册成立广州市东方神龙数码科技公司，并在北京、郑州、沈阳、成都等地设分公司，设 4 个网址。该公司的神龙数码网打出一句诱人的广告词："点击神龙网，养家轻松松"、"想轻松赚钱吗？快来轻松网站"、"点击'神龙网'，马上就赚钱"。该网站发行"神龙数码卡"，每张 380 元，说是网民购买该卡后，只要每天进入该网站点击广告 33 次，连续点击 3 个月，就可得 891 元，扣除购卡 380 元，实得 511 元。每人限购 5 张。凭这 5 张卡按要求点击 3 个月广告，可获利 2555 元。还称凭该卡可在指定商场、专卖店购物享受 8 折优惠。短短时间，他们在全国除西藏、台湾外的 30 个省市自治区 210 多个市县发展 368 个代销商。许多人被高额回报吸引，借用别人的身份证大量购神龙数码卡，甚至有人买上千张。通过各地代销商，共销售 80 多万张，总额达 2.3 亿元，购卡人 8.6 万名。

没多久，该网站便没有继续付广告费，各地网民纷纷向公安、工商部门举报，武汉 7 家代理商也向当地警方投案。公安部迅速部署广东等有关省市自治区公安机关查处，抓获犯罪嫌疑人 100 余人，缴获"神龙数码卡"6 万张，冻结、扣押赃款 2000 万元。

千万别以为骗子愚笨。他们也是每天天一亮就睁大了两眼，一发现什么新事物就扑上去。

八、中外骗子联手

2012 年 6 月开始，有人广泛散发全彩色印刷的中文宣传册，声称在外汇交易领域拥有 13 年专业经验的英国 EuroFX 公司在中国拓展业务，投资 1 万美元，每月预计可得 6% 的回报，如果投资 10 万美元则每月回报率将升到 12%。几个月后，EuroFX 又推出另一项产品，宣称投资 25 万美元可获 16% 的回报。他们特地邀请一些中国投资人飞赴伦敦，在苍鹭大厦 EuroFX 办公室招牌前合照，更是让人深信不疑。

其实，该公司在英国注册只是进行"业务支持"，而非金融。如果它在英国境内发展客户，才会受到英国金融市场行为监管局（FCA）的监管。但英国监管局曾在 2013 年初发出警告，称 EuroFX 有可能"未经我们的授权在英国提供金融服务或产品"。但这份警告仅仅面向在英国的投资者。该机构并不监管在欧盟以外地区运营业务的英国注册公司。中英一些骗子正是利用这一点。

早期的投资人，确实能够从这些账户领钱出来。2013 年 7 月 20 日，EuroFX 在其网站上称，将暂停现有账户交易，"以遵守日益严格的国际反洗钱规章。"从此，投资者就无法动用账户资金了。同年 9 月 18 日，EuroFX 在其官网发布公告显示：公司将与来自该行业的几家公司合并为更大的实体，但并未透露具体与何公司合并。EuroFX 合并后，更名为 FXCAP，并推出名为 FXCAP 的网站，声称：

2013 年（公司）为帮助顾客实现财务自由而创建，并将于 2015 年前成为全球最大的金融服务机构之一，为 100 多万名客户提供服务。FXCAP 注册于全世界多个税务优惠司法权区。这种复杂的构架赋予了 FXCAP 独特的优势以发展其 Forex 交易，金融、资金和资产管理投资组合。

FXCAP 承诺给 EuroFX 的投资者发放借记卡，以购买他们的基金。但投资者收到的预付卡余额为零。还有人了解到，汇钱过去的那些公司，有两家已解散，其印度董事已无法联络到。2014 年 4 月，7 位投资者赴伦敦调查，惊奇地发现他们以前参观的两家公司，竟称与 EuroFX 毫无关系。2015 年 8 月，公司又在网站上发布公告："由于过去几个月交易环境不佳，FXCAP 申请破产。"客户账户"交由外部会计公司进行审计"。至此，投资者终于从噩梦中彻底醒来。

据悉，这是国内近几十年来最大的"金字塔"诈骗案，也是第一桩有西方公司和西方人牵涉的案件，至少有 319 起客户投诉，损失 4.55 亿元。

不是说"杂交优势"么？中外骗子联手作恶也如此吧！

第二章 银行卡类骗子

　　银行卡比现金方便，但风险也更大。银行卡诈骗，跟假币一样已是个令人头疼的国际性难题。

　　在美国，五角大楼和其他联邦机构一样通过信用卡给员工发工资，目的是减少繁文缛节，提高政府效率，节省开支。五角大楼后勤局局长利伯特说，在 2500 美元以下的政府交易中，99％是用信用卡支付的。美国政府总务管理局的一名官员说，使用信用卡每年可以为政府节省 12 亿美元的开支。但众议院调查五角大楼信用卡舞弊案委员会主席、共和党议员霍恩反驳说，这些数字没有考虑到滥用信用卡支付个人消费的行为。格拉斯利在众议院一个调查委员会作证时说：过去，五角大楼员工还需要假造发票才能骗得政府的支票，现在可好，信用卡的出现将这个麻烦也省去，直接提供一条通向一堆堆现金的捷径。他还尖刻地说："五角大楼给了每个人一把大铲，告诉他们钻到国家的钱袋里。"

　　如今，一不小心，骗子的大铲也会钻到咱平民百姓的钱袋里来。

一、ATM 机边的骗子

1. 偷密码造伪卡

　　有的骗子亲临 ATM 机边偷看。如原供职于奥赛特经贸公司计算机部的"电脑通"成某，在报上看到有人用伪造的邮政储蓄卡盗取客户存款的消息后，也想在 ATM 机上搞钱。他特地到邮局开两个活期存折，办两张银行卡。他发现只要拾取客户取款后丢弃的取款凭条，获取账号，再偷看别人取款的密码，然后利用计算机和磁卡读写器，便能复制出储户的银行卡。他先后从5名客户存款中盗取近3万元现金，还利用伪造的身份证申请信用卡，在ATM机上恶意透支1.25万元。

有的骗子利用先进设备。福建的陈某，到长沙打工，却干起"克隆"银行卡的勾当。在持卡人取钱输密码时，他利用望远镜偷窥持卡人输密码，并通过取钱时ATM吐出的凭条，获取银行卡的号码，然后复制出一张张银行卡，随意偷取别人的钱。警方接到几个受害人报案，说自己银行里的钱蹊跷地被人取走，卡都是在附近这家银行办的。银行提供的录像资料表明，4个人的钱都被同一个人取走。这神秘的取款人利用"克隆"的银行卡，在ATM上分批取款。录像记录了这个人作案的时间规律。于是，当陈某又来取钱时，被当场抓获。起初他不肯交代，后来看到录像中自己偷钱的样子，倒是笑了。警方在他租住的地方，搜出重要证据——存有"克隆"银行卡程序的电脑和一个复制银行卡的写卡机。

李某原是北京某电子有限公司经理，拥有出色的软件编程技术，却也干此等勾当。请看他被捕后的供述：

关键是怎样得到用户取款卡的密码。分析来分析去，我认为要想获取用户取款卡密码必须通过摄像的方式得到。我在中关村买一个微型摄像探头。我先把微型摄像探头与电源连接，然后把探头的视频输出线与家用摄像机的视频线输入端口连接，把家用摄像机的磁带倒至开始，让时间显示器上显示出零时、零分、零秒。我把这套设备放在一个小纸箱里，并在纸箱的底部挖一个小孔，让微型探头摄孔露出。

我把纸箱放在某邮政储蓄所自动取款机的顶部，并把纸箱外移，让微型摄像机探头摄孔直对取款机的操作盘。放好后，我就在取款机的附近转悠。大约过40分钟，我回到取款机旁，把用户取款时留在地上的取款凭条捡拾好多。

回到公司后，我将摄像设备拿出来，把摄像机倒至零时、零分、零秒，然后我又拿出取款凭条，根据上面的取款时间，再从摄像机上对应出时间，并从画面上查看用户取款时按的数字。这样我就获得该用户取款卡的密码，取款凭条上又有该卡的账号。这次共对应出7—8个用户的取款卡账号和密码。接着用同样的方法连续摄像4次，共对应出20多个用户。

我去一家电脑公司买一台磁卡读写器，又购一盒100张空白的磁卡。我把两张真的取款卡用读写器读一下，发现这两张真卡除账号不同外，其他的卡内数字信息是一致的。于是，我就把得到的用户取款卡上的账号及其他数字信息用读写器复制出20多个与用户账号、密码相同的卡片。为便于记忆，我还把余额及密码分别写在复制好的磁卡上。这样，我取款时就可以照着卡上的号码输入取款。

我用复制的这20多个磁卡开始取钱，共计取了3万多元。

如此聪明才智，用于正当的发明创造多好！

2. 行骗天南地北

徐某是福建安溪一个农民，弄台电脑在家里伪造信用卡。为有个帮手，他找来年仅17岁的外甥王某。为避人耳目，他们"兔子不吃窝边草"，专程到深圳。徐某站在ATM机边，偷看取款人的账号和密码，输入自己的手机。徐某教导王某说："密码一定要看到。账号没看到不要紧，只要看到他（她）将取款凭条扔掉捡来就是。"就这样，他们在深圳窃取10来个账号和密码。回到安溪，很快制作出一批假卡，通过ATM机异地取款，骗取其中4个储户13万元。

接着，他们把黑手伸到西安。两人分工，王某乘飞机赴西安偷取账号和密码，徐某留在家中伪造卡。短短几天，王某窃取十几个银行储户的账户及密码，用电话报给徐某。

王某回安溪，带了新伪造的信用卡，再次赴西安。下飞机才一小时，就在一家银行的ATM机上将一个储户的5万元转到自己在广东东莞开设的账户。然而，当他第二次取款时，那手不知为何剧烈地颤抖起来，而这刚好被银行保安人员注意到。保安认真一看，发现王某的"信用卡"一面空白，与真卡不一样。于是，保安走向王某，从他身上搜出真假身份证各一个，工行、农行、建行、招商银行和交通银行等8家银行的空白磁卡十几个。

有现代化的金融、现代化的交通和现代化的通信，自然有现代化的骗子。

3. 伪造银行文告

福建福州、三明、厦门、泉州等地，先后多次有人在银行 ATM 机上张贴所谓《ATM 操作指南》或《总行公告》。在泉州发现内容为：

尊敬的用户：

请注意！因本行电脑与各行电脑大联网（试用阶段），从今天起，每次最多可取 3000 元，每天最多可取 10 次。

提款的用户：请注意！提款已改为：提款前请先把提款的数目（一次性）先转入总行电脑账号上认账后，方可提款。操作方法：插入磁卡——输入密码——按其他服务键——按转账键——输入总行账号后，分别按两次确认键——输入要提款的总数目（注意小数点）后按确认键——提款（如超过 3000 元者，电脑自动分次吐款）——按取回磁卡键。总行账号……

如不按总行提示操作，发生吞款及一切事故，本行概不负任何责任。如有不明之处，请与本行联系后方可操作。

总行宣

有些客户信以为真，照此办理，结果把钱送进骗子的口袋。

这类案件迅速祸及广东、浙江和云南等地。公安部曾专门发出通知，提醒公众注意。所谓"公告"之类的内容，大同小异。

黑龙江某职业学校学生胡某，从南方一份报纸上看到有人伪造银行通知骗得钱，便如法炮制，晚上骑摩托车到哈尔滨一家银行分理处，将"我行的自动提款机发生故障，请按以下程序处理……"的假冒银行通知，张贴在 ATM 机上。随后，他又在中央大街某银行分理处、经纬分理处等 ATM 机上贴同样假通知。当天夜里，胡某在家里等着收钱，有 3350 元进入他的卡上。第二天，他早早骑摩托车去撕"通知"，并分别从 5 处 ATM 机中提出 3350 元。

江苏徐州一个案例有所不同。用户在某银行 ATM 机提款时，出现"吃卡"现象。抬头一看，发现取款机上贴一张告示："用户，你好！如果发生'吃卡'现象，请拨打电话37××××。"该用户随即拨电话，话筒里传来女子声音，自称是某银行客户服务中心工作人员，要求用户提供姓名、地址和信用卡卡号、密码，并请在 2 小时后到信用卡服务部取卡。2 小时后，到该银行服务中心一问，却发现卡上资金在一小时前已被人盗取。

这类骗子倒有点"姜太公钓鱼"的味道。

4. 专骗外出者

福建龙岩的雷某，曾在建筑公司干过，开过茶庄，然后跑福州干起一种骗人的勾当。首先，他到各宾馆饭店物色旅客，从电话簿上抄电话号码，躲在租房里冒充警察，打电话到宾馆饭店总台，询问各房间的旅客姓名。再把电话打进客房，声称是当地警察，正在侦查一起杀人案，需要调查每一位住客的往来情况。由于时间紧迫，要求旅客留下单位或家庭的电话号码。接下来，这个骗子又冒充交通警察或急救中心的医生，打电话到旅客的单位或家里，说这个旅客出车祸，正在抢救，急需钱用，请立即将多少钱存入他指定的银行账号。单位同事或亲人一听噩耗，大都会慌乱起来，火速汇出款项。等汇出钱再想方设法进一步了解情况，这骗子已经在外地 ATM 机上将款项取走。仅半年时间，雷某就作案 50 多起。落网时，警方从这个骗子身上搜到假身份证 7 张，银行储蓄卡 68 张，还有十多页从电话簿上撕下来的宾馆饭店电话号码，追缴到赃款十几万元。

这类诈骗还针对在外的学生。福建武夷山农民龚某，女儿在长春某工程学院读书，放假回家过春节。没想到，有位陌生男子挂电话到龚某家，说他女儿途经黄山时，突患脑溢血，要求火速从农行汇一万元到某账号，以便尽快安排手术。一家人伤心不已，忙几个小时才凑足一万元，赶到武夷山银行营业厅汇款。银行经办柜员陈某得知原委，说他们已遇到不少类似情况，劝龚某等查清楚对方账号后再汇款。经查，对方提供的以后账号在南昌，而不是黄山。出现疑点后，龚某立即报案。警方一查，对方的电话是赣州区域的号码，更加可疑。但龚某救女儿心切，仍然半信半疑，租好车子准备连夜赶去黄山。警方劝道："先别急，按你女儿前天来电话说的，如果晚上 8 点还没到武夷山，我们和你一道去。"结果晚上 6 点多就接到女儿从邵武火车站挂来的电话，说已和几位同学安全返回。

后经了解，骗子混迹于旅客中，与大学生闲谈，从中了解家庭电话和家长姓名。江西余干的熊某，在福州火车站候车室以交朋友、合伙做生意为名，与候车回家的陕西宁强的杜某闲聊，得知杜某家中的电话号码而他本人身上没带手机，家里人又知道他返程车次等基本情况。杜某一上火车，熊某便将他的情况用电话告诉余干的同伙张某。第二天一早，张某在余干打电话到杜某家中，称是江西鹰潭市某医院院长江某，杜某旅途当中突发脑溢血，昏迷不醒，已被乘警、列车员送至他医院抢救。现在生命垂危，急需手术，要杜某的父亲立刻交纳手术费和入院费 1.5 万元。杜某父亲说路太远，不能马上带钱到鹰潭。张某说可以通过银行汇款，并提供他在银行的私人账户。杜某父亲问，为什么不汇到医院账户？张某说医院的账户没有联网，他的私人账户联了网，还要他到数百公里以外的四川广元银行去汇，说只要查询收到钱，立即给杜某做手术。杜某父亲只得按张某要求办。在汇款时，有人提醒可能是骗局，立即向当地公安局报案。第二天，警方将骗子抓获。

对这类骗子，应当追加精神索赔！

5. 发行假卡

设在大连沙河口区的传销窝点，传销的不是有使用价值的产品，而是所谓美国第一国家银行发行的自动取款卡（World Net Atm Card），说是高科技产品，信息化，智能化，一张要卖 1880 元。参与听课的大多是中老年人，对宣传材料上注明的国外网站知之甚少，但觉得美国第一国家银行发行的卡肯定不会骗人，纷纷认购。结果，执法人员在卡上和境外寄来的英文资料里查个遍，也没发现"美国第一国家银行"的英语说明。宣传资料说它可以在中国的银行自动取款机上随时使用，而银行的有关人员断然否认。

6. 假 ATM 机

台湾台北某住宅区附近民众发现，某银行的 ATM 机总是取不到钱，不是"现金不足"等原因拒绝受理字样，就是输入密码之后突然出现"机器暂停使用"字样。虽然退还卡，但这些用户的存款都减少。

警方调查发现，这种 ATM 机其实和发卡银行一点关系也没有。在台中地区，甚至发生提款机在一夜之间不知去向的事件。原来，犯罪集团用假提款机盗取银行卡密码，制成伪卡再盗取现金。类似案例在台北及台中都有发生。

这种 ATM 机其实是已报废的，经改头换面公开拿出来假冒。

幸好这种 ATM 机没有办理存款的功能！

二、POS 机边的骗子

1. 盗装 POS 机

香港出生的美籍华人黄某，从境外购得 100 多张已报失的 VISA 卡和万事达卡，伙同开餐馆的加拿大籍华人利某、在广州做服装生意的林某及山东的孟某、刘某，在私人公寓安装 2 台刷卡机，日夜不停地刷假卡，一天就刷下 100 多万元。

银行发现这 2 台 POS 机 3 天内竟有 76 张 420 笔交易，觉得可疑。没过两天，发现这公寓的签单又多 400 多万元，立即与 VSIA 卡总部联络。经核实，签单信用卡全是已报失或被窃取磁道的黑卡。银行向刘某索要持卡人签字回单，刘某无法提供，立即报案。当 5 个骗子再到广州刷卡时被一一拘捕。幸运的是，所刷 700 多万元一分钱也没被提走。

2.POS 机盗密码

某银行先后接到 3 位女士投诉，说她们的信用卡没有遗失或托人保管，但卡上的钱却突然被人取走，损失达 20 万元。警方发现，3 位女士先后在同一家时装店刷过卡，进而发现该店的 POS 机有两根隐藏在地下的导线，连接收款机和店堂后间的解码机及读卡机。店主取出解码机和读卡机，通过电脑显示客户的秘密信息。客户一走，店主取出解码机和读卡机，通过电脑显示客户的信用卡密码。然后，利用客户的身份证和信用卡密码，造假卡在 ATM 机上支取客户卡上的款。

这奸商奸出了时代特色，登峰造极。

3. 利用商家取现

董某在台湾经营过广告。到上海后，和朋友张某一道，在台湾买 14 张伪造的 VISA 信用卡和万事达信用卡。这些假卡外形逼真，里面信息资料都是盗用客户的真实内容，能刷能消费。这种卡在台湾花几万元新台币就能买到一张，可是落到这伙骗子手里就变成摇钱树。

这伙骗子来到昌化路一家娱乐总汇，像大款似的，进包房，点洋酒，还要小姐陪喝陪唱，直玩到次日凌晨，消费 2655 元。结账时，他们掏出一张假信用卡，要求刷 1.5 万元，余额找现金。按规定信用卡在 POS 机上不准提现金，但夜总汇老板觉得客户难得，就违规操作，不仅给买消费单，还找给 12355 元。短短几天，他们在这里刷卡 12 次，消费 3 万余元，提取现金 5 万多元。还有娱乐总汇、KTV、娱乐部及超市等，都成他们的"银行"。20 多天里，这伙骗子大肆消费，并找回现金达 40 多万元。

商家碰上这类骗子，真是"赔了夫人又折兵"。

4. 假扮外宾行骗

青岛铝加工厂王某，在厂里负责接待外宾。离开铝厂后，化名麦某，冒充港商在社会上招摇撞骗。不久，认识日本人野上良作，介绍于某帮助王某。王某发现于某持有加拿大护照，而冒充日本女人使用卡，便决定利用她。

夜总会开业前，王某先后申请来 5 台刷卡机。前一天晚上，他和于某在自己夜总会 POS 机上刷卡 5800 多元。信用卡所属的日本 JCB 公司认为这家夜总会尚未开业，不会有消费，予以拒付。王某打国际长途去责问，坚持说已开业，并弄来几张消费单据发国际传真给对方。就这样，他们利用于某的黑卡先后在自己夜总会用款 12 万元。

同时，于某还扮成日本少妇松琦小端，王某扮成她的翻译，到青岛几家大酒店、大商场消费，刷卡达 38 万元。

其实，于某是"野上良作"的亲妹妹。这亲哥到日本打工，搞 3 张失盗的日本 JCB 女士信用卡，要妹妹装扮成日本女士在国内刷卡消费套现，哄骗她说："用日本人的信用卡，骗日本人的钱，中国政府不会管。"他们还特地到沈阳，找李某协助。李某是无业游民，但对沈阳高档酒店、购物场所了如指掌，与于某兄妹一拍即合。他们住进涉外宾馆的总统套房，每天光房租就 3800 元。4 人吃喝玩乐，疯狂消费，刷卡结账有困难，就向银行有关人员行贿，大开方便之门。两个月时间，他们在沈阳、大连、丹东等地刷卡消费、取款 300 多万元。东北玩腻了，才转到胶东。

骗子像蝗虫一样，飞到哪里，祸降到哪里。

5. "蔽渣器"阴谋

伦敦一家医院的管理员曼格，平常一向谨慎小心。她在伦敦一家大型商场购物后，收到英国最大信用卡公司巴克莱卡的来信，说她的账户出现反常消费，这才发现有人利用她的账户，在一家网上购物中心以及玩具连锁店购买价值 800 美元的商品。

有关专家介绍，这种骗术叫"蔽渣"，也是信用卡伪造案中最难防范的。犯罪分子招募一批勤杂工，让他们到饭馆、旅馆或零售超市当临时工。这些新员工却悄悄安放小型电子装置"蔽渣器"，在顾客刷卡那短短几秒钟，截获信用卡或借记卡详细资料。勤杂工随后将"蔽渣器"送给伪造者，得 150 美元的报酬。伪造者得到详细资料后便"克隆"信用卡，分别出售。

"蔽渣"已影响到全球信用卡用户。伦敦成为它的中心区，而"克隆"卡则泛滥到世界各地。

中学时同学黄某向上海某大饭店的财务人员王某求援，请他帮忙搞一个市场调查，具体是在客户用卡结账时，先将卡在他"读码机"上刷一下，以便收集有关 VISA 卡国际旅行者的个人消费资料。王某将此事托给自己的妻子翁某，她在某酒店当收银员。不久，黄某带来一个姓蒋的男子，交给一个香烟盒大小的"读码机"，许诺每获一条信息付给 500 元劳务费。翁某用"读码机"刷了 10 次，蒋某嫌速度太慢，要求抓紧时间。翁某便找自己的上司，即收银领班董某。董某想，他们只是搞市场调研，便爽快地答应，大大加快。不久，香港的 VISA 公司发现，他们有部分客户的密码被窃，并在日本制成伪卡消费。警方很快追查到王某、翁某和董某，但黄某和蒋某两个真正的骗子却逍遥法外，甚至无法确定他们的身份，法官只能怀疑他们是在日本的中国留学生。

"蔽渣"这个词在英语原文中何意，尚不得而知。在汉语中，这是个动宾词组，生动形象，可以"望文生义"。不过，这该"蔽"的"渣"，该是"蔽渣器"本身及其主人。

三、调包骗货款

曾有一时，广西、河北、吉林、江苏、安徽、北京、新疆等20多个省市自治区的公安机关，连续不断地接到同一性质的报案：储蓄卡被调包诈骗，少则5万元，多则数百万元，犯罪嫌疑人清一色是福建安溪人。安溪县公安局刑警队，每天接待全国各地来报案的受害者都在10起以上。为此，福建省公安厅经济侦察部队进行专项行动，破获此类案件53起，抓获犯罪嫌疑人32名，挽回经济损失500多万元。以下是其中几起。

1. "看"掉真卡

河北保定某涤纶厂的业务员崔某，向福建福清经济侦察大队报案说：

一个自称是福清的男子打电话到我厂业务科。我是业务员，电话是我接的。对方问我要不要涤纶原料。我问他价格多少。他说每吨只要6000元。我听了简直不敢相信，因为这种原料在河北每吨至少一万元以上。对方告诉我，之所以这么便宜，是因为这批货是从海上走私过来的。我一听是走私货，便相信了。对方让我到福建看货，我心动了。对方说有100吨的货，让我带上银行的储蓄卡，在储蓄卡里存上60万元，到时看货满意，双方一手交钱一手交货。我觉得这种交易方式很安全，便把这件事向厂领导汇报。厂领导当天晚上开会研究，同意让我到福建做这笔买卖。因为当时工厂不景气，能有这么便宜的原料无疑是救了工厂。于是，职工们筹资凑足60万元。我把这笔钱按对方要求存进新开的银行储蓄卡，连同密码一起带上。

第二天，我乘火车到福州。一下火车，他们就把我接到福清。接我的人很气派，开着一辆价值60万元的"宝马"轿车，我一看心里就有底，看来对方挺有实力。到福清，他们让我住进大酒店。住下后，我提出要看货。他们说，看货之前，要我和他们一起到银行，当场验证一下资金。我心想，验证就验证，反正只是验证储蓄卡，又不是现金，不怕！于是，他们5个人和我一起来到离大酒店不远处的一家银行。我拿出储蓄卡和密码，把它递给柜员。柜员刷卡后证实账号上存有60万元，然后把储蓄卡还给我。我记得当时他们中一个人从我手里拿过储蓄卡，说是要看一下。我记得这个人看后，其他一个人又接过去看一下，然后才把卡还给我。我把储蓄卡和密码装进钱夹，和他们一起回酒店，开始谈价。他们中一个人提出要把价再加点钱，我说这不行，价格已经谈好，不能变卦。大约过半个小时，那个买饮料的人回来，带几听罐装啤酒，一人一罐喝。我说要看货，他们说我刚到，先休息，第二天再去看。他们留下一部手机的号码，说会和我联系。

这一走，他们再没露面。我打电话要看货，他们开始是说老板嫌价格报低了，要再提一点，后来则是一天推一天，再后来手机关机。一个星期过去，我发现情况有些不对头，于是把银行储蓄卡拿出来看，突然发现储蓄卡上的号码和我办的那张数字不一样。再一看密码，也不是我那张，这才发现自己被骗。

警方查证，这伙骗子是在借看储蓄卡的时候调包。因为他们是团伙作案，配合默契，手脚很快。其中一个人引开崔某的注意力，而真卡假卡外表大致一样，所以崔某没有及时发现。回酒店途中那说是买饮料的家伙，其实是回到银行，用崔某的储蓄卡和密码把那笔钱转出。他们留给崔某的那张储蓄卡，是另外用假身份证办理的。

骗局的核心，就在最需要信用之时。

2. "明"用副卡

江苏昆山一家化纤厂负责供销的李某，接到陈某来电，说有一批走私的化纤材料，价格比市面上便宜近一半。李某向厂长汇报，厂领导碰头一下，同意要这批货。

过两天，陈某到昆山，与李某谈妥交易50万元。陈某还带3个人，说要验证化纤厂有没有这个经济实力。到化纤厂走一圈后，陈某要求李某当即到银行办一张信用卡。李某同意，立即与厂里出纳到银行办一张信用卡。陈某要求存入50万元货款，并要求让他持有这张信用卡的副卡，以保证化纤厂不会将这笔钱划走。化纤厂认为密码在他们手里掌握着，对方无法取出，就照办。陈某告诉李某，货第二天上午就运到昆山。

然而，第二天下午也不见货。李某给陈某挂手机，对方关机。李某感到不对头，让出纳到银行查那笔款，发现50万元已被提走。原来，他们是用副卡提走的，而且密码对头。通过银行的录像资料，发现陈某的另一个同伙就站在出纳身边。出纳在输密码时，那同伙的眼睛一直盯出纳的手，并在当天下午两人一起到银行取钱。

有副卡又有密码，就省得另外伪造了。

3. 封掉假卡

安溪的苏某等人，冒充经营汽车配件，按电话簿里全国各地汽车配件公司的号码发出传真上千份。安徽淮南的王某拿到传真后，打电话说想要货，但怀疑不可能这么便宜。苏某在电话中告诉王某，说这些配件是从海上走私过来的，所以这么便宜。王某的疑惑被打消，便按苏某的要求，把10万元货款存进银行的储蓄卡上，然后带着业务员林某一起乘火车到福州。

苏某到福州迎接王某和林某，说货已从宁德运过来了，可以在福州成交。储蓄卡里有没有钱，请王某到银行当着他们的面验证一下。到银行，证实她卡里存有10万元。但王某怎么也没想到，在她输入密码时，对方的一双眼睛紧盯着她手上。

当天晚上，苏某宴请王某和林某。和苏某一起来的有3个人。席间，苏某让王某和他坐在一起，安排张某坐在王某的另一边，陈某坐对面，与林某在一起。菜没上的时候，苏某假装要再看一下王某的储蓄卡，王某便把卡递给苏某。苏某在看王某的储蓄卡时，手放在桌上他的一个黑色皮包上，皮包里放着他用假身份证开的另一张储蓄卡。他快速把王某的卡换成他包里的另一张卡。另外两名同伙配合，一个和王某说话，另一个和林某说话。为确保被调包的卡不被及时发现，苏某拿出一卷胶带说，为预防把储蓄卡里的钱转走，他要用胶带封住，写上苏某的名字。虽然王某觉得苏某这样做太小心，有点不正常，但又想储蓄卡在自己手里，密码也在自己手里，苏某有再大的本事也弄不走她的钱，于是同意让他封，并说好第二天一手交钱一手交货。

晚上，王某给苏某打手机，对方关机，觉得有些不对劲。第二天一大早赶往银行，撕开胶带查卡里的钱，才发现卡被调包了。

原来，奸商也善摆"鸿门宴"。

4. 烧掉假卡

湖南岳阳某彩色印刷厂企业法人常某，向福州市鼓楼区公安分局刑警讲述被骗经过：

我厂收到一份从福州寄来的信函，内容包括纸张小样、价格、品种、规格，信中介绍这些纸张是台湾贸易集团的货，委托大陆经销的联系人名叫陈某。此后，陈某不断与我厂联系。当时我厂已有比较固定的纸张供应商，对陈某多次来电话相邀并不当一回事。一年后，陈某电话仍不断，并承诺：如果我厂要货，他纸张价格比在湖南进同样的货便宜一半，货到后验货入库付款，并且说台湾的老板还可以先垫部分资金。当时我心里想，哪来这么便宜的货？因为我是做纸品生意的，知道台湾贸易集团的纸张有相当的知名度。陈某告诉我，之所以这么便宜是因为这些货是从海上走私进来的，免关税。于是我动心，约定在福州见面。

我带儿子从岳阳坐火车到福州。陈某说，因为省内查走私抓得很紧，他们租的仓库在尤溪。如果要看货，必须乘出租汽车到尤溪县。我问他到尤溪有多远？他说打的要200元。我听了很生气，提出要回去。陈某不让我走，表示愿意让人把货送到福州让我过目。第二天下午，他带来一个姓王的老板，给我看样纸。我认可后，以每吨4400元的价格要110吨，共需货款50万元。王某要我在福州银行储蓄所新开一个储蓄卡，把15万元定金从湖南直接汇入这个卡，他们就发货。我想了想，办卡就办卡，反正卡是我的，钱打到这个卡上，他们就发货。我马上打电话让公司往这个卡里存入15万元。他又提出要当场把我的卡烧了，以保证王某在接货后不能把这笔款划走。我同意。他拿过我的卡，背对我，把那张卡烧成灰烬，发出一阵臭味。

第二天，我离开福州时，要求他们把货直接用火车发往湖南冷水滩火车站。他们要我去申请火车皮，保证半个月之内把货发到。半个月过去，我没有见到货。打他们两个手机，却被告知已停机。我觉得不太对劲。正好我有一个朋友在福州做生意，便把这事告诉他。他听后对我说，我有可能是被骗，并说对方当时烧掉的卡可能是被他们调包的卡，真卡里的钱可能被他们取走。他说在福州听说过这种事情。到银行一查，我那15万元果真被他们全部取走。

同一类骗术，大同小异，但骗子们还是经常有所"创新"。

5. 剪掉假卡

浙江台州某物质公司女老板王某听一位朋友介绍，说福建某边防总队从海上截获数千吨走私塑料原料，要内部拍卖，可以直接送货到路桥再付款，并代为办理一切手续。不久，一位自称是负责内部拍卖的吕某到温州宾馆，与他同行的说是福建某边防部队缉私队长。吕某约王某到宾馆见面，说内部拍卖价已定，每吨5500元（当时市价是8300元）。王某觉得便宜，一下提出要300吨，说好半个月后付款交货。

几天后，吕某说300吨货已拿到，要王某立即将165万元货款打进银行卡，运费及其他费用另算。王某说现在手头没钱，要过几天才能筹齐。吕某说没关系，可以先到银行开个新户，以示诚意。王某立即叫公司出纳到吕某指定的银行开一新户。吕某说要看一下王某的公司和仓库，以证实王某是否有能力吃下这300吨货。看完公司和仓库后，吕某叫王某拿出新开的存折和卡，建议把那张卡对剪开来，一人一半，以保证王某在接货后不能把那笔款划走。王某心想这么做过于谨慎，而且显得有些可笑，但还是同意。吕某当场拿出一把剪刀，把卡对半剪开，一人一半。第二天，吕某打电话给王某，说货已经上路，货款该入卡。王某专门跑银行，咨询半张卡能否取钱。银行柜员说不可能，她这才把165万元钱存进卡里。

在吕某保证货到的那天，王某一直等到傍晚也不见货。王某打手机，吕某关机。第二天又等到11点，还没有任何音讯。王某觉得有点不对劲，马上到银行查货款。柜员告诉她，那款已经在两天前分两次取走，第一次是从福建南安诗山银行储蓄所取走的，另一次是转到张某账户取走，而张某的账号是用假身份办的。

经查，取款用的卡正是王某办的卡。骗子以忘记密码为由办挂失，然后支取。原来，被吕某剪成一半的卡，调包了。

千万不可"以君子之心度小人之腹"啊！

四、骗身份资料造伪卡

1. 假招工

青海西宁的牛某和陆某在宾馆开房,打着"中港合资公司"的旗号,在电杆上张贴启事,声称急聘水晶推销员。他们装模作样考察一番,要求应聘者留下电话号码、家庭住址和身份证,回家静候佳音。哪知,他们只选与自己相貌相似的身份证,很快撤出宾馆,由牛某拿这些身份证到当地银行申领信用卡。银行要求牛某提供担保人。他们早安排陆某等在邮电局的一部电话,作为他们单位电话,骗过银行审查。然后,他们又以同样的手法到其他银行骗取信用卡,每人办 3 张。

这两个骗子马上到上海,住进高档酒店。当晚,两个在酒店商场疯狂购物,唱卡拉 OK,两人叫 3 个小姐作陪,享用洋酒,一个晚上就花 3300 多元。第二天,他们又到淮海路百盛广场、巴黎春天、新华联大厦、益民百货等商场购物 2 万多元,从 ATM 机上取现 9000 元。再次购物时,刷卡机坏了。他们心虚,马上开溜。临行,将宾馆房间里的葡萄金酒、可口可乐甚至把烟灰缸都卷走。

警方查知,牛某是个老骗子,曾在河北张家口用招工的方式骗取身份证,进而骗得信用卡,从商场透支 7000 余元的物品,他在北京典当这些物品时被抓。服刑一年半出来,重蹈覆辙。

骗子就是这样贪婪——连烟灰缸都不放过,因为能卷进来的都以为是自己的!

骗子就是这样挥霍——一人一个小姐还不够,因为他们掏出去都是别人的钱!

2. 利用捐血资料

尼日利亚的巴某、博某等 4 人,在美国利用捐血名单中的个人资料伪造信用卡。一年间,他们偷了 2300 多人的身份资料,其中一些是芝加哥捐血组织生命之源血液局的捐献者的资料。然后,用这些伪卡采购 200 万美元物品。

美国特工署的海因茨说:"这是个组织管理良好的集团。他们一旦取得资料就马上行动。"他还说,美国许多大规模的偷窃身份案件都与西非尤其是尼日利亚的犯罪集团有关。

人家去献血献爱心，他去偷身份资料伪造信用卡，好比英雄下河救人他去偷英雄的衣物，在盗贼中也属下等。

3.从信箱窃对账单

台湾台北的田某、施某，从他人信箱中窃取信用卡对账单等资料，然后利用电话银行申请遗失补发，进而要求变更地址、换贴相片等手段，骗取新的信用卡，诈财金额高达新台币 1000 多万元。

五、真有"万能卡"吗

《北京青年报》以《存折在家存款被盗，北京惊现"万能卡"》为题报道，一位女士给该报打热线电话说："9 月 30 日，我去一家银行的储蓄所取款，突然发现存折里的 1500 元已经被人从 ATM 机上取走。当我又到另外一家不同类别的银行储蓄所查询时，该行银行卡里的 800 多元钱也已经被取走。令人不解的是，钱是在 28 日和 29 日分别取走的，而这两天我一直都在家休息，我手里的银行卡没丢失，密码也只有我和爱人知道。"该女士随后向公安机关报案，并一同查看两家银行的录像资料。这位女士说："我在东二环居住和存取款，而刷卡的两家银行却在特别远的北四环和中轴路上，而且录像显示，中轴路上那家银行是两个男人取钱，一个掩护，一个取款。更令人不可思议的是，银行专业人士说，根据取款记录，他们取的不只是我账户上的钱，还同时取了好几个人的账户存款，估计这两天可能还会有人来报案。"该报记者向银行工作人员咨询有关情况。两家银行的工作人员都没有谈论细节，但他们承认：9 月底确实发生银行存款被盗取的事儿，而且这种方式以前还从来没有碰到过。一家银行人士则透露，他们已经向国家有关部门报告，请权威部门协助查处。

次日，该报又以《存折在家存款被盗，"万能卡"非黑客所为》为题报道说，记者为此采访北京某大学一位计算机专家。这位专家说，从理论上讲，任何计算机系统都有可能存在着解密的方法。但是各个国家金融系统都是绝对安全的，不论是国外，还是国内，还从来没有听说过金融系统被解密。因此可以比较肯定地说，ATM 上出现"万能卡"的概率几乎为零，大家不必担心存款安全。简而言之，从 ATM 机上出钱，必须经过两个加密系统。出现能破解两个加密程度极高系统的"黑客"，不大可能。该专家分析认为，人们对金融系统的安全性应该放心，"存折在家、存款被盗"可能还是人为因素，尤其是失主应考虑有没有什么疏忽。

针对某大学这位计算机专家的观点，《中青在线》很快发表王尧的文章：

说这话的"这位专家"可能没有注意到最近发生在德国关于"银行网络安全漏洞"的一件事。德国一家电视台的科技秀节目，曝光一家德国非常大银行的网络安全漏洞（按照中国惯例，此处隐去银行名，尽管德国记者同行已经披露）。

电视台展示了黑客入侵银行的全过程——黑客们从该银行的网络上获取账号、密码以及 IP 位址等，而这些东西对于银行来说几乎就是生命线！

这些黑客是节目制片人找的。他听说德国的某些银行存在系统漏洞，就找了人来做一次测试。"这些年轻人告诉我，攻入银行系统是很简单的。"制片人还认为，"公开银行的系统漏洞符合社会与公众的利益。"

的确，中国有自己的国情，但是面对网络安全问题，解决的心态应该一样——可怕的不仅仅是缺乏技术，也不仅仅是立法的空缺，最可怕的是知道有漏洞，还在遮遮掩掩。这才是网络最大的不安全。如果掩耳盗铃，漏洞只会越来越大，越来越多。

只要决策者真正意识到网络不安全，网络的立法进程才会加快，安全技术在关注中才会得到更好的应用。

神秘小偷的"万能卡"，给银行上了一堂安全课，目前的学费还不算多。

对于王尧的看法，我很尊重，但我更同意某大学那位计算机专家的观点。我认为，"黑客"如同眼下大家所关注的恐怖分子，成事不足，败事有余。即使搞破坏，他们也只能像讨厌的蚊子一样偶然偷袭一两把。真要正面较量，他们绝没那个实力。

如果真有所谓"万能卡"，而"攻入银行系统是很简单的"，ATM 机之类不等引进中国早被人们摒弃了！

前面介绍的几个案例，如"看"掉真卡，封掉、剪掉、烧掉假卡之类，在警方没有侦破之前，不也都是"卡在手，钱被盗"吗？

当然，这也只是我个人观点；这毕竟是个大问题，且留待大家观察与思考。

六、"借"卡行窃

1.ATM 机边"借"

吕某在福州洪山桥附近一台 ATM 机取款，围上来几个人，其中一人问："这卡怎么取钱？"吕某热心回答："将卡插进去，输入密码就可以了。"等吕某取完钱，那人又说，他办的是外地卡，不知道在福州能不能取，想借吕某的卡对照一下，看有什么区别。吕某又好心给他。那人拿过吕某的卡，跟他自己的卡翻来覆去比较，将卡还给吕某。过几天，吕某又用这张卡，被提醒密码有错。吕某这才认真看一下手中的卡，发现居然不是自己那一张。他连忙带着存折到开户的储蓄所查询，发现存折里的 5900 元钱已全部被取走。

俚语说"好心被狗咬"，就是如此！

傍晚，林女士在福建三明一台柜员机取钱。操作过程中，身后出现二男一女，她以为是等着取钱的，也就没放在心上。她取出钱退卡时，身后一名男子拍她一下说："你的钱丢了。"林女士往地上看一眼，发现脚下有一张五元纸币。她想自己钱包里的钱没丢，就没去理会，回头取了卡就走。走出一段路，她才觉不对头。一查询，发现手里的卡不是自己的，急忙回家拿折回到银行一查，里面的 3100 元被取得干干净净。

骗子在现形之前，往往像活雷锋。

这是一段监控录像：傍晚，黄小姐在柜员机上存钱，四名伺机作案的犯罪嫌疑人见状很快围上来，一男一女站其左右，另两名身着黑色上衣的男子则在黄小姐的身后排队。他们故意问询，趁机插卡，很快用废卡将黄小姐的卡堵在卡槽内。黄小姐意识到露出卡槽的银行卡有问题，大声斥责身边的人。

两男女故意和黄小姐争吵，而在她身后的黑衣男子则一边催促黄小姐快点拿走卡，一边拿着卡挤上前要操作，说："你快点行不行？有问题就报警啊！我要取钱急用呢！"黄小姐经不起斥责，拿着废卡站到一旁，忘了自己其实没按退卡键，甚至没有注意屏幕还停留在她刚刚存完钱的页面。黑衣男子就这样当着她的面快速转账。等她回过神报警，黑衣男子已转走她的钱款，并相当自然地在她面前取 300 元，然后和另一望风的男子急忙逃走。整个过程仅 3 分钟左右。等民警赶来时，黄小姐一查账户发现 26300 元已经"飞"了。

这伙骗子实际上是在抢劫。

2. 路上"借"

晚上 7 时 20 分左右，广东珠海的唐某，步行去梅花路香洲科技工业区上班，在一公用电话亭处碰到两个年轻男子。他们说是从上海来出差的，路上钱包都被偷，自己的手机也没电，向她借 2 元钱挂电话。说着，其中一个拿出一部三星翻盖手机，凑到她眼前来回晃了两次，她糊里糊涂就递给他们。

那两人打完电话，对唐某说上海方面会寄 5 万元来，要他们提供一个珠海的账号，请她借个信用卡账号。唐某跑回住处，拿 30 元钱，又将信用卡带来借给他们。当晚 12 点，唐某感到晕晕沉沉的，便向厂里请假回家休息。深夜 2 点来钟，唐某突然把男友叫醒，讲上班途中遇到的事，说已将信用卡借给别人，会不会有问题？他们认为这里面有诈，急忙拨打 110 报警。

第二天一早，他们来开户银行办挂失手续，被告知账上 7000 多元刚才已被从拱北取走。调看录像，一个戴着眼镜的年轻男子来银行柜台取钱，不时地往外张望。唐某说，该可疑男子就是骗她的两个男子之一。

对落井之人，难道不该递条绳子，而应该下块石头？

3. 冒用他人信用卡

毕业于厦门某大学的苏某，到美国求学，在俄亥俄州立大学取得硕士学位、经济学博士，随后即受聘于阿克伦大学，讲授金融和微观经济学课程，年薪 5 万美元左右。该校还出面为他解决在美国的永久居留问题。苏某在学术上被认为很有成就，单独或者与导师合作发表了许多经济和金融方面的研究成果，多次获得专业性奖励，并被载入美国名人录。

然而，苏某的生活方式却一直被人怀疑。他亲口描述的"幸福三字经"是：玩电脑，游天下，骑山地车。人们不明白：苏某哪里来那么多钱？前不久，美国联邦检察官对苏某提出14项涉及银行诈骗的指控。检察官说，苏某非法使用包括社会保险号以及驾照号在内的他人信息申请信用卡，或者在截获和盗窃别人信用卡后冒名挥霍使用，涉案金额11.5万美元。苏某对未经许可非法使用他人信息进行金融诈骗的两项指控供认不讳。

如果犯罪能够被预料，哪里来这么多骗子？

这类骗子在国内也很多。如福建某电力公司黄某，急需资金周转，在未告知用途的情形下，先后向4名朋友借用身份证，通过擅自加盖其所在公司公章向银行出具身份证持有人虚假的身份及收入等证明申请办理信用卡6张，并在领取信用卡后擅自持卡消费使用，有17万余元透支款无力归还。所幸迷途知返，黄某主动向公安机关投案。

又如在明溪相邻的三元，郑某陆续收集亲友邻里的身份复印件后，邮寄到山东威海给他的堂弟郑某，向当地银行申请信用卡，并在威海把这些信用卡套现使用，套现的有40余张，总金额上千万元。为了顺利办出信用卡，郑某的堂弟还伪造了受害人在威海就职单位、收入状况的证明。

七、通讯网络诈骗

1. 电话诈骗

台湾新竹一名七旬老妇，接到自称是香港某马会经理的电话，对方说她是台湾区幸运的彩金回馈头奖得主，可独得2100万元奖金。但赞助商及马会规定，若要领取彩金，一定得在一家合办单位银行开户，并存入定额款项，以表示对马会与银行的支持，马会也会将存款转为投资，让她赚更多钱。张妇听信，先是拿出一笔"头款"开户，然后每月转汇三五万元，希望能存满领奖标准限额。对方一直未表明究竟要存多少才能领钱，像无底洞般。半年多后，她终于起疑心，告知儿女，一同到派出所报案。然而，对方继续与她联络，说现在突然放弃，不仅先前的2100万元彩金拿不到，连存款可能也无法回收，要她再多汇几个月。张妇重新掉入诈骗圈套，直到身边存款汇光，还向外人借贷，这才恍然大悟，后悔不及，在家自焚身亡。

骗子也信奉"春蚕到死丝方尽，蜡炬成灰泪始干"，要骗你死方罢休。

2016 年 4 月的一天，杭州市民苏先生接到一个电话，对方自称上海公安机关的宋警官，说是为了完成侦破重大案件任务，需要了解苏先生涉嫌洗钱犯罪情况，并要求他将资金转入一个安全的账户。苏先生如实提供银行账户等资料。不料，同月 20 日被转走 216700 元，27 日被转走 239750 元，28 日被转走 99920 元，至 30 日总共被转走 530 多万元。苏先生终于察觉不对头，慌忙报案。警方调查发现，一个以台湾人为首、通过网络远程操控的诈骗团伙，在苏先生电脑上安装了一个来自西班牙的远程操控软件，不但能在异地监控苏先生的电脑，还能操作他的网上银行，直接进行转账。他的资金被分散到各地 1080 个涉案账户，经过四五个层次的多重转账后，已经在各地及日本等境外被取现。如 5 月 4 日被骗转的 982 万元，其中 557 万元在杭州、天台、乌鲁木齐、成都、哈尔滨、大连、厦门、泉州等地被火速提现。通过 3 个多月努力，警方抓获该团伙曾某等 22 名，冻结涉案账户内 1056 万元、欧元 3 万元，直接追回被骗款 200 余万元。

这类骗子不仅会扮警官，还会扮法官、税官之类。

陈女士在家接到一个陌生电话，说她在大连消费透支 9860 元。陈女士一惊：我从未去过大连，怎么会在大连某商场消费透支呢？该不会是自己的银行卡被人盗用了吧？对方告诉她可以向大连市公安局报案。陈女士马上拨对方给她的所谓大连市公安局报案电话，又给她一个号码，说是北京银联管理中心，让陈女士咨询。陈女士赶紧打这个电话，对方说陈女士的银行卡资料被盗用，为保证她资金安全，让她立刻把卡上的余额转入一个储蓄所户名为"龙忠秀"的账号代为保管，否则后果自负，款一转过去对方再也联系不上。

在骗子来说，一身二任三任是家常便饭。

2. 短信诈骗

新加坡林先生撰写一篇题为《来自中国的新骗术？》的文章：有人从中

国用手机发一则短信到他的中国全球通手机说："某银行提醒您：贵客户您于6月26日在某地商场刷卡消费7800元（人民币），将于结算期内扣除您卡内现金。疑问咨询023—6165……银联卡部。"由于这段时间他不在重庆，对此起怀疑，马上电"重庆的银行"。接电话的吴小姐说确有此事，如果不向北京银联卡报警中心报案，他的个人损失会更大；如果他不还钱，"重庆的银行"将用法律来追回刷卡费。于是，他又马上电"北京银联卡报警中心"，接电人为"中心主任"陈某。陈某说：确实有人冒用他的身份证刷卡。他说他根本没有银行户头，怎么扣他卡内的钱呢？这时，陈某转而问他在中国有几个户头，在外国有什么户头。他说在中国没有银行户头，国外的户头没必要告诉。他要对方把北京的办公地址告诉，好派人去见，同时也要向110报案。对方听到此话，马上挂线。

林先生够逗的，把骗子玩了一把。不过，如果他刚巧在中国的银行有账户，还能如此幽默吗？

赵女士收到"国家金融财政中心有政策要按比例退还汽车购置税"内容的短信。赵女士致电询问，对方告诉她：税务局本来已经向她邮寄出告知信，但被退回，所以通过短信再次通知。听到对方能够准确地说出自己的购车情况以及家庭住址、电话等信息，赵女士深信不疑。

随后对方以核对为由要求赵女士告知银行卡号以及卡内存款数额，又要求她在ATM机上检查退还的税款是否已经到账。赵女士按照对方的要求进入转账程序，并输入对方给的所谓"核对密码"（实际上是对方的账号和转账数额）。全部操作完成后，赵女士卡内的9万元钱如同打狗的肉包子。

骗子能无所不能，包括制定"国家政策"。

山东济宁公务员杨某接到一条来历不明的短信，告知他的手机号中大奖。杨某信以为真，按短信发送号码打过去。对方给个银行账号，要求先汇去税费，然后是邮费。后来又说是中更大的奖，税费、保险费和邮费也要增加，杨某一一照办。如此几番，杨某共汇去82840元，对方再也联系不上，手机为空号。

大奖都肯给人家，小额税费却不肯代扣，骗子总是善始不善终。

3. 电子邮件诈骗

钓鱼式攻击 (Phishing)，与钓鱼的英语 fishing 发音一样，因此又名钓鱼法或网络钓鱼，指骗子通过电子邮件或即时通信信息，把用户诱骗至与官网外观几无二致的假冒网站，冒充真正需要信息的值得信任的人，欺诈获取敏感的个人信息（比如密码和信用卡细节），使用户蒙受损失。

早期的案例主要在美国，但现在中国大陆大量出现。如在一网站 BBS 论坛上，薄先生浏览到一个银行网站抽奖的链接，点开后发现页面和真网站相差无几，只是中间部位的银行大楼照片被换成抽奖的大广告。网民参加抽奖要进行注册，登记在银行开户时的真实姓名、注册卡号和密码等信息。薄先生担心如果有人信以为真的话，肯定会受骗，于是向新闻界反映。记者拨打银行的客服电话，工作人员告诉记者：银行的网站永远不会向用户索取密码，如果有异常情况可以拨打银行电话查询。当然，其他银行也如此。

某公司经理王先生打开邮箱，发现一封来自 LinkedIn（全球最大社交网站）的邮件，内容仅一句英文："您好，这里是 LinkedIn，我们将给您提供一个很好的机会。"王先生很高兴，随手回复："邮件收到，期待您的通知。"第二天，王先生收到另一个发件地址的邮件，但发信人相同：

不好意思，为了保密，我们不得不更换邮箱。我是渣打银行的非执行董事，2008 年，我的一名客户在英国发生车祸死亡，该客户在渣打银行的账户内有5649400 英镑存款，可惜一直找不到继承人……我们在招聘网站上看到了你的信息，因为你跟去世的客户同姓，所以希望由你来继承这笔遗产。

信中还表示，可以帮王先生伪造资料，条件是"事成后平分这笔钱"。附件一《渣打银行受益人申请表》，另一份是一串邮箱地址，要求"填好申请表后，请先将表格和个人相关资料发还给'非执行董事'，审核后再发送至该渣打银行邮箱"。

王先生认真填报。几天后，他收到"非执行董事"的回复，说"我已帮你完成继承遗产的程序，现将死亡人遗产证明、亲属证明及存款证明发给你，由你亲自转发给渣打银行"。王先生立即照办，收到反馈，说"邮件收到，就差警方开具一份死亡报告了，给你推荐一名律师，他会帮助你，这是他的邮箱地址"。跟对方指定的律师联系，他回复说开具死亡报告需交 5930 英镑律师费，给一个 +4413 开头的电话号码和一个英国银行的账号。王先生通过网银转账，将 5930 英镑（折合人民币 53000 多元）转去。不日，"律师"又来函说："律师费已收到，但还需 67000 英镑成本费……"至此，王先生终于惊醒，转而报警。

这种骗子想学姜太公呢，不过东施效颦罢了！

文昌市 20 岁的林某，中午在网吧玩"魔兽世界"游戏。有人给他发信息，说获大奖，让他与游戏商主 QQ1144×× 联系。与 QQ1144×× 联系，对方说他获 18880 元大奖，让他交 1400 元税金到银行某账号，然后才可得这笔奖金。对方还要他的银行账号，说是只要他付税金，对方在一个小时内就可将奖金汇到他的银行账号。林某按对方要求汇去 1400 元税金，可是等了几天也不见半分钱奖金。经调查，发现有五六名外地人，其中包括一名年轻女子，常出没和平南路的网吧，每天中午 12 时至下午 3 时在网吧，时间非常固定。上网中，这几人鬼鬼祟祟。据被骗人提供的银行账号，警方又在和平北路的一家银行发现，有一名年轻女子在该行的自动取款机上频频取款。随后对她进行跟踪，抓获王某等 6 名诈骗疑犯。王某是这起网上诈骗案的主犯，不仅为其同伙提供住宿、伙食费用，每天发 30 元工资。王某说："我每天除了睡觉 6 个小时，其他时间大部分是在上网。"被捕后，她急于问警方什么时候放她，因为她过几天还要参加北京某大学函授考试。

对这伙骗子来说，诈骗只是一种游戏。

——新加坡《联合早报》一位读者撰文说，他所在的公司陆续收到电话和电子邮件，内容如下：

关于贵公司"×××"和"新加坡 ×××"网络标志审核期限于 6 月 2 日到期，目前为止我机构并未收到贵公司关于该网络标志任何书面处理意见，那么在超过审核期限之后，我机构自动视贵公司放弃该网络品牌的优先保护权，并在十年之内贵公司不再拥有该标志的使用权。我机构也将按正常程序对"××× 投资有限公司"递交的注册申请进行下步的处理工作，对贵公司造成不便敬请谅解。如需保护请在审核期限内尽快予以书面答复。

上面这个网络标志、网络品牌还可以换成"中文域名"、"关键词"、"通用网址"、"cn 域名"等。个别骗子还会写一些蹩脚的英文信，内容相同。由于域名注册的价格比较公开透明，骗子就挖空心思，故意抛一些模棱两可的网络新名词。

这位读者所接触的几个案例，骗子全部自称"×资源"杭州分公司的业务员。他曾将这类诈骗电邮转给"×资源"杭州分公司的网站公开电邮，也转发给"×资源"总公司的网站公开电邮，但是全无回复。值得注意的是，这家"×资源"公司的确是授权的中文域名注册商。如果你付出几百元注册费，他们的确给你注册几个无关紧要的中文域名或关键词，你也很难因为这几百元的损失而投诉他们，只能自认倒霉。

发明这种骗术的高人，快去登记"知识产权"吧！

4. QQ 诈骗

有个网友匿名发一帖，述说他的经历，摘要如下——

昨天下午3点30左右，我正在【梦幻西游（手游）】玩耍。打开世界频道，看见一个玩家声称求账号，想到我最近越来越没时间玩游戏，就果断私信对方表示想出售。在给对方发送我的一件珍品武器和珍品宠物之后，对方表示有意向，并问我心理价位多少。我没有卖号经验，随意说了1000元，不想对方毫无还价地表示可以接受，并表示想加 QQ 继续聊。

对方问想用什么方式交易，我说直接支付宝吧。对方似乎有担心，提议在第三方交易平台上进行。对方特别要求我把游戏账号的手机绑定给解除了（但我并没有），并说出了这个后来敲了我大把竹杠的网站【手游】。按照买家的【指示】，我在该网站注册了账号，发布了出售信息，买家也的确下了单，网站上显示交易成功。

我的账户余额显示为1000元，于是申请提现。然而，没过10分钟，显示提现失败了，显示原因是【银行信息错误】。我联系客服，客服让我把银行卡页面截图给她，她帮忙核实。于是愚蠢的我犯了第一个错误：我把我的账户信息显示的姓名以及银行卡照片发了过去！

然后，客服告诉我，我的两位银行卡号写错了，要改。我发誓我填写的时候查了两遍！一定是这个网站后台把我的填写改了，让我入网。然后，最坑的地方来了，网站规定，提现失败后所有金额会被冻结。若要解冻，必须充值等额金钱方可解冻。我这个时候终于开始怀疑这是个圈套了。但是买家口口声声说他和同事都用这个平台，很可靠，我也就半信半疑地侥幸着信了，并且充值了1000元，此为第二错误——切记！要充值的地方八成是骗钱！

然而骗子的妖术何至于此！第二次提现，毫无疑问又失败了，这次的原因显示的是【未通过实名认证】。去问客服，她更是一副【还不是你自己蠢】的态度，并且告诉我这次需要充值两倍的金额加上零钱来激活账号，这有零有整的数字简直圆得弥天大谎。

然后我就开始了和客服的长时间扯皮。当然我还是站在无辜用户的角度，被猪油蒙了心的我还没有完全认为这是骗局，也不敢当面揭穿对方。

然后！我的终极犯蠢来了！我竟然就这么毫无防备地把我的【身份证+银行卡】照片发了过去！然后！竟然连我的QQ密码都不放过！！！接着！我用这么多个人信息换来了对方【开恩】把充值金额减半！

充值完，我竟还松了口气，竟然天真地以为20分钟内能拿到所有钱！事情远非如此简单。在我申请提款后将近2小时的时候，【买家】来找我了，假装关切地问我钱有没有拿到了，我如实相告。他继续问我为什么被冻结，充值了多少钱，还让我发冻结的截图给他看——现在分析动机已经很明了了……然而天真的我如实告诉了他所有信息，我发完截图他就又说你自己处理，临了他还不忘说句一定没问题，他同事都在这个平台上交易。

不出所料，买家在【取证】完之后，没过几秒钟，网站页面就出现了神奇的变化：没错，我充值2000元和提现4000元的记录都不见了，而所有4001元又都进了冻结。这次我是真的崩溃了……

大学生郑某在"福州兼职工作协会"QQ群里看到一条广告，招收兼职刷网店信誉，就添加对方的QQ咨询。对方介绍：刷信誉要先买500元的充值卡，这卡除了退回本金外，还能获部分佣金。郑某便按照对方提供的链接，登陆买了一张卡。但是，做了一段后，没有收到本金和佣金。对方客服解释说：任务是分多次进行的，需要全部完成才能把本金和佣金结算。郑某听信，接着一次又一次买卡，花了 4000 元，直到卡里的钱用光。再要钱对方还是不给，郑某这才发现被骗，于是报案。

5. 微信诈骗

深圳诈骗团伙陈某等 6 人，其中有 4 名为女性，2 名男性，年龄均为 20 岁左右。据犯罪嫌疑人交代，该团伙诈骗时先注册多个微信账号，从网上下载美女图片作为头像，通过互联网搜索、"附近的人"、"摇一摇"等方式，主动搭讪、聊天。一旦有男性添加为好友，则使用甜言蜜语与对方聊天，假意成为情侣或者好朋友。逐步骗得信任后，再以自己或父母生病住院、家庭困苦、见面需对方支付车费等为由，骗取金钱。

陈某通过微信认识康某，化名王浩，谎称是兰州特警，精心编一个故事，说是在执行任务中受伤，骗取康某的信任。3 个月期间，陈某以没钱看病、资助儿童等为由，多次从康某处骗取现金。

2016 年夏，河北遭洪灾，邯郸涉县村民史某一家还没有完全脱离洪灾导致的困境，刚出生的新生男婴又被诊断为肺功能不全，特别危险，治疗需要高额的费用，一种药动辄就上万元。史某想起微信中一个叫"德行天下"的志愿者，他说是"中华慈善总会"的，可以帮助发起全国性公益募捐，便将自己的不幸告诉"管理员"。对方很快建立一个"爱心救助群"，发出一条信息，标题是"求求各位好心人救救我的孩子，求扩散求转发"，后面还有一个支付二维码。很多亲朋好友得知后，纷纷通过支付二维码捐款。然而，捐款账号并不是史某的银行卡号。史某向"管理员"要求支付医药费，对方推脱说 3 天后。好不容易等三天，再次催要，对方不回复。又耐心等一天，竟然发现对方已经把自己"拉黑"了。网警查实，这个所谓的"中华慈善总会"微信公众号是假冒的。

浙江温州某企业会计小琳收到一条微信好友添加请求，对方名字、头像和本公司董事长一模一样，小琳平时就想加不敢加，现在自然欣欣然。然而，这董事长添加她后，成了"僵尸好友"，即微信中长期没有联络的好友。有天，这董事长将小琳拉入本公司一个内部工作群，并在群中向她询问公司账户余额。她说约 200 万元，董事长说有笔往来款要支付，让她马上打给对方，

并发给对方账户信息。短短一小时内，她分别汇出 60 万元、70 万元。第三次
又要汇 69 万元时，她有些疑惑，连忙致电董事长，董事长说根本就没有要求
她转账。

　　微信有比电话、手机短信、电子邮件等先进的一面，可以实时看到对方
脸面。然而，因为骗子，这先进性没用，仍然让你"知人知面不知心"。

第三章　借贷类骗子

　　俗话说："借钱是亲家，还钱是冤家。"《笑林广记》有则笑话：有个人借钱时说："我写张借条吧！"主人说："借条倒不必，你画一张笑脸就行了。"借钱人莫名其妙。主人解释说："只怕我以后讨债时，你不是这张笑脸了。"

　　借贷诈骗颇有历史。从前有个人在京城当官，日子久了，随身带的钱都用光，想借1000两银子。消息传出，很快有个人来说某官那里可以贷500两银子，但得先送一份厚礼，如果他高兴可以增加数目。这人同意，东拼西凑筹100两银子，到那官府上去送礼。那官的府第果然气派，仆人都穿丝绸。屋里两壁的米袋堆成墙，米袋上还写有"御用"的字样。那官很胖，过很久才出大厅，要由两个小孩用头顶着他的腰才能走动。这人献上礼，那官高兴，答应借给800两银子，付现金，明天来取。第二天一早，这人到那官府上去取银子，却见那房子空空如也。堂下堆着两堆煤土，是那"御用"米袋里倒出来的。房子主人说："昨天有个人来租半天房子，但我不知道他的姓名，也不知跑哪儿去了。"

　　张应喻《骗经》中有一段精彩无比的批注："衙役皆以骗养身供家，丰衣足食，其骗何可枚举！盖事事是骗，日日是骗，人人是骗，虽馨难山竹，何能悉之；虽包拯再生，何能察之？"

　　曾经长期存在"贷款难"问题。不经意间，如今贷款变得太容易了，大街小巷"牛皮癣广告"到处在提供贷款。仅说新出的"校园贷"，为大学生消费、创业提供资金，就有优分期、闪银、工银E校园、甜橙小贷、人人分期、乐花花分期、趣分期、名校贷、蜡笔分期、借贷宝、我来贷等34家网络借贷平台。很多网络借贷中介成立了 QQ 群，专门向大学生发放贷款。随之，自然有崭新的借贷类诈骗应运而生。

一、地方官操纵逃债

1. 盲目借贷

广西某县委书记，求功心切，为加快引资办厂步伐，发文号召各界人士踊跃引资。凌云县下海经商的教师邹某，说他手上有上亿元资金，只怕没人敢要。书记派财政局长去联系。局长回话说："利息高达 3 分 9，不敢要。"书记狠批这局长："人家 5 分利都敢要，我们 3 分 9 怕什么！你有能耐给我找不要利息的钱来！"书记亲自率员赴南宁谈判。邹某要求先付 30 万元订金，书记马上要求财政局长挂电话叫资金管理所送 30 万元来。资金管理所长说没这么多钱，要求宽限几天，书记则命令他连夜送现金来。经过几天谈判，商定贷款期一年，年利率为 10.98%，中介和存款方收取 21.272% 的一次性利差共计 489 万元。邹某说，这笔资金银行不肯接收，另推荐某县银行，但要支付 5% 的手续费。财政局长又觉得太高了，叫起来反对，但书记答应下来。这样，名义上借资 2300 万元，实际到手只有 1700 万元。

巨资到了，书记叫经委主任通知各国有企业来领贷款，没想到企业也嫌利率太高，没几个敢要。书记便叫来分管工业的副县长、财政局长和经委主任，说："国有企业不要，就给效益好的私营和集体企业吧！我决定给'飞保'250 万元，给'飞驰'400 万元，余下的由经委主任完成。"经委主任自然也很快完成这分摊任务。

一年到期，贷出去的 1700 万元仅收回 5 万元，除查处部分资产外，给国家造成本金利息损失 1300 万元。然而，书记并不急，又专门成立一个"引资办"，亲自兼主任，广招"贤人"，继续引资。书记也果然因此"政绩突出"，被提拔为某市政府领导。只因遗留问题太大，怎么盖也盖不住，市纪委不得不对书记立案调查。书记表示一定能把欠款要回来，亲自上门去讨债，但一去"失踪"8 个月。

幸好金融体制改革得早，各地银行不再归书记们领导。由此可想而见，商业银行的不良资产何以堆积如山。

2. 一再赖账

《金融时报》报道，1986年至1988年，湖南益阳某水泥厂先后6次向银行赫山支行贷款58.3万元。除1998年偿还贷款本金4万元之外，其余本息未归还。该水泥厂一直能正常生产经营，有资产和能力偿还银行债务，但受社会逃废银行债务之风盛行和地方保护主义影响，一再赖账。

益阳某水泥厂在贷款债务到期后，为躲避催收，制造搪塞的借口，先是将某水泥厂变更为第三水泥厂，调整法人代表。法人代表以新官不理旧事为由与银行周旋，贷款拖着不还。后来，又连续更换法人代表，并将第三水泥厂变更为益阳市某区水泥厂。由于多次调整企业主要负责人，使一笔原本明晰的银行债权，久久无人偿还。

1998年1月，主管该企业的镇政府，竟然背着银行以104万元的价格将该企业整体拍卖给某市水泥厂。银行为维护债权，一方面派出债务清收组，到镇政府和企业清收这笔贷款；另一方面迅速向区委、区政府报告，要求落实债务，归还贷款。清收工作组不管天寒地冻，不论白天黑夜，都坚守在维权第一线，但这未能感动当地政府和企业，多少次努力都未能收回贷款本息。直到2001年，通过司法途径，银行仍未能换来一纸契约。104万元拍卖款被镇政府当作财政补充挪用一空，而银行50余万元贷款债务搁置一边，不了了之。

好在当地法院主持公道。银行赫山支行向市中级人民法院起诉，状告镇人民政府，要求偿还原某水泥厂贷款54.3万元及利息55.2万元。同年6月，市中院判决政府偿还银行贷款本息109.5万元，并承担全部诉讼费用。

报道原文结语说"一场长达12年多的逃废债风波终于画上了一个圆满的句号"，似有言过其实之嫌。纵观中国执法状况，倒是有理由相信：债权人要真正拿到这100多万元钱，恐怕还得十几个月甚至十几年。

3. 假破产

《人民日报》曾报道，中央电视台《焦点访谈》曝光四川省某丝绸公司以破产为名逃废银行债务的问题，国务院领导十分重视，立即做出批示。随后，由国务院有关部门及主要债权银行，并邀请最高人民法院参加联合调查组，就这一问题进行了深入调查。

丝绸公司是1982年注册成立的国有商贸企业，主营蚕茧收购和销售，享有生丝和蚕茧收购专营权，是县丝绸行业举足轻重的企业，从1995年至1999年均处于盈利状态，1995年至2000年还超额交地方所得税、农特税共计1334.4万元，1998年和1999年被主要债权银行四川省分行分别评为特级和一级信用企业，被银行四川省分行评为AA级信用企业，还被省政府有关部门授予"1999年省贸易企业最大规模200强"之一、"1999年省贸易企业最佳效益50强"之一、"2000年省贸易企业最佳效益30强"之一。宣告破产前，1999年盈利205.9万元，2000年前11个月盈利106.71万元。宣告破产之时，企业账面资产为11964万元，负债8676.57万元，净资产3887.58万元，资产负债率为72.52%；基本没有逾期贷款，也从未拖欠银行利息，到期债务仅县财政局100万元借款。此时，企业还有账面货币资金余额79.2万元，全部为银行存款；尚有价值1215.5万元的存货，且主要是易于出售的干茧。可见，丝绸公司经营、资产状况良好，并非资不抵债，不符合法定的破产条件。

然而，县委、县政府、县法院却策划丝绸企业改制破产，安排与丝绸公司有关的10户县属或乡镇企业实施破产，造成丝绸公司在这些企业中的债权损失。他们安排丝绸公司尽快偿还所欠县财政的绝大部分借款（1600万元），尚有少量欠款（100万元）暂不偿还，由县财政局作为破产申请人，向县法院提出申请，由县法院宣告丝绸公司破产，引进民营的天友公司合资组建世纪丝绸实业有限公司，并赋予该公司蚕茧收购专营权，由新成立的世纪丝绸公司以"拍卖"形式收购破产的丝绸公司。

县委、县政府还指定由县经委一位副书记作为破产清算组组长，并要求企业、法院及有关部门予以配合。在县委、县政府的授意下，丝绸公司于同年11—12月突击偿还县财政局9笔款项共计1582.86万元（其中裁定破产的前一天还偿还312.86万元）。县财政局在收到款项后，于同年12月14日正式向县法院申请丝绸公司破产，理由是：经多次催交，丝绸公司不能偿还县财政局到期债务100万元，县法院按照预先确定的方案，当日受理、裁定、发公告，破产清算组当日成立并正式接管企业。县委、县政府还指使企业抽逃资金，突击调账，以造成丝绸公司亏损严重、资不抵债的假象。在公司宣告破产的前后几天时间里，他们加紧抽逃资金，转移资产，加班加点做假账。丝绸公司总经理王某指使财务人员："一定要把资产负债率做到100%以上。"

会计师事务所审计结果表明：丝绸公司财务账目中，2000年12月当月，仅"应收账款"、"应付账款"、"计提费用"三项，账面金额高达7125万元，人均2.64万元。但涉及丝绸公司5721万元债权县、乡十几家丝绸公司，都没有按规定申报债权并参加债权人会议。

由于县委、县政府通过行政干预直接操纵，破产的各种法定程序形同虚设：

——县法院未按法律的规定严格审查破产申请和相关材料，县财政局作为丝绸公司破产的申请人，提交县法院的证据为：丝绸公司欠县财政局100万元周转金的《借款申请书》和《借款合同》。县法院在没有责令破产申请人（县财政局）按法律规定提交相关证据，没有依法对债务人的资产状况进行审查的情况下，就于接到申请的当日，受理、裁定企业破产。

——县法院未按法律规定通知债权人确认债权，没有按法律规定在收到债务人提交的债务清册后10日内通知债权人。同时，银行县支行在得知丝绸公司破产后，尽管不断与法院进行交涉，要求对抵押财产享有别除权，并不断向有关方面反映其金融债权被悬空的情况，但法院在法定期限年仍未确认其债权。

——违法拍卖银行抵押财产。作为主要债权人的银行县支行，虽然已明确向县法院提出对依法抵押的财产享有别除权的请求，但县法院却在未召开债权人会议确认债权之前，就委托拍卖有限公司将评估价值为2989万元财产（其中80%属抵押财产）以1180万元拍卖成交，买受人为世纪丝绸公司。这一行为，严重违反《企业破产法》"已作为担保物的财产不属于破产财产"的规定。

——拍卖前设置拍卖附加条件，影响了拍卖的公正性。拍卖物评估值为2989万元，主要为蚕定站（库存蚕种）、冷库、选剥场、汽车等较易变现的资产。破产财产拍卖前，县委、县政府就明确要求：竞买者必须每年向县财政上缴 1500 万元税金、具有蚕茧收购经营权（事实上这之前县委、县政府已将此经营权授给新组建的世纪丝绸公司），并且提高竞拍保证金，从客观上限制了其他竞标参与者，以达到事先安排的协议收购的目的。这样违背公平、公正的基本准则搞拍卖，客观上造成了国有的资产严重流失。

——破产财产清偿顺序违法。在未按法定顺序清偿债务前，县委、县政府提前从破产财产处置所得中动用 850 余元安置企业职工，违反了《企业破产法》规定的破产财产的清偿顺序，侵害了债权人的利益。

这起假破产案曝光后，省委、省政府高度重视，按照国务院联合调查组的意见妥善处理破产善后工作，确保金融债权，确保职工安置和社会稳定。市对县委、县政府、县法院主要负责人给予撤职处分，并对县有关部门的其他责任人根据责任大小分别给予相应的党纪、政纪处分。同时，对此案有关人员涉嫌以权谋私等问题，也组织力量调查、处理。

相信这例假破产案能够得到妥善处理，因为它上过《焦点访谈》。只遗憾中国太大了，而一年才 365 天，《焦点访谈》一天才一次，何况这一天一次的机会还不能都用于曝光。

二、伪造银行单证

1. 无中生有的存单

有人专门帮助企业筹措资金，从中提成获利，说是"融资生意"。秦某便做此生意，但他自称在银行海南分行工作，对同是做融资生意的邓某说："我可以开到银行海南分行的大额定期存单，这种存单可以在全国任何一家银行拿到大额抵押贷款。"他们决定合作。

广州某公司的赵某，急需大笔资金，听说邓某有渠道，当即联系，专程到海口找秦某，商定开票费不低于 3.2%，当即付给 5 万元。第二天，秦某拿出 2 张银行海南分行定期 2 年共 1000 万元的企业存单。赵某反复查看，确认这存单是真的，又支付 57 万元。邓某从中得 4 万元介绍费。但后来，赵某发现这存单虽然真，存款却是空的。害怕出事，他决定吃个哑巴亏。

邓某拿着那存单继续行骗。他联系到江苏滨海某公司的戴某,以10万元的酬金要戴某疏通当地银行的关系。戴某照办。邓某拿这2张存单到银行海滨支行要求抵押贷款500万元。当地银行与海南银行进行联系,将存单传真过去鉴别。结果被告知:这是用海南文昌支行失盗的空白单伪造。同时失盗的假存单共有8张。

邓某受法律制裁了,但那8张空白存单是谁盗的?秦某在哪里?另外6张空白存单又流向何处?尚不得而知,不知又在哪里行骗。

2. 小额变大额的存单

杨某在长春开电器商行,经常去深圳进货,每次都住大酒店,和这酒店的一些常住客混得挺熟,同河南李某特别友好。每次见面,李某都请杨某喝上几杯。有天,李某掏出一张1960万元的存单,说想找一个铁哥们代办抵押贷款。

杨某约了山东好友陈某,让他以存单上存款人毕某的名字,在广州买一个假身份证。两个人精心设置一个圈套,以帮助贷款为名,骗取某公司经理的好处费13万元。

杨某和陈某带着某公司不明真相的经理,一起到银行长春开发区支行的分理处办理抵押贷款。经办柜员第一次见这么大额的存单,马上向负责人汇报。负责人也觉得事情重大,立即向行长汇报。行长要求将他们领到信贷科,让科长王某辨别存单真伪。

下午,杨某等人到支行信贷科。王科长一边热情接待来人,一边仔细辨认这张大额存单,说:"办理信贷手续不是简单的事,需要一些表格,存单还要留一张复印件。"说完迅速将存单复印一张留下,将原件退还来人,约他们明天再来。两个人刚刚离开,在一边观察的姚行长连忙走出,要求王科长:"快把复印件再复印一张。如果这张存单有假,他们一会儿可能返回。"这话果然说中,杨某真的很快返回要走了复印件。

杨某等走后,行长立即从全国电子联行行号簿上查找银行淮河市源汇支行的电话号码,又通过源汇支行查到其下属的电话。他们反馈说,从未开过200万元以上的存单。再查对存单账号等,进一步证明这张存单是假的。原单上仅 300 元，现在存单上 1960 万元的数目是骗子通过技术手段改造的，但伪造手段十分高明，从表面上根本无法辨别真伪。

如果银行都能像这个银行一样，骗子一定会大为减少。

3. 大量印刷假存单

山东青州某电器厂厂长孙某，公然大量印刷假存单。其来龙去脉，还是看看这个骗子自己的供述：

我原是一名个体出租车司机。朱某这个刚刚从大狱里保出来的诈骗犯，因为有一笔"业务"坐进我的车。我们一拍即合，摇身一变成为电器厂正副"厂长"。

应当说，朱某头脑灵活，心眼多，经济上也有一套。如果他真的横下一条心痛改前非干一番事业的话，也许能干出点名堂来。但事业远未成功，"爱情"却不期而至。那还是 3 年前，他在诸城设办事处，与杨某母女开的小店为邻。别看杨某只上过两年学，思想挺"解放"。朱某也是个"热心人"，每次都用小车从青州给他们带点香烟，一来一去，朱某的办事处就成了他们两个人的"办事处"。再后来，朱就干脆在潍坊买房子，金屋藏娇。我不甘落后，与原是我厂工人的女青年突某明铺暗盖，打得火热。后来把突某从车间调进办公室。中午，我就和突某到电业宾馆包房午休。这一休，下午上班的时间就没个准。而傍晚，我们这两个"厂长"一人抱一个妞各人忙各人的，这厂子哪能搞好？

不久，贷款到期，银行催还，我们只好拆东墙补西墙，想方设法贷出款来还到期的利和本。这法子虽可以顾一时，窟窿却越补越大，债主到处追着要贷款本金和利息。贷款还是得还，担保人实在无法找。银行的人说，要贷款，必须有存单作抵押。于是，伪造存单贷款的罪恶开始在朱某的脑海中酝酿……

伪造好存单，由孙某拿到信用社申请抵押贷款，被当场识破。孙某与情妇仓皇而逃，但逃不过警车。他们的假存单是在深圳印刷厂印的。当警方追到时，印刷机仍在飞快地赶印。已经印好包好存放在仓库里的，有 14 箱。由于数量太多，印刷厂一家吃不消，还请另外两家代印。已印好的有 8 吨重，计 340 万联，这还不包括朱某以看样品为名带回的 100 本。

这案子如果没有及时破，电器厂完全可以附设"三宫六院"。

4. 伪造欠条

江西瑞昌的徐某，在广东东莞的手袋厂皮塑贸易商行打工，能说会道，深得总经理吴某赏识。该公司与北京某公司发生186万元的经济纠纷，徐某主动请缨，通过他在北京的高级人民法院的亲戚找到律师事务所代为诉讼，帮吴某打赢官司。徐某认为自己劳苦功高，却没有得什么好处，耿耿于怀。

徐某借口公路有土方工程，骗福建某建筑公司经理黄某到瑞昌。黄某到瑞昌后，因有事要离开，徐某主动提出帮他跑项目，索要有关手续，黄某把盖好公章签好名的两张空白信笺当着他人的面交给徐某，徐某却将它打印成"黄××借徐某现金伍拾万元整，利息按每月3分计算"的借条，向法院起诉，诈骗黄某，没有得逞。

不久，仗着自己在北京的高院"有人"，徐某诈骗太平手袋厂经理吴某。原来，吴某常邀他到家中玩，徐某趁机窃取盖有公章和吴某签名的信笺3本。他用这些信笺伪造欠条，称吴某拖欠本厂打工人员徐某40万元债务，起诉到瑞昌法院。

吴某赶到瑞昌法院，对欠条上太平手袋厂的印及自己的签名进行仔细辨认，觉得都不假，但欠款一事实在太冤，便向公安局报案。调查发现，虽然欠条上的印章和签名绝对正宗，但内容漏洞百出。一是欠条上写是合伙经营手袋原材料销售利润款，但通过多方调查核实，双方确实从未有过任何生意上的往来，合伙关系更是子虚乌有；二是欠条上写明此款如果发生纠纷，只能在原告所在地起诉，这是明显不平等的事。三是欠条上写此款到期未还，由吴某担保还清，而欠条上的签名正是吴某，难道吴某自己为自己担保？四是通过到当地派出所取证，吴某的名字早就改了一个字，而这张欠条上的签名却仍是原名。

也许只能怪徐某有个亲戚在北京的高院，并且帮他赢过一场官司，否则他很可能不会有如此"创意"。

5. 伪造银行保证书

香港两名男子，向基金投资顾问出示一张面值5000万美元的银行保证书，以及一封意向书,显示银行保证书的总面值为6亿美元,向一家欧洲银行要求贷款。该基金投资顾问向发出该份保证书的银行进行核对,发现它是伪造的,即向警方报案。

商业罪案调查科在调查中发现,这两人还曾向两家在本港有分行的欧洲银行出示过银行保证书,企图开设私人户口和提供信贷服务。调查科进一步调查还显示,该伪造的银行保证书曾在摩纳哥出现过。

骗子只知"东方不亮西方亮",殊不知"西方不亮东方更不亮"。

三、冒名他人

1. 冒同事之名

天津下岗工人杨某,听说只要凭有关资料就能办下岗女工小额贷款,便到有关机构用自己的名字试着办一份,获4000元贷款。她还想多贷一些,但这贷款规定每一名下岗女工只能贷这么多。于是,她找一个下岗的同事,连孩子同学的家长也成了她的目标。她谎称可以代办下岗工人特困补助,骗得22名下岗女工的身份资料,然后以他们的身份到有关机构办贷款,分5次贷出8万多元。

骗得贷款后,杨某大肆挥霍。由于这项贷款必须按月返还本息,刘某等人发现被骗后,立即到公安机关报案。

真是"煮豆燃豆萁"!骗子就是这种德行,同是生意人他要异化为骗子,同是亲友他要异化为骗子,同是天涯沦落人他要异化为笑里藏刀的骗子。

2. 冒朋友之名

在天津某学院读书的罗某到广州探望表哥,出火车站,给表哥打电话,联系不上。继续打电话时,一个妇女问:"你是等家人来接吧,你家人叫什么?"罗某说出表哥的名字。这妇女说跟他表哥很熟,并说:"刚才你表哥打电话,他在广源西路的大酒店门口等着你,你赶快打的去吧!"罗某听信。

罗某到酒店门口下车,马上有男青年到罗某面前,说是他表哥叫来接他的,但指着酒店门口的一辆小轿车说道:"离合器坏了,得去修一修,可是我身上的钱花完了,这车坏了回不去怎么办?我是你表哥的铁哥们,要不,你先拿点钱,我去买一个离合器,把车修好再送你到表哥那里,怎么样?"罗某又听信,给他700多元。

那人拿钱走后,有人在酒店吃完饭来开车,说这是他的车。罗某这才感到不妙,再给表哥挂电话,才发现这是个骗局。

据悉,此类案件在广州火车站多有发生。

骗子总是在你最需要的时候出现。他们的"道具"则往往信手拈来。

3. 冒老部下之名

杭州的李某骑自行车去上班,到中山北路路口时,忽然有人喊他"老领导"。下车一看,只见一个穿西装的中年男子站在一辆黑色桑塔纳边上向他挥手。李某走过去,辨认他是谁。对方热情说:"我是刘×,您不认识了?"李某想起以前的单位好像有这么个小伙子,但十几年不见了。刘某说:"您把自行车停一停,到我车上坐会儿。这么久不见了,想跟您聊一聊。"

上车,刘某说他现在下沙经济开发区一家房地产开发公司任总经理,不过今天忘了带包和名片,就在一张白纸上留两个电话号码给李某。这时,刘某的手机响,听谈话内容好像是一个银行的行长下午要到北京去疗养。打完电话,刘某问司机:"你身上有多少钱,我想买点东西去送送行长。"司机说:"我只有三四百元,今天还没到财务科去领。刘总,你的老领导不是在吗,你不会先向老领导借点,反正大家这么熟。"刘某说:"那怎么好意思呢,我怎么能向老领导借钱?"李某连忙说:"没关系,我身上还有600多元吧!"李某想也没多想,就把钱给了他。

李某下车,还没看清车牌号码,车子就飞快地开走。他感到不对劲,按刘某留的号码打那手机,发现是空号。

钱虽不多,但足以让人闻"借"生畏。骗子总是导演悲剧,将人生最美好的东西撕裂给人看。

4. 冒死人之名

黑龙江省通河县的陈某,结识镇银行营业所主任杨某后,拿李某2.15万元的活期储蓄存折，要求贷款 2 万元，期限半年，贷款人则为徐某。杨某当日给办手续，并提了现金。

半年后，陈某找杨某说："我现在没钱，先还你 5000 元，你再给我贷 1.5 万元。"陈某这回拿一份储蓄所的核保单，杨某当日又为她办了。不久，陈某说还想贷，拿了两个三站邮政储蓄存折和核保书。一户杨某折上显示存款 3.4 万元，另一户史某折上显示存款 4.2 万元。贷款人分别是"王军"和"姜峰"，手续显示上述人均为当地农民。陈某用杨某的存折担保为王军贷款 3 万元，用史某存折担保为姜峰贷款 4 万元。

据警方调查，徐某根本没有申请过贷款，"王军"则是个虚构人物。后来法院判决"被告王军"时，只能称"身份不详"。姜峰也"无法核实"。而为上述 3 名申请贷款人提供担保的李某、杨某、史某，从来没给任何人提供过存折并做担保。当地派出所证实，史某已于贷款前一年因病死亡。另据证实，上述申请贷款人和提供担保人之间并不认识。李某说，这几年他一直在佳木斯打工，没回来过，怎么可能贷款？从贷款担保书上填写的数据推算，今年他已经 60 岁，其实他才 30 岁。姜峰说："我从来没办过身份证，也没刻过私章。"

在整个贷款过程唯一接触过的陈某，卷款在逃。法庭审理这起贷款纠纷案，陷入"剪不断，理还乱"的境地，

有的人是先小人后君子，先难后易，陈某和杨某则相反。

5. 冒政府之名

早在 20 世纪 80 年代，西部非洲就有一些不法分子通过邮寄、传真向全球发送大量信函，谎称是政府官员或权威公司的代表，以资金转移为由，要求需要贷款的提前支付手续费。

近年来，我国又发现一些西非不法分子利用互联网从事这种诈骗活动。他们发的电子邮件称，已掌握上千万美元的尼日利亚政府项目工程款，如能协助将这笔资金转移到中国，可获 20% 提成。有的还发来政府申请书样本，要求中方假冒负责工程施工的公司申请贷款。尼方人员在出示他们伪造的尼日利亚中央银行正式贷款申请书后，说要向负责贷款审批的委员会成员送价

值上万美元的礼品，请贷款人通过快递公司寄出。委员会一收到礼物，即可批准付款。我国已有一些公司或个人上当受骗。上海一家公司落入圈套，被骗人民币208万元，公司因此倒闭。

还发现南非等其他非洲国家不法分子以融资为名与我国一些公司、个人和驻外机构联系，以利相诱，进行诈骗活动。

如果说乞丐在大街上散发金币，你相信吗？

6. 冒招工之名

南京无业女士费某，在舞厅认识自称是某有限公司执行总经理的陈某。陈某说："你头脑活络，人品又好，到我公司来吧！让你当个销售主管，月薪3千元。如果参股就更好，包你发财。"费某交钱参股5万元，陈某给她一盒印有"销售主管"头衔的名片，派她到浦东寻求伙伴做袜子生意。

过两天，陈某到费某面前，哭丧着脸说："我父亲患癌症住院，急需医药费3万元。要是你肯帮我渡过难关，我将终身不忘。"堂堂一个总经理，怎么会缺这点钱？费某起疑心，找到陈某的家，见他父母好端端在家中。二老得知儿子在外胡说八道，差点气死。费某翻出参股协议书和现金收据，仔细看来破绽百出，马上向公安分局报案。原来，陈某只是一名普通营销员，应聘到那家公司还不到一个月。

骗子的心有多黑，此见一斑：对外，狠心吃无业女士的钱；对内，不惜自己的父亲得绝症。

四、利用银行行骗

1. 骗储户

谢某通过关系结识南亚边贸城市信用社主任罗某。罗某说，城市信用社的存贷业务比较灵活，只要拉来钱在信用社存，想贷款也很方便。这时，刚好谢某的弟弟生意亏本，无法还清农业合作基金会的贷款，便替弟弟支付50万元的贷款。农村合作基金会老板高某见此，主动与谢某交朋友。谢某鼓动高某到景洪存钱。高某等人到南亚边贸城市信用社考察，认为可靠，便通过谢某将基金会的 1.05 亿元资金引存到那里去。罗某也对谢某贷款网开一面。他们口头协议：谢某拿到贷款后，立马支付存款人高额利息。这样，吸引来更多存款人。

罗某对谢某贷款都交给心腹孙某去办。孙某对谢某有求必应，对他提供的抵押手续一概不验证。就这样，仅 7 个月时间，谢某用虚假证明诈骗边贸城市信用社贷款 7321 万元。谢某利用诈骗来的巨资成立卷烟辅料厂，在昆明的饭店开世界名牌服装店，并成立实业集团公司。他有 3 辆"奔驰"、一辆"凌志"、一辆"宝马"等 8 辆轿车，约 800 万元的高级别墅及其他房产，4 家他直接任法人代表的公司。据商界人士估计，谢某的身价接近一亿元。而谢某从一名建筑小工变成亿万富翁，仅仅 5 年时间。

在谢某成为亿万富翁的同时，信用社空了，储户的钱也没了。储户得知存款被引到西双版纳的信用社，而版纳方面也无力支付，更是怒火中烧，把垃圾堆到合作基金会办事处门口，把版纳的车子扣押，并成群结队涌向市委、市政府前请愿。玉溪、版纳方面紧急向云南省委、省政府汇报，然后一层层批示下来，要求严查。

警方查明，狡猾的谢某总是亲自做明细账。贷款后，亲自办理转款手续，转到什么地方只有他自己知道。直接开支票取现金 691.76 万元，转到他个人账户上取出现金 29.9 万元。他在南亚边贸城市信用社贷款总数达 7321 万元，而转到昆明其名下企业才 4880 万元，其中包括其他企业的贴息 1000 余万元，仅贷款就有 2841 万元没有划到企业账上。他将诈骗来的巨款大肆挥霍，日常吃住也是按五星级标准，奢侈到极点。他在香港领到永久居住证，买了房子、车子，并用一万美元作定金在美国申请绿卡。

法国历史学家米涅在评论法国大革命的时候写道："好事和坏事一样，也是要通过夺的方法和暴力才能完成。"难道果真如此？如果储户们讲"文明"，那么谢某至今仍在美国、香港地区甚至就在当地的天堂享福？

2. 骗商户

天津某酒店职员王某，得知荣众公司专营分期付款业务，购买商品只需首付 20%，余款分期偿还，便到该公司购买一台彩电。事后，他反复琢磨，寻找这种消费形式的漏洞。

王某到南开区一处写字楼招租处，自称某公司经理，租下一间办公室，找来姚某做秘书。开业没几天，又招来李某等人。招李某等人是有特殊用意的，因为他们都是拆迁户，搬家之后没有办户口迁移，身份证、户口本上的户籍地都是拆迁前的老地址，而这些地址已被夷为平地，根本找不到。

按照王某的要求，李某等人先后两次从荣众公司店购得两台电脑，以及S两台摄像机，价值3万余元。得手后，王某立即换个招牌，另租南开区黄河道的一处写字楼办公。

两个月后，王某亲自上阵，带上姚某和李某到小区的荣众连锁店，要求以分期付款的形式购买一台电脑、一台大屏幕投式彩电、一部摄像机及一辆电动助力自行车。服务员接过王某填写的表格及身份证、户口本等证明，打开公司各连锁店的联网销售记录，发现李某逾期未还款，已被列入恶意骗购"黑名单"，连忙报警。民警迅速赶到现场，将骗子当场拿住。

骗子与良民的区别在于：前者既利用人和事物的优点，又充分利其缺点漏洞。

3. 骗企业

台北"洪小姐信用贷款公司"在报纸刊登广告，诱骗那些因经济不景气急需款项的中小企业前来贷款。这些业主上门时，该公司先让他们留下姓名、出生年月、身份证字号等基本资料，然后要求他们到特定银行新开户，并存入贷款的一半作为"偿债能力保证金"。被害者存入"保证金"后，该公司立即用电话拖住他们，再利用一些特定银行的新开户密码（一般为开户人生日或固定密码0000等），在10分钟之内将被害人的存款通过语音转账方式，汇到数十个账户内，一提而空。

五、"爱情"只为骗钱

1. 男人骗女人

刚离婚的林小姐偶然认识一家广告公司总经理。他请吃饭，她无意中透露离婚时前夫给她 17 万元。经理越发对她温柔。有一天，经理拿一份合同给陈小姐看，说他跟这家地产公司签的广告策划佣金是 100 万元，现在急需付 8 万元回扣给地产公司主管广告业务的副总。他说手头上只有 4 万元，只要借他 4 万元，定当有丰厚回报。她想已经签合同了，生意算基本做成，而地产公司都很有钱，这张单很快就能净赚几十万元，没多思考就借钱给他。

他对她非常好，几乎每天都要请她吃饭，经常买礼物给她和她女儿。从来没有一个男人这么体贴，这么细心，她有点感动，有了跟他结婚的想法。他则更经常把她的账户当成自己的腰包。每次向她要钱，总是找一个非常正当的借口，比如急需周转，马上就能产生利润。有时她一时拿不出，他就一把鼻涕一把泪，让她善良的心失控。后来她身无分文了，还向老家的人借高利贷给他。

先后给他近 20 万元，其中 4 万元是高利贷。他知道陈小姐再也拿不出钱，就渐渐冷淡。一连好几天没消息，她有种不祥的预感，跑到他办公室找，没想已人去楼空。打他的电话，要他还钱，竟然说骗弄了他少男的感情，那些钱是赔他的青春损失费。

爱情太圣洁了，所以太容易被玷污！

2. 女人骗男人

自称河北廊坊外贸局副局长、外贸局下属公司董事长兼总经理、银行总行驻廊坊资金部主任的刘某，生有二女，离婚后办厂。她结识银行廊坊分行信贷科长田某后，很快与他结婚，田某原妻为此自杀。但不久，田某从信贷科调老干部科，不再主管贷款业务，刘某很快又与他离婚。

没多久，刘某认识银行河南省偃师支行副行长孙某。刘某说她想买下很有发展潜力的廊坊市一栋 6 层大厦，请孙某贷些钱给她，等资金周转后还清。孙某马上指使本行营业部主任用特种转账凭证，从偃师银行系统内账户划拨出 350 万元，通过偃师耐火材料厂账户汇到刘某名下。然而，刘某不仅无法还款，反而要求再汇一笔钱办银行承兑汇票。孙某又指使部下分 6 次从本行划拨出资金 750 万元。刘某用这些钱以她和孙某两人的名义买下那栋 6 层大厦，然后将这大厦抵押给当地一家信用社，贷款 900 万元，投资于自己集餐饮、住宿、娱乐为一体的美食广场。这样，孙某只得与原妻离婚，成为刘某第三任丈夫。

孙某终于归还 500 万元挪用公款，可是还有 1100 万元根本无法偿还。他感到迟早要出事，便向领导请长假，说是到外地治性病，传开不好，还请保密。他和刘某改名换姓，双双逃到广西桂林，托人办假身份证，买商品房，深居简出。

可是，刘某耐不住寂寞，又在桂林集资办起高科技农业生态园，还开办足球学校及一家其他公司。她结识桂林公安局的科长蒙某后，很快又成为蒙夫人。离婚时，刘某给孙某 13 万元，用于买房、炒股。孙某财运不佳，不善交际，年龄又大，为了维持生活，只好到刘某的公司开车、看门、做饭、扫地。

刘某到处抛头露面，根本忘了自己是逃犯，但警方是不会忘记的。孙某的仆人生涯，直等警方来"解放"。这个案例，简直像瞎编的小说。

3. 傍大款

湖南邵东的汪某，高中一毕业就开始在社会上游荡，曾因盗窃在湖南怀化劳动教养 3 年。之后，他化名欧某，流窜上海，混迹于娱乐场所。经过精心包装，他把自己打扮成一个阔少，专骗那些想傍大款的小姐。

有天晚上，汪某到陕西南路的一家酒吧，走到独自喝酒的梅子身边，从西装口袋里拿出一张营业执照的复印件，上面写着注册资金 1.2 亿元，又拿一本驾驶证给她看，上面写着车辆型号"宝马"。他说："前不久，我在上海买一套公寓。房价是贵点，不过是酒店式管理，住着挺舒服的。"这样，梅子对他顿生羡慕之情。

两天后一个中午，汪某约梅子到他那里玩，梅子爽快答应。晚上，梅子来到汪某的套房。屋内白纱窗帘低垂，轻音乐回旋。梅子觉得这个单身大款不仅有钱，而且懂生活，倾心不已。

又过两天，汪某说他有个朋友从深圳到上海来，要梅子一起去看。在一家酒店，他和那朋友闲聊一会儿，那人突然说："上次在深圳，你欠我 5 万元赌债还没还。我马上要去俄罗斯做生意，急需资金，你快把钱还给我。"汪某说："我的钱被另一个朋友拿去。今天是星期天，信用卡不能取钱。你就宽限几天，我又不会赖你的账。"那朋友怎么也不同意，非要今天拿钱。汪某被逼得没办法，拉着梅子到底楼大堂，用手机找朋友借钱。可是打半天电话没借到一分钱，他只好对梅子说："你能不能借我点钱，等我朋友晚上从南京回来，马上还给你。"蕙子是一起来上海做服装生意的朋友，有一点积蓄。梅子打电话给蕙子，说自己的好朋友急需 5 万元。蕙子同意。

次日早上离开酒店，梅子打电话给蕙子，请蕙子一起到汪某处看看，欣赏欣赏她的"白马王子"。不想服务员告诉她们，这套公寓是出租的，那个房客已结账走。

骗子精心包装的只是外表。

六、小额贷款公司陷阱不小

云南的大勇在腾讯网发文讲述他的遭遇：

6 月 8 号，刚从福州来到昆明，准备赶毕业论文和实习手册，才发现我大三的学费还没有交，差六千元，又不好意思跟家里讲，就想着能否在网上下个 APP 先贷款用了以后分期还款。

那天我鬼使神差地在浏览器一搜，就跳出来一些所谓商业推广的小额贷款，我就随便填写了信息，说是可以贷款的。

马上就有人联系我，问我是否需要贷款。那时候我也没有多想，我说是。然后对方说需要先交 100 元资料费，并告诉我一定能贷款成功，且额度有三万元，一个月利息才一百多元而已。

我就答应了，反正才一百元。对方把账户给我，我支付了一百元过去。11 号的时候，对方通知我去打印店，说是给我邮合同过来，并且要我签字画押，做得有模有样的，我还相信了，等我回到住的那里，对方让我支付 3000 元，说是验资。

如果不支付的话是我违约了，要支付对方 20%——30% 的违约金，也就是两千元到三千元。我想反正已经开始了，先筹钱支付对方 3000 元。支付成功之后，对方又告诉说我是第一次弄，验资额度不够。还要 3000 元，也就是 20%，说是支付了以后能和三万元的款项下来，总共三万六千元。

我相信了，又往朋友那借了 3000 元打过去。后来他们又打电话给我，说是我第一次在他们担保公司弄，要什么保证金，就相当于押金，让我先交，之后会一同退还给我，并保证说是最后一步就能拿到钱了。我想着多的都去了，也就最后一次了吧。

然后又凑了5000元打在对方账号上。他们告诉我说半个小时后钱就能到账了。我想着还挺行的，但是等半个小时后，他们打电话给我，说是进度条到97%的时候不走了，问我银行卡近三个月是不是流水线不够，要我支付四个月银行流水线的钱总共8000元。

我实在没有办法筹钱了，跟他们讲了情况。他们只说没办法，说是不能贷款了，我给他们的11100元说是三天之内给我退还回来。我去当地的派出所报了警，但好多天过去了还没有消息，我绝望了！

七、私人借贷的凶险

1. 民间"标会"无保障

三元区六旬妇女陈某组织发起2组标会，其中一组每股会钱2000元，吸收会员54人74股，实际竞标51期，吸收会款421.08万元；另一组每股会钱3000元，吸收会员42人50股，实际竞标27期，吸收会款186.55万元。在组建标会的同时，陈某还以自己急需资金、帮助他人借款周转为由，以1分至3分不等的月息向他人及通过他人介绍向社会不特定对象非法吸收资金320.8万元。虽然，期间陈某支付了利息80.68万元，但最终还是造成他人实际经济损失238.59万元。

2. 私下放贷被杀

广西贺州的罗母，喜欢放贷收息。女老板黄某租了罗家的店面开馆店，与罗母关系极好，被认为干女儿。罗母请黄某打听，看什么人急于用钱，好处也会分点给她。黄某听说开车的邹某想买辆新车，但手头有点紧，便马上热心起来。签字据时，罗母要求黄某作为担保人在欠条上签名，黄某照办。不久，罗母说这欠条不见了，多次哀求重签一张。黄某和邹某也答应，并注明："因原字据已失，现按此据还钱。"每个月初，罗母按时催黄某找邹某收月息。

没想到，邹某借高利贷并不是买新车，而是还赌债，为此把原有两部车都卖掉了。所以，这笔债务拖很久。

罗母逝世后，债务由她当牙科医生的儿子罗某负责。邹某勉强还清本金，尚差一万元利息，协商决定另写一张一万元的欠条，利息降到4分。这样，第二张欠条当场撕毁。

然而，罗某突然找到那第一张欠条，坚决要求按那张欠条算账。被逼得走投无路的邹某，和黄某商量抢回这张欠条。黄某找到赖某，许诺事成之后给他一万元好处费。还没开始行动，邹某在一次车祸中丧命，这笔冤枉债眼看要落在担保人头上，黄某更急于抢回欠条。黄某约出罗某，赖某在途中伏击。因路上突然来人，赖某只是击伤罗某，没抢回欠条。第二次，赖某找黎某做帮手，抢回欠条，罗某也因伤势过重致死。黄某终于烧掉那张烦人的欠条，却给自己带来覆灭。

有些事只要开始错了，就像石块开始下滚。黄某就是这样一块石头。

3. 还款纠纷

2014年6月24日，内蒙古王某给高某出具借条、欠条各一份，各向高某借款2万元，约定于同月28日前归还。到期后，高某多次向王某催要，王某以种种借口推诿。无奈之下，高某向人民法院提起诉讼，要求王某返还借款。王某称的确向高某借过4万元，但于次年9月9日、9月28日，通过银行内蒙古分行以转账方式分别给高某的银行卡转入现金3万元、1万元，已经还清了；还清借款后向高某索要借条，高某告知已将借条撕毁。

法院审理认为，高某与王某形成的借款合同具有法律约束力，王某应当按照约定依法返还高某借款4万元；王某返还高某4万元借款，应当及时抽取或者监督高某销毁其出具的借条与欠条原件。2014年5月至2015年12月期间，高某、王某合伙雇佣司机从事拉运电石生意。两人在合伙经营生意期间，存在相互打款情况。王某抽取或者监督高某销毁其出具的借条与欠条原件并不存在困难，依照法律规定并运用逻辑推理和日常生活经验法则进行判断，王某提供的两张转账凭证难以否定高某提供的借条与欠条。王某提供的两张转账凭证能够证明高某、王某之间存在其他经济往来关系，但不足以证明其提出的事实主张，故对于其提出的已返还高某 4 万元借款的辩解意见不予采纳。

4. "裸条"变成淫秽物品出售

"裸条"惊现时间为 2016 年 6 月。说白了，"裸条"就是一种借款欠条。所不同的，它是由借款的女大学生手持身份证拍的裸体照片，当然裸的程度有所不同。某种意义上说，这种欠条的含金量特高。如果按期还款，债主销毁了事。如果逾期不还款，债主才会拿这公开裸体照片与借款人的父母联系。问题是世事不可能按你美好设想那般发展。

2016 年 2 月，李某注册某网络借贷平台。该平台实行实名制，必须上传身份证、学生证以及填写家庭信息，包括家里人的联系方式。第一次，她借500 元钱，周利息 30%。因为没及时还，借新债还旧债，周利率仍为 30%。然而，利滚利后，欠款很快达数万元，李某更还不起。这时，对方要求李某手持身份证拍裸照作为抵押，她只得照做。李某称，身边很多女同学都如此，但谁也不愿讲出去。

《北京青年报》记者在网上检索发现，在一些贴吧及论坛中，一些人公开表示自己有"裸持资源"，并留下微信、QQ 等联系方式。北青报记者随机添加了几名裸照出售者，通过认证后，其中一名出售者报价"1 元"。记者支付后，对方分享了 3 张裸照和两段视频，并表示这些裸照资源"都是群里的"，暂时没有更新。记者询问能否进群，对方称"现在不让加"，近期"消息紧"，因为担心"有记者入群搜资料"。同时，北青报记者添加的另一名出售者要求支付 20 元，称有多张"裸持"照片和多段视频，可以一次性通过邮箱发送给记者。为了证明自己手上有"裸持"资源，对方在聊天页面发送了 4 张未作处理的"裸持"女大学生照片，每张照片均为年轻女性手持身份证拍摄，照片中能清晰看出身份证上的姓名、出生日期、地址和身份证号。记者随后支付 20 元，接收到对方发送的 64 张裸照及视频。

"裸条"影响迅速扩大。据报道，首部裸贷题材网络大电影《裸贷风云》同年 8 月 1 号即在大连开机拍摄。更糟的是，有些人在网上出售这些"裸条"。为此，北京律师事务所刑事部主任易胜华则表示，裸照的出售者、转手者、传播者都属于传播淫秽物品。从法律上讲，这些将自己裸照传给他人的女性，本身就在传播淫秽物品，她们的行为也构成了违法。再说，"裸照本身并不是物品，因此不能当抵押物，即使用来抵押，因为是非法的，这种抵押行为也是无效的。"

八、诉讼欺诈

在广州做律师的田某因捐肾救母被央视评选为"感动中国"人物，同年还被评为省首届十大孝星之一。就在这年底，田某向人民法院起诉糖酒经贸总公司及其出资的美酒股份有限公司。

田某称，糖酒公司收到田某为其弟交纳的担保金 80 万元，约定同年底前返还，但一直不还。美酒则称，他们根本不知道 80 万元担保金的事，糖酒公司也从未收过什么担保金。直到首次开庭，他们才见到所谓公司开具的担保金"收到条"。他们认为"收到条"是田某盗用盖有公司公章的空白信自己填写的（田某的弟弟曾是糖酒公司的职员），但由于没有足够的证据证明这"收到条"作假，法院判决糖酒公司败诉。糖酒公司上诉到中级人民法院。二审中，糖酒公司申请对"收到条"做司法鉴定，结果显示盖章日期比落款日期至少早两个多月，又由于田某在一审、二审诉讼中的陈述不一致，中级人民法院做出终审判决，认定田某的主张不足信，驳回其诉讼请求。

富有戏剧性的是，这时以田某为原型的电视剧《温暖》在央视热播。这样，他的名字家喻户晓，成为当代孝子的典范。与电视上光辉形象截然不同的是，他在忙于另一场极其相似的官司——

茂源公司在承包广州一处副食品批发市场时，与对方发生合同纠纷，经朋友介绍，聘请田某为公司的代理律师。田某代理官司期间，除 4 万元律师费外，还以疏通仲裁委为由要公司另行支付 12 万元，并以服务招待费名义收取 1.16 万元。官司打到最后，田某不管了，到现在还有 50 多万元没收回。茂源公司以收取不合理费用 13.16 万元为由，将其投诉到广州司法局、律师协会和司法厅。次年 2 月，田某则将茂源公司告到苍山县人民法院，说茂源公司向其借款 36 万元逾期不还，证据是一张"证明及欠款说明"。对于这字据，双方承认全文为田某所写，公章为茂源公司所盖。但茂源公司认为后半部分的"借款"内容是田某私自添加。公司经理杨某回忆说："那天早上，我们在仲裁委的大厅里准备材料，田某突然说想在广州买房，要我们公司为他出一份收入证明。我让田某自己写一个证明：'兹证明田某为我公司副总经理，月薪陆仟元整'。当时恰好随身带着公章，我就在文后盖了章。"然而，茂源公司没提出对该字据做司法鉴定申请，没法证明该证据不实，苍山县人民法院便判决茂源公司败诉。不过，茂源公司至今并未被强制支付。

与此同时，田某还有一场债务纠纷。山东的褚某通过朋友认识田某，当时觉得他是老乡又是社会名人，应该可靠。田某说在阿联酋做电脑配件生意能赚钱，她便筹资 39 万元前往广东，采购鼠标、键盘、MP3 等电子产品，按田某的指点往阿联酋发货，接货人是熊某。褚某赶到阿联酋，货物已被人接走。没想到，接货人说田某讲货物是他本人的，没讲是褚某的。她回国后联系，田某总是避而不见。她只好以诈骗钱财为由向公安部门报案。但根据现有证据，无法证明田某诈骗事实。公安部门答复：如果想证实，需要通过国际司法协助向居住在阿联酋的熊某等人调查取证。由于没有足够的调查资金，褚某只好写一个题为《感动中国人物田某是个大骗子》的帖子发在《某晚报》网站。田某委托律师向该报发律师函，认为该网站对"在全中国拥有高度的美誉，获得过多项社会荣誉，广受社会公众尊敬和爱戴，堪称社会道德楷模"的田某造成名誉侵权。但是，他却没向发布该帖且公布真实身份的褚某发函，也从来没主动和她联系过。

就田某涉及的此类民事诉讼案件，《某晚报》记者采访财政学院政法学院孟教授。孟教授表示，这类案件属于典型的民事诉讼欺诈案件。这种情况在我国有一定的普遍性，且愈演愈烈。他解释，民事诉讼欺诈主要是指一些不法行为人通过伪造证据，在民事诉讼当中通过法院的审判和强制执行，达到非法占有他人财物的目的。诉讼欺诈与我们熟悉的诈骗是有明显区别的。诈骗的客体主要是他人的财产所有权，但诉讼欺诈的客体首先是法院的正常审判秩序。

骗子与"社会道德楷模",本来风马牛不相及。然而,时下流言:"只有骗子是真的"。即使在古代中国,就不乏假的"社会道德楷模"。"优秀"、"先进"、"模范"之类含金量日益下降,是不争的事实。不信你查查当今贪官污吏,哪个没几箩筐荣誉证书?

第四章　证券类骗子

著名经济学家吴敬琏说："中国叫作炒股票，外国没有这个说法。什么叫炒股？炒就是抢帽子——抢价格的帽子，造成整个股票市场基本上一个投机场所，是炒作的。外国没有这种问题，中国是有人在炒作。"

最近，微信朋友圈热转一篇文章，揭露中国三大骗子集中地：股市、教育与养生。关于第一集中地股市，该文怒冲冲写道：

股市，本来是个好东西，在中国，居然成了个骗子集中地。企业造假包装上市，大庄包装轿子上街，小股民抢着抬轿子，最后才发现轿子里的金银财宝全不见了，是个空轿子，烂轿子！十多年来，中国股市本来就不符合股市应该具备的正确的基因和体系，到现在，越来越暴露出其不伦不类妖魔鬼怪的本性，吞噬了千万股民的财富。这何止是骗子，简直就是魔鬼。

为此，该文"郑重建议各位，中国股市的一切体系和基因，不完全健康，你最好不要轻易触碰，即使你真的碰了也请记得风险！这个领域的特点是学历低的骗子和博士骗子都并存。骗人的手段各种高明，内幕、假消息、假财务都是惯用手段！"

一、假冒股市

1. 虚设股市

甘肃兰州曾发生一系列虚设股市、虚假融资的诈骗案，性质恶劣、影响极大，涉及 15 个公司，10 余起案件。在此选介最大一例。

王某当兵退伍后在某铁路局工作，1989 年下海经商。他对财富热切向往，但所获不多。1998 年春节回成都探亲，认识"高人"赵某与李某。在他们指点和启发下，王某认为终于找到发财的捷径。回兰州，他即注册成立以财务、会计、审计咨询服务、计算机软件开发为名的财经服务有限公司，自任法定代表人。公司安装了虚拟股票交易系统，招聘、培训工作人员。在成都设立虚假的股票接单结算点，让经纪人到各证券公司营业部，宣称本公司是证券公司的远程大户室，入金 5 万元可享受大户室待遇，有专人进行业务指导，可提供大比例融资，诱骗股民前往。然后以假报单、假成交、假平仓、假融资的手段，诈骗股民资金。为了隐瞒其真面目，王某还与赵某等编造与恒盛公司、国泰四川分公司的虚假合作协议，由结算人员将股民的交易报单报至其在成都设立的虚假结算点。

随着受骗者举报增多，政府有关部门在正规证券交易场所公布合法证券公司名单，要求非法公司停止活动。王某为逃避监管，从公司抽出 60 万元后，转让给藏某，王某则躲在幕后"垂帘听政"。随后，藏某交付 5 万元，王某又让藏某授权他管理公司业务及资金划拨，重新主掌公司一切实权。

公司因非法经营股票受到查处，王某侥幸未受惩罚，但他却以此为借口，卷走全部入场交易者的资金。他又注册成立仍由藏某为法定代表人的财经服务有限公司，用原有设备继续采用模拟股票交易方式，诱骗股民交易。不久，藏某因故退出，王某自任总经理，负责公司财务、行政、业务等工作。

王某为扩大规模，又假冒他人为出资人，成立投资咨询有限公司，将两公司尚未平仓的股民转入公司，并诱骗吸纳新股民继续进行模拟股票交易。后来还成立华陇财经有限公司，采用同样手段诱骗股民。

王某在操纵中亚公司、华陇公司、信达公司经营期间，还利用吸引客户经营中国商品交易市场现货仓单交易及代理转让部分原始股的机会，指使工作人员将部分现货仓单客户的保证金和认购原始股客户的资金截留，后在政府有关部门责令给股民平仓退款时，因王某已将股民资金挥霍或用于其他经营活动，无力平仓，便用这些资金给股民平仓退款，却隐瞒真相，让客户之间进行虚拟交易。

兰州市严厉打击集资诈骗的统一行动开始之后，王某不知去向。警方全力追捕，王某在深圳落网。追回、冻结赃款380余万元及轿车、电脑、手机、办公用品等，远远不能弥补受害人的损失。

《人民法院报》发表这个案例写道："'天下无贼'是一个美好的大同社会，我们期待这个美好日子到来的时候，千万不要忘记——当心你身边的骗子！"

2. 擅发"原始股"

广西的生物科技股份有限公司，经过攻关，取得人工养殖金边蚂蟥以及从中提取天然水蛭素两项科技成果，号称"国内规模最大、技术力量最雄厚的专业从事天然水蛭素研发和生产的高新技术企业"。但有市民举报该公司在非法发行"原始股"。

经查，公司负责人周某与广西南宁市一投资管理有限公司法定代表黄某密谋策划，签订改制、融资策划书，未经证监部门批准，就通过互联网和街头摆摊设点等方式，以每股1元至3元的价格，向社会公开销售公司的"原始股"。短短3年时间，这家公司非法售出"原始股"700多万股，涉案金额近千万元，殃及500多人。他们大多是中老年人，被骗的金额少则一两万元，多则达20多万元。兰女士说："有一天我经过南宁市文化宫时，一群人在发放所谓'原始股'宣传资料。我看过中医方面的书，知道水蛭素具有治疗心血管疾病的功效，所以就买了，没有想到会上当受骗。"

骗子也讲"科技兴骗"呢！

3. 冒充远程大户

陕西渭南市某局干部汤某，与姘妇陈某成立"世纪通财务顾问咨询有限公司"。在未经证券、工商部门许可的情况下，非法从事期货业务，骗取他人资金。公司大张旗鼓地购置电脑、信号接收器、交易结算软件等设备，大肆虚假宣传，招募经纪人到正规营业厅，以高额回报、虚假融资、"T＋0"交易为诱饵，诈骗投资人到他们公司进行所谓的股票、期货交易。他们宣称是某某证券营业部的远程大户，有专业跑道。其实，只是用接收器等设备，装模作样地将深市、沪市和香港恒生股市的大盘交易等信息接收过来，自制交易单，模拟股票、期货交易，骗取客户巨额资金。不明真相的股民还以为自己的钱已经流通到深市、沪市，其实是骗局。公司的所有交易与深市、沪市没有任何关系，客户的钱大部分到他们的腰包。另外，他们还通过鼓动客户频繁交易、强行平仓等手段，收取手续费、融资融券利息等。据统计，有150多人上当受骗，诈骗金额高达726.7万余元。

4. 冒充法人代表

在网上，陈某自称云南某投资公司法人代表，频繁出现在网上各聊天室和论坛，博得众多网友信任。一年后，他消失2个月，重新出现时说：这2个月他在筹划某投资公司上市事宜，已取得有关方面批准，并给许多网友发电子邮件，说还有些内部职工股，上市后可增值10倍，想要的可通过他购买。很多网友相信，汇款去，据统计达300万元。从此再也不见陈某。有的网友急了，飞赴昆明，发现陈某住的只是一间租的民房，早已人走楼空。

5. "自发股市"

有些股民为节省交易手续费，形成"自发股市"。在这种股市里，更是危机四伏，险象环生。

四川平武陈某，来到绵阳市体育场"自发股市"，声称有6手股票要抛。一个叫"起子"的人想"吃下"，约定第二天成交。第二天，身携巨款的"起子"应约而来，被陈某的人带上出租车，在大街小巷七弯八拐。"起子"顿起疑心，连忙用手机叫几个"兄弟"跟上。果然，被带入一间出租屋时，陈某早在那等着，桌上放着两把匕首。好在"起子"的人及时赶到，反将陈某打得鼻青脸肿。

不久，陈某又把目光转向绵阳颇有名气的"大姐大"张某，谎称有8000股股票要出手，诱骗张某买入。成交之日，陈某雇杀手一起到张家，连她丈夫也杀了，只因张家保姆突然冲出房屋疾声呼救，来不及抢劫现金和股票。

在这种"自发"之处，无异于自然的丛林，弱肉不被强食才怪。

二、通讯咨询诈骗

（一）网上

1."散户的保护神"

"带头大哥777"在网易开博论股，自诩为"散户的保护神"，其博客点击数堪称"中国第一博"。他自称1972年出生于吉林长春一个高级干部家庭，中专毕业后在某日报某月刊任职；1992年去上海，进入万国证券，先后做过大户管理员、操作员、分析师、操盘手和主操盘手；1995年2月，个人资产达最高峰4725万元，但也输得倾家荡产。他口出狂言："我要是天下第二，没有人敢自称天下第一。""我的预测准确率超过90%。""股票就是我的王国，散户就是我的兄弟。有我在你们就可以藐视一切机构，藐视一切主力，他们在我剑下除了颤抖什么都不会。"

其实，在王某背后，一个77人的团队分布在北京、成都、济南、上海、深圳等5大区。下线既帮带头大哥代理所辖区域内的讲课培训，又发展散户和机构客户的操盘指导业务。初期专为散户免费指导，咨询的QQ群也免费。人气一旺，就解散免费QQ群，不再接受任何团队外的咨询。他说："该收费的我坚决收费。想学习技术的，一万元一位。想成为我客户的一分钱不少收，而且没有讨价还价的余地。有时候做恶人比做好人更让人高兴。"他公开宣言：除4天10个课时一对一讲课收费一万元外，全国巡讲每人4000元。同时，开始代人操盘。散户客户资金起点20万至75万元，机构客户300万至1500万元。散户客户收10人，机构客户只收8个。每年完成100%——150%利润就停止；人员完成后递增，并非无限制。带头大哥团队成员QQ群开始广招会员，按照指导和服务内容的不同级别，各群确定每年收费标准。前后12个QQ群，每群100—120人不等，实际收取会费1300万元以上，其中转博后所开群至少获利1100万元。

王某的"事业"像雪球一样不断滚大。大牛市面前，股民、基金公司对他的疯狂追逐，反而让他变得恐惧。于是他想逃身。首先，新成立聚隆投资咨询有限公司，主营范围包括投资方面信息咨询，计算机软、硬件研发，网络工程、技术咨询，及相关产品销售。其次，履行向退出 QQ 群用户退款一半的承诺。其三，慈善公关，向"快乐 777"慈善小学捐款 20 万元，邀请长春的数位领导出席仪式。同时，他要将其股票技术总结出版，征集全国各大省会城市的销售代理商。但一切为时已晚，公安厅网警总队以"涉嫌利用网络非法经营投资业务"将其刑拘。

时势造"英雄"啊！这种"人才"如果在成熟的股市，不知是否更风光。

2. "股市义庄"

所谓"股市义庄"，就是预先告诉散户要进场拉抬特定股股价，让散户跟随赚一笔。其实，这只不过一种股市诈术：庄家骗散户上门，就是要出清货源。先给散户少许甜头，等散户上钩，自己捞一票就跑。义庄对散户"情义相挺"，犹如"鳄鱼的眼泪"。

在山东海化股票讨论区，一位署名"股口巴老干部"网友发表文章写道："我想了很久才决定很谨慎发表此帖，大家不用问我是谁，我的目的只有一个，想告诉大家，只要明天的散户不跑，那么明天下午 14 点 30 分之前，我会拉个涨停。"果然，第二天下午出现 1844 张大单涌入，将股价拉到涨停。股民后来发表文章，尊称他为"义庄"。但没几天，山东海化的股价并未如义庄所说连续涨停，当日甚至暴跌 7.73%，这名义庄也在网站落跑了。

这是根据一则外讯改写的。原文最后一句值得一读："大陆股市资讯不透明，股民无法透过公司业绩和技术分析去选择股票，反而任凭消息满天飞……成为大陆股市乱象的另一个诈骗奇观。"

3. 涉外基金

互联网上有一则关于投资"香港 VS 投资基金"的广告，称"投资该基金，确认后第二天返利，每天按投资数额 5%——10% 返利"。高额的回报，让南京的张某心动不已，马上按照信息上留下的通联方式与对方取得联系，汇款一万余元。数日后，张某果真收到对方承诺的每天 850 元汇款。但在张某准备将第二笔款汇给对方时，发现这家网站已经关闭，随即报案。

南京警方先后赴山东、河南、北京、广东等地调查取证，在江苏海安将 27 岁的犯罪嫌疑人陆某抓获。陆某大学毕业后，回原籍从事设计工作。在与网友聊天中知道投资基金可以获取巨额利润，便打起歪主意。他请人帮助设计一个虚假的"香港 VS 投资基金"网站，随后在各大网的 BBS 留言室张贴广告。通过 QQ、MSN 等网络聊天，以高额回报为诱饵，诈骗全国 10 多个省份 1200 多人 600 多万元。

与此类似的，还有"中欧温顿基金"、"美国华尔街全球私募基金网"、"纳斯达克全球投资网"等，利用耳熟能详的国际元素获得投资者信任，而中投、汇金、建银、瑞信等一流金融机构的名字也可能被"排列组合"，为互金平台增信，结果都将投资者骗得很惨。

4. "代垫交割款服务"

台湾高雄的张姓男子，以 33 万元买一张股票，打算当日冲销赚取价差，想不到在收盘前仍没有卖掉，变成现股买卖，结算后需要股票交割款 33 万元，而他的存款只有 22 万元，还差 11 万元。他突然想到利用网站搜寻"代垫交割款"关键词，果真找到一位李先生提供这项服务。经电话联络，除了交手续费 2000 元，还把证券账户的存折、印章、提款卡全寄出去作为抵押品。想不到，过了股票交割时间，他发现李先生没有帮他垫付交割款，他交出的存折竟被列为警示账户，不但违约交割，还成了诈欺犯。

张先生决心找出这个真正的骗子。他根据原先骗他的移动电话号码，花两星期时间，终于在"露天拍卖网站"、"网际光华蚂蚁市场"以及 google 网站找到那位李先生。一个网友还谈到曾被此人骗走存折，只不过这个李先生现在变成卖手机及代收人民币。他佯称买手机，从高雄赶往台北车站与他见面，将他带到警局。

如果受骗者都像张先生这样执着，骗子一定会锐减。

5. 网上"抽倒"

据美国证券交易委员会（SEC）消息，目前近四分之一的联邦有价证券调研涉及各种形式的网络诈骗。与 1999 年比较，这种不正当行为的发生率已增加了 37% 之多。

骗子利用电子邮件或者其他一些网络联系方式，建立起某种（一般是较小）股票市场。网络股票诈骗案中增长速度最快的一类是间接股票操作，也称为"抽倒"式操作，即利用网络聊天室、电子邮件和一些网站激起人们对某种小股的兴趣，并投资进来。一旦该股涨到一定的价位，诈骗者立马抛出，只剩下那些上当者对着手中毫无价值的股票不知所措。尽管多年来诈骗者没有使出什么新花招，但网络确实给他们带来了便利。以前需要一大群人守着密密麻麻的电话才能完成，现在只需一个人操作一台电脑就可以解决。

然而，网络给诈骗节省开支和提供方便的同时，它也帮了受害者一个忙，那就是可以更多地通过网络查找到幕后操纵者的所在。因为骗子都会在网上留下自己的足迹，这使得他们最终落入法网。一个年仅23岁的加州男子，在很短期的交易中借SEC的名义赚取了前雇主大把钞票。SEC和FBI正是通过追查该犯所发电子邮件中的签名，案发后72小时将其捕获。

真是"成也萧何，败也萧何"。

（二）电话

1. "扶持保证金"

深圳的何小姐加入某投资顾问公司，成为会员，委托该公司提供投资价值分析意见及建议。一天，自称该公司调查员的罗某打电话给何小姐，说该公司总经理王某为挽回公司声誉，准备亲自帮亏损较多的会员赚回股票钱，还给了王某的电话。何小姐即打电话给王某，王某称这次帮助的名额有限，只有50名高级会员。因当时何小姐身体有病，符合扶持条件，让她先交10万元保证金，并称这次扶持会员行动很保密，不能泄露机密。

何小姐随即找罗某要银行账号，汇去10万元。汇款后，何小姐接到王某电话，称其他会员都汇15万元，如果何小姐不汇全额保证金的话，就要取消她的扶持名额。王某称多加的5万元是公司提供炒股资讯机器的押金，将机器还给公司后，这5万元押金会退还。于是，何小姐又汇去5万元。但从此，再也联系不上罗某及王某。何小姐到深圳天安数码城找该公司，得知公司已搬走。

2. "美国股权手续费"

李先生曾是某投资公司会员，亏损11万元，忽然接到自称证监局林某的电话，称为弥补他前期损失，证监局将会采取补救措施，至于什么措施，在林某情况反映到前沿公司后再定。次日上午，李先生又接到自称该投资公司董事王某的电话，王某称将以转让董事股权的形式弥补其损失。全体董事用抓阄的形式，抓到哪位股东就由哪位股东出资股权，并称该投资公司的股票10月12日将在美国上市，要他抓紧。当日下午，王某致电给李先生，经抓阄确定转让股权的是总经理谭某。

于是，李先生与谭某联系，核实股权数量，并提出签订股权转让、资金保障合同，同时传真空白的合同。次日，李先生与谭某联系。谭某要他交纳他们去美国办理股权证的相关手续费用，李先生即通过银行汇给谭某6万元。谭某答应10月9日从美国回深圳后汇给其股权证及6万元的票据和相关手续。李先生于10月10日、11日拨打谭某等人电话不通，发现上当。

3. "转让法人股报关税"

吕先生在一家公司指导下炒股亏损3万元，又在某投资公司亏损2万元。有一天，他接到自称国家监审委的一女子电话，问其是否在某证券做股票获利60%，吕某据实相告。

两天后，一自称前沿证券经理李某的男子致电吕某，称接到监审委电话，了解到吕先生的情况，表示抱歉，并称公司董事长向某将转让吕先生一万股法人股，以补偿其损失。李某还称转让法人股要交1.8万元报关税，并提供向某的电话。随后吕先生致电向某。向某要他在当天10时前，把1.8万元转到他的银行账号上。吕先生因急于挽回损失，就按向某要求汇出款项。当日下午，李某又来电要吕先生与他公司董事长徐某通电话。吕先生即致电徐某，徐某要吕先生在当日15时前汇给他1.5万元个人所得税，吕先生也照办。后来，李某称会邮寄给吕先生股权转让协议。到约好时间，吕先生并没有收到李某所称的信件。

4. "购买美国股票抵押金"

孙小姐接到一自称证监局罗某的电话，称调查其对某投资公司的服务满意程度。孙小姐回复说该公司不好，她在该公司的股票市值损失达三分之一。罗某便称让该公司负责人联系她，商量怎么解决问题。

不久，一自称该公司总裁顾问的王某与孙小姐电话联系，称他准备带一些对他公司不满意的人做一只股票，并称该股票准备做一个涨停板，利润非常可观。孙小姐在王某的劝说下，汇给他4.8万元做抵押金。王某称该只股票放到12月再做，其他人的钱都退了，而孙小姐的抵押金，王某则帮她买了该投资公司在美国上市的股票，公司同意孙小姐以每股12元的价格认购3万股，并要孙小姐补交31.2万元。孙小姐再汇出31.2万元后，王某又说要再转让2万股法人股给她，到年终可分红。孙小姐于是又汇给王某20万元，多日后才发现被骗，总计56万元。

一口气读完这4个深圳警方提供的案例，我感到不寒而栗。它们有一个显著的特点，即都是雪上加霜，落井下石。

三、股市贼眼

1. 现场偷看

四川成都股民苏某有10.4万股股票，但他到证券公司查询时却发现，这批股票已被7家券商冒名"盗卖"，损失8万多股。苏某向公安机关报案，并将8家券商告上法庭。原来，朱某和毛某两人在信托投资公司福兴街证券营业部偷看到苏某的股东代码，后又从营业部电视显示屏上获悉苏某买入10万股股票成交的信息，便决定以苏某为目标，伪造苏某的身份证及股东代码卡，先后到成都4家证券公司，在未受任何置疑的情况下，以苏某的假证件设立资金账户，将苏某的2.9万股股卖出，骗得78.9万元。除此之外，该两名案犯还以同样的手法将俞某、全某的各类股票5500股骗卖，得款4.38万元；还骗卖曾某一万股"四川制药"股票，在提款时案发被捕。

2. 骗账号密码

辽宁沈阳的老太太王某，在信托投资公司证券营业部有70多万元的股票。有天，她在股市认识一位男青年小王，谈得挺来。交往多了，小王不仅掌握了她的账号密码，还趁帮助买人民币纪念册之机留下她身份证复印件，制作一个假户口本、假死亡证明、假遗嘱公证书。然后，他拿着这些假证件到证券交易部营业处，声称他母亲王某去世了，要求办证券继承。好在服务小姐心细，忽然想起两天前还看到那老太婆，不大可能这么快就死，便向领导汇报，立即到大户室看一下，却发现王某好端端坐在那看大盘。

3. 管理员破译

高某是北京某证券部大户管理员，利用工作之便，从计算机上调阅客户资料，发现许多客户用自己的出生日期为资金账户秘密。高某破译客户贺某的密码后，又伪造贺某的身份证和股东卡，到别的证券营业部以贺某的名字开户，回自己单位闯入客户资料库，利用贺某的余额19万元买一种股票，然后将这批股票划到另一个营业部卖出，到另一家银行将19万元全部取出。

四、合法公司非法经营

1. 超范围经营

设在西宁的金鹏投资有限公司，是经工商部门登记注册的合法公司，经营范围为：企业兼并、市场投资、投资理财顾问、技术开发，不含证券期货代理业务。但公司成立后，他们以投资咨询为幌子，超出经营范围，从事非法证券期货业务，欺诈230多人，涉案金额700多万元。据有关方面调查，其诈骗手段——

一是主管业务的人员与公司法定代表人实行单线联系，不得横向联系。交易单全部是实时行情，部分客户还进入股票交易所进行真实的股票期货买卖，经纪人严格按客户要求操作，相当一部分人员都有期货从业人员资格证。严格的操作程序蒙骗了包括公司部分工作人员在内的更多的人，有些不明真相的工作人员也投入资金，或拉亲朋好友投入资金做股票。

二是搞"模拟炒股"，即以不真正进入证券交易所交易的手段骗取钱财。公司吸引客户的一个重要诱饵是：为客户提供舒适的环境，每人一台电脑，同时可以提供1至4倍融资（向公司透支）。此外，还给工作人员一定的提成。公司普通工作人员为获得提成，竭力拉拢外面的股民转到金鹏公司。

三是以大量的合法活动掩盖其非法活动。公司以投资理财顾问的身份，受客户的委托或口头委托做"代客理财"业务。为了蒙骗客户，他们还在证券开有法人户，持有证券股东卡，让部分客户委托进入交易所进行真实的股票买卖，而让大部分客户委托进入模拟交易系统。

四是最核心的工作人员本地化。长年坐镇公司的副总经理陈某就是西宁人，他甚至拍着胸脯对一些心存疑虑的股民说："我是本地人，乡里乡亲的，怎么能骗你们？"

五是视客户股票知识水平和精明程度分别对待。对于一些特别精明的顾客，金鹏公司往往劝他们到证券直接炒股，留下一部分通过他们的证券股东卡炒股，给他们提供就餐等便利条件。对这些精明人士不骗，让他们成为"活广告"。

六是留有一定的流动资金，保证股民存取自由。尽管有人对金鹏公司心存疑虑，多次反复存入取出，都按客户需要办理，从来没争执。放长线钓大鱼的招数，打消了很多投资者的顾虑。

七是扯虎皮，拉大旗。上市公司明胶股份有限公司曾作为控股股东，和金鹏等公司一起筹建期货经纪公司。由于明胶公司不在西宁市中心，所以期货筹委会借用金鹏公司的一间办公室作为筹委会办公室，给投资者造成假象：期货筹委会就是金鹏公司，明胶还是金鹏公司的股东，即使出了问题，也可以由明胶股份负责赔偿。

这案给股民带来什么样的结果呢？新华社记者在报道中描写：投资者"辛辛苦苦筹来的用于投资的数万元甚至数十万元资金血本无归。今天，犯罪嫌疑人仍然逍遥法外，而受骗的数百名投资者，只能站在昔日热热闹闹而今却被查封的这家公司门前，悄然无语，欲哭无泪"。

2. 黑手操纵股价

"亿安"前身为实业股份有限公司，1992 年在证券交易所上市。后来，广东民营企业亿安收购，更名为亿安股份有限公司，股票也相应更名。该股票在 1998 年 8 月仅 5.6 元左右，到 2000 年 2 月飚升到 126.31 元，涨幅高达

21.5 倍，被誉为中国股票市场的神话。

据证监会披露，欣盛投资顾问公司、中百投资顾问公司、百源投资顾问公司和金易投资顾问公司自 1998 年 10 月 5 日起，集中资金，利用 627 个个人股票账户及 3 个法人股票账户，大量买入股票。持仓量从 1998 年 10 月 5 日的 53 万股，占流通股的 1.52%，到 2000 年 1 月 12 日最高时 3001 万股，占流通股的 85%。同时，还通过其控制的不同股票账户，以自己为交易对象，进行不转移所有权的自买自卖。这 4 家公司通过它们控制的股票账户进行几乎没有成本的对敲买卖，来影响证券交易价格和交易量，联手操纵"亿安"的股票价格。截至 2001 年 2 月 5 日，上述 4 家公司通过控制股票账户共实现盈利 4.49 亿元，股票余额 77 万股。

在骗子暴利的同时，是广大散户的暴失。鉴于"亿安"出现的种种异常，证监会 2001 年 1 月 10 日宣布，查处涉嫌操纵"亿安"股票案。当天，亿安股票以 42.66 元跌停开盘，全天均封死在跌停板上，且成交极度萎缩，此后接连跌停。

从 126.31 元跌到 42.66 元，你说有多惨！

从 5.6 元到 126.31 元，大都是骗子赚的；而从 126.31 元到 42.66 元，则大都是散户们赔的。

3. 内幕交易

米切尔·古滕贝格尔是瑞士银行投资研究部门执行董事。他欠朋友埃里克·富兰克林 2.5 万美元。富兰克林当时任职于证券交易经纪公司，是公司旗下一只对冲基金管理人。古滕贝格尔提议，向富兰克林提供股票评级内部信息来抵消自己的欠款。由于工作关系，古滕贝格尔能够阅读分析人士对不同股票升降级的建议。凭借古滕贝格尔提供的评级信息，富兰克林利用自己管理的基金迅速交易。两人在债务清偿完毕后继续"合作"，分享税后盈利。在这之后的 5 年间，富兰克林利用古滕贝格尔提供的数百条信息赚 500 万美元。

在古滕贝格尔和富兰克林的多年"合作"中，越来越多人卷入其中，最终形成了华尔街罕见的内幕交易团伙之一。富兰克林的同事罗伯特·巴布科克是其中之一，他用同样的非法信息在两年多内赚了 66 万美元。同时，古滕贝格尔也将内幕消息透露给其他朋友和朋友的同事，使他们也非法获利。

两人的非法行为持续了 5 年。华尔街另外一个内幕交易团伙的非法行为引起美国证券与交易委员会注意，顺藤摸瓜查到古滕贝格尔和富兰克林。富兰克林面临 4 项证券欺诈和两项欺诈同谋指控。如果罪名成立，他将被判处 5—90 年有期徒刑。

美国证券与交易委员会执法部主管官员琳达·查特曼·汤姆森说："这些（犯罪）行为没有发生在晦暗的锅炉房，而发生在通常被认为'顶级'的华尔街公司，被告几乎违反了华尔街每条法规。"

谁规定灿烂的阳光下不能犯罪？

4. 发布假信息

股市中打假，倒不像假钞一样有假股票，而是假信息。《中国证券报》揭露：

在我国，会计信息严重失真已成为一种社会公害。据上海对 22 家市管企业及 202 家子公司的审计，查出 114 家企业虚增利润 22.69 亿元，65 家企业虚减利润 4.93 亿元，两抵后共计虚增利润 17.76 亿元，实际利润仅为 8.69 亿元，仅为报表利润 26.45 亿元的 32.85％。财政部对全国 110 户酿酒企业的会计状况进行抽查也发现，有 102 户企业的会计信息严重失真，收入、费用不实的金额共计近 25 亿元，形成虚假利润 13.88 亿元，其中企业报表利润与检查组核实的利润金额相差一倍以上的达 41 户之多。财政部最近又对 159 户企业会计信息质量进行了抽查。抽查结果表明：会计信息仍在不同程度上存在失真，其中最严重的是利润指标失真，抽查的 159 户企业只有 2 户不存在利润总额不实问题。

在这种会计工作大环境被严重污染的情况下，尽管监管部门对上市公司会计信息的真实性要求相对较严，上市公司也不可能全都出淤泥而不染。相反，它们还比其他非上市公司有着更多的会计信息失真的冲动，如在不够条件的情况下为了增发新股、取得配股资格，在够条件的情况下为了避免戴 ST、PT 帽子等。

在年报、中报公布时期，也是上市公司会计信息失真的高峰期，所以投资者得格外留意。

《财经》曾发表封面文章《银广夏陷阱》，揭露深圳股票交易所上市公司银广夏 1999 年度、2000 年度业绩绝大部分造假。

银广夏曾经是大牛股，从股价到业绩，均创下令人炫目的纪录：1999 年，银广夏的每股盈利 0.51 元；股价则从 1999 年 12 月 30 日的 13.97 元启动，一路狂升，至 2000 年 4 月 19 日涨至 35.83 元。次日实施优厚的分红方案 10 转赠 10 后，即进入填权行情，于 2000 年 12 月 29 日完全填权并创下 37.99 元新高，折合为除权前的价格 75.98 元，全年上涨 440%，高居深沪两市第二。2000 年年报披露的业绩再创"奇迹"，在股本扩大一倍基础上，每股收益攀升至 0.827 元。

《财经》在天津海关查到最关键的证据：天津广夏 1999 年度出口额仅 480 万美元，2000 年度只有 3 万美元。这表明其所宣称的 1999 年出口 5610 万马克、2000 年出口 1.8 亿马克的说法纯为编造，从而证明，银广夏在过去两年间创造的"巨额利润"神话，完全是一个骗局。

五、股市黑客

赵某是上海某证券公司的电脑清算员。证监会明确规定：证券从业人员在任期内不得直接或间接以化名、借他人名义持有、买卖股票，赵某明知故犯。然而，尽管他有种种优势，还是失算，7800 股股票被套牢。这时，他刚好参加一个计算机安全产品研讨会，会上有人介绍某股票价格异常波动是因为计算机系统中的数据被人偷改。这样，他便想利用自己的专长操纵股价，使自己的股票解套。

经过几次试验，他决定正式下手。这天下午一时整，某证券公司上海营业大厅，股市准点开盘。这一时期，全国股市都处于低位盘整时期，交易十分清淡。可是，这天下午，两只股票开盘后走势十分怪异：刚一开盘，这两只股票迅速被拉升到涨停价位，成交量也急剧放大，在短短几分钟内成交达数百万股，然后又很快回落到上午开盘价附近。

这一异常情况引起证券公司的注意，马上通过电脑检查成交记录，发现电脑系统遭"黑客"侵入，有 5 条数据记录被修改，造成该公司以涨停价大量买入两只股票。后经全部抛售平仓，损失 300 多万元。经公安机关侦查，终于逮到赵某。

股价异常波动，股民损失很惨。在交易所，机场转债的首个交易日，开市 5 分钟后，每张面值为 100 元的"机场转债"竟然以 1.88 元开盘，接下来 1.30、1.20、1.70，这样持续了 5 分钟左右，低价筹码被呼啸而来的大买单全部扫净，成交价迅速拉回 100 元。据统计，一元附近成交 7176 手，累计面值 7176.6 万元，而实际成交金额只有 96.3 万元，就是说在这 5 分钟里抛出的投资者损失 621 万元。

六、警惕某些媒体言论

可能对股民造成误导的信息，不仅仅来自某些上市公司，也常见于大小报纸、电视、广播等媒体。《中国经营报》记者曾详尽分析这些五花八门的言论，归纳很全，摘要如下：

一是媒体误导股市。证监会人士称，新华网时评不代表管理层意见，三大证券报同时刊登的《风物长宜放眼量》一文并非出自新华社的电讯稿，也就是人们常说的"通稿"，只是刊登在新华网上的普通文章。当然，作为网站的新华网与作为国家通讯社的新华社，两者所承担的功能以及权威性不可相提并论，"新华网"与"新华社"不可混淆。但事实上，该稿刊登出来后，许多人认为它就是新华通讯社的稿件，代表了有关管理层对市场的看法，外电对此也多有报道。当天股市反应止跌企稳，并且被众多股民当作是"救市稻草"，只是好梦难成真，很快便被人从梦中叫醒。受骗上当的读者怪只怪自己眼力不好，只当那天是愚人节开了个善意的玩笑吧！

二是渲染"庄股时代的终结"。由于证监会对中科等的查处带动庄股集体表演高台跳水，证监会也表示要严厉查处违规操作，各媒体相继报道有关"庄股时代终结"的文章，专业人士纷纷建议在没有庄的市场应转换思路，放弃跟庄操作……这给人的感觉是十年的庄股市场在一夜之间消失得无影无踪，让人不得不产生疑问："可能吗"?

三是宣称一级市场无风险。一级市场可以称得上股市的"至尊",长期演绎着只赚不赔的神话,但这一神话以悲剧的方式结束了。这个变化的好处是给投资者提个醒,一级市场也不是一个稳赚的市场,也需要进行基本面的分析,看上市公司的质量才能确定。随着发行市场的改革,稳赚不赔的市场将不复存在。

四是盲目预测行情。如各媒体相继报道有关各著名证券机构提供的关于某年大盘走势预测报告,各机构及专业人士一致认为今年大盘行情将延续去年的牛市行情,预计高点产生的时间段应在上半年,而下半年行情因不定因素太多可能出现跌势。业内人士指出,其实在年前大盘已明显呈现出疲惫状态,相当一批高价位股已放出调整信号。为什么如此之多的业内人士一致推崇大牛市行情呢?究其原因,无非是怕被客户(股民)责骂。只要你说大盘好,别管是真是假,听起来就高兴。如果说不好,碰巧又蒙准了,那股民的吐沫星儿还不把你给淹死。

五是宣称新股、次新股不会被套。随着大盘不断走强,新股定位越来越高。由于新股上市当天没有涨幅限制的特性而时常上演暴利神话,而其筹码的"清澈性"成为黑马奔腾的园地。以目前价位来看,真正有投资价值的凤毛麟角,一旦大盘开始调整,新股也会套人。

六是宣称炒重组股万无一失。对于 ST 股或其他问题股要特别注意风险防范。ST 郑百文已向我们发出信号,重组股不一定能炒。

七是盲目推崇中长期持有国企大盘股。多位专业人士曾大费口舌地向股民着力推荐国企大盘股,乍一听似乎颇有道理,但细细一想,让人疑惑。国企全面脱困,呈现出一片大好局面。但脱困的背后是绝大多数企业为了脱困而脱困,治标不治本,经营机制、股权治理结构没有得到有效改善,缺乏可持续发展的核心竞争力是制约国企的根本因素。对于二级市场来说,由于绝大多数国企大盘股所属行业已经显露夕阳产业的特点,成长性很低,因此,缺乏足够的想象炒作空间。对于市场而言,国企大盘股长期低迷是正常的。

八是鼓吹国有股减持不会给市场带来冲击。实际上,国有股减持与股市的活跃性应该是一个相辅相成的关系，即成功的国有股减持需要在一个活跃的证券市场背景下完成。从近几年的新股发行就可以看出来，而股市应该是经济运作的晴雨表，股市的长期活跃性并非靠出台什么利好、利空政策，政策调节只能在短期效益里起作用。另外，国有股减持的目的无非是通过股市套现帮助国企彻底脱困，让市场众多人士一起来为国家分忧，要注意的是"别帮富了别人帮穷了自己"，到那时可就没有人来帮你了。

也许，以上几点只是作者的个人意见。但不管怎么说，至少是提醒我们在这些方面值得特别警惕。

深圳自由撰稿人谭某，曾在报上发表题为《海药：业绩高速增长》的文章，称"海药中期已完成每股约 0.4 元的税后利润，该公司对完成全年每股 1 元很有信心"，"这对海药来说，成长速度不亚于深科技"。经证监局调查证实，这是作者推测和虚造出来的。这些虚假的信息，误导了投资者，违反了国务院证券委的有关规定。为此，证监局对谭某做出公开批评。这是该证监会成立以来处理的第一桩散布虚假信息案，但这肯定不是中国股市第一次散布假信息，也不可能是最后一次，不能指望每一次假信息都能得到及时查处。对于广大投资者来说，只有多睁大自己的眼睛，多开动自己的脑筋。

我常常惊诧于说假话比说真话更自由。

七、微信"美女股票"

微信上的交友工具诸多，如扫一扫、摇一摇、附近的人、漂流瓶等。有一天，湖南的刘先生被一个美女摇到，而且是附近的，某种美妙感瞬时袭上心来。

在她的 QQ 空间、朋友圈里，经常看到她各种炫富的照片，一会儿开宝马，一会儿开跑车，到处聚会、旅游，还有各种名牌包包。刘先生忍不住问：你一定花了不少钱吧？怎么来的钱？她说是自己做业务做出来的。

刘先生也不是没钱，当然还想赚更多，于是半开玩笑提出拜她为师，她毫不客气。

美女说，她暴富的秘密藏在新三板上。原来，她是某资管公司的高级员工，曾购买合纵的股票，后来转板，在创业板 IPO，获利颇丰。她说："我帮你投几家公司，几个月就可以转板。"

刘先生心动了，但新三板开户要 500 万元，他一时拿不出这么大笔闲钱。美女说她公司可以帮忙垫资开户。刘先生生疑："有这么好的事？"美女大笑，说她掌握内幕，操盘稳妥，借给他 5000 万元也不怕。听这么一说，刘先生深信不疑，立即转去 1.8 万元，很快开了户。

刘先生回忆说："我什么都不知道，连她给我买了什么都不知道。她在 QQ 上，远程帮我下载了交易软件。我能用的资金就 100 万元左右，开完户我转入 80 万元开始交易。我也不知道她在屏幕上点了什么，什么股票、K 线图我都看不明白，只晓得一下子 80 万元就花光了。"他只晓得马上要赚大钱了，说大堆感谢的话还不过意，又特地买一份土特产寄给她。

不久，刘先生资金周转不灵，想到这 80 万元。但他仍不想撤回，而去银行贷款，用房产抵押，另外找人弄点高利贷。可是，经过这番努力还周转不过来，不得已想到赎回新三板那 80 万元。

没想到，热心的美女突然变得冷冰冰，她说回购每股只有 4.8 元。刘先生不满意，美女便说："那我给你贴息，每股 5 元行不行？"他说现在只想要回本金就行，美女随手将刘先生屏蔽。

刘先生急了，网上一搜，才发现一大群人在抱怨这个公司，大家都觉得受骗上当，又都觉得无奈。

第五章 理财类骗子

　　人生面临的事太多，而人的精力和才智却有限得很，所以只好把许多事务委托给专业人士。比如：我不可能研究世上百病，所以需要医生；我不可能有太多精力去研究多如牛毛的法律条款，所以需要律师，等等。同样道理，虽然我天天都在赚钱用钱，但我不可能对所有赚钱用钱的道道都精通，所以也需要这方面的专业人士。这专业人士在古代叫"账房先生"，或者"管家"；现代叫"理财师"。

　　《南方都市报》曾发表一篇长文，题为《"你不理财，财不理你"这句话也可以不理》，记者采访了好几位人士，有人自称反理财主义者，并彪悍地声称：是谁发明"你不理财，财不理你"这句话的？能把他揪出来打一顿吗？像我们这些能秒速目测 A 罩杯和 B 罩杯，却永远搞不清 A 股和 B 股的人，难道就得沿街乞讨才能活下去吗？ 一向鼓吹生活和诗在远方、鼓励年轻人不买房的高晓松也是个理财白痴，他在微博上爆料说，不但自己懒得理财，连会计师也懒得请，结果，因为美国的银行、信用、保险各种猫腻极多，麻烦且合法，浪费的小钱加一起比请会计师贵多了。外企白领蔡小姐的观点是："我们这种收入，你再理财，无非是一年多赚几万块，还得特别辛苦，并不能变成富翁。计算存款、研究楼市行情、关心股票涨幅这些劳心劳力的事，实在太不养生。火速把钱花光，兑换成漂亮的消费品比较延年益寿。"金融系毕业的大龄单身男青年陈先生说："当我再也不用听到什么债券、期权、利率之类的名词时，世界是多么美好而安静。"他说，一旦陷入理财的世界，你就得时刻对一切和数字有关的资讯保持高度警惕，什么银行定期利率调高了，什么那只上个月买的基金这个月亏了，什么现在又流行投资钻石了……你不敢错过任何一个消息，哪怕是小道消息，永无宁日。杂志编辑某小姐说得更狠："当你穿上丁字裤原本打算来点生猛的，却发现电视里闪着一张K线图，这个时候，你唯一想做的，就是脱掉内裤——去洗个冷水澡。"

2016年以来，中国信用债市场已经有将近250亿元的债券发生实质性违约，总量超过去年的两倍，将近七成来自央企和国企。目前已经偿付的不足15%，已偿还的债券只有两只来自央企和国企。"央企信仰"、"国企信仰"纷纷被打破。业内人士认为，央企和地方国企或将成为信用债市场最大的"雷区"。

一、基金有黑幕

《财经》杂志曾以《基金黑幕——关于基金行为的研究报告解析》为题，披露证券交易所监察部赵瑜纲对证券投资基金的一份跟踪研究报告，结论是国内大多数基金公司违法操作。此报告由两部分组成，一是以20家证券投资基金在沪市的买卖行为为研究对象，二是在第一次研究基础上的扩展性研究，通过继续跟踪22家在沪市上大宗交易（成交量1万股以上）的股票汇总记录，分析证券投资基金在市场上的操作行为。该报告的研究期间样本涵盖期为9个月，被认为可以基本反映基金的操作风格。该报告研究的对象，有10家基金管理公司，分别是博时、华安、嘉实、南方、华夏、长盛、鹏华、国泰、大成和富国；10家公司管理的基金分别为裕阳、裕隆、裕元（博时），安顺、安信（华安），泰和（嘉实），开元、天元（南方），兴和、兴华（华夏），同益、同盛（长盛），普惠、普丰（鹏华），金泰、金鑫（国泰），景宏、景福、景阳、景博（大成）和汉盛、汉兴（富国）。基金规模主要为30亿元、20亿元、15亿元和10亿元四种。文章内容分六个部分：一是"基金稳定市场"，一个未被证明的假设；二是"对倒"，制造虚假的成交量；三是"倒仓"，更能迷惑人的操纵行为；四是"独立性"，一个摇摇欲坠的幻觉；五是"净值游戏"，不仅仅是表面的欺瞒；六是"投资组合公告"，信息误导愈演愈烈。

这份报告公开发表后，在社会上引起极大反响。中国在线金融网所做的一项网上调查显示，在投票的1092人中，有60.7%认为《基金黑幕》客观公正，反映事实；17.8%认为该文反映一定现实，但也有偏激；仅有2.1%认为文章歪曲诬蔑，误导读者；另有19.4%则表示没有看过《基金黑幕》。

其实，早在《基金黑幕》发表前，全国人大常委会副委员长成思危在投资基金法起草工作会议上就批评指出：目前我国证券投资基金有一种不好的倾向，就是几家基金联手操纵几只股票，最终把老百姓给套牢。

然而，有关基金管理部门却赖账。所涉10家基金管理公司联合发表"严正声明"，说他们做的都是合法生意，指责《财经》恶意炒作。《财经》则寸步不让，立刻声明该报告有事实根据。然后是沸沸扬扬的大争论。著名经济学家吴敬琏站出来，接受中央电视台《经济半小时》专访。《南方周末》也刊载记者对吴敬琏的采访。吴敬琏说：双方的指控都带有触犯刑法的性质，一个说对方操纵市场，一个说对方诬告，执法机构管理机构要采取行动。为此，我那只懂之乎者也而从不过问经济的作家朋友萧春雷也愤怒地撰文说：

如果基金机构违法操作成立的话，不但面临刑事指控，还将面临民事赔偿。那些利益受损的普通投资者有权向基金索赔。吴敬琏说完这话两天后，中国证监会副主席高西庆说话了。他虽然提到基金操纵市场和对倒，却说：这和市场发育水平有关，可能不全是基金管理公司本身的问题。他没有提到这些行为是否触犯刑法，那语气，基金公司简直就是中国不成熟的证券市场的受害者。这太奇怪了。在我看来，问题的关键是基金公司的操作是否违法，如果违法了，什么理由也救不了它们。中国的市场经济体制也不成熟，难道大家都可以做违法生意吗？中国的政治体制也不成熟，难道各级官员可以腐败吗？

吴敬琏又说："怎么可能十大公司互保？难道他们之间互相的账在他们内部都是公开的吗？他们的操纵行为都是互相知道得一清二楚的吗？对于经济学家来说，这是不可想象的。十大公司本来各个之间是竞争对手嘛。而且法律上说他们不能够串谋来进行交易活动……"

这段推理很漂亮。如果《财经》杂志对基金公司违法操作的指控错了，那么，现在，十家公司的联合声明证明了他们互相串通，这本身就是违法的。如果指控是对的，这声明又增加了一条铁证。基金公司竟然笨到用一个确凿的违法行为去掩盖另一件真假未明的违法行为。我看他们对法律根本就不了解或不在乎，这种人不做违法勾当才怪呢。

我挂电话问一个在证券市场上厮混过的朋友。他说他知道《基金黑幕》事件，但没读这篇文章。他不屑地说："那算什么呀！基金干的黑事多啦，所有股民都知道。知道又怎么样？"

不怎么样。一个没有公平竞争的股市，少去招惹就是。可是心里不舒服：我不会发现了法律的盲区吧？

"基金黑幕"受到了社会各方的非议和指责。不少投资者认为，基金的违规运作最终坑了市场上最弱的群体——中小散户。而对于此等黑幕，我等中小投资者是无奈的，唯有在掏钱的时候"三思而行"，多独立思考，多问一遍：这个基金公司该不会坑我吧！当然这还不够，建议牢记在《人民日报》海外版发表一文的忠告：

《基金黑幕》引发的"地震"，将使中小投资者对基金的市场作用重新认识。在激烈的市场角逐中，中小投资者不必过分善意地看待基金，基金并非是你的同路人，而极可能与庄家一样是对手。中小投资者更不必对基金重仓股过分在意，你若随后买进也许就在为基金的出货接盘。曾经是基金重点关注的网络高科技股照样无情地下跌，而一度涨势喜人的国企大盘股恰恰根本未成为基金重仓持有的对象。中小投资者不需要跟着基金走，但应学习基金挖掘上市公司基本面的功夫。

自古有言："男怕入错行，女怕嫁错郎。"现在得加上一句："股民怕选错券商。"

二、债券也要防假

凡是值钱的东西，都有可能假冒，债券不例外。如菲律宾警方在菲南部达沃市国际机场查获一笔面值达 12.5 亿美元伪造的美国债券，涉案嫌疑人是一名德国人。当时，这名53岁的德国男子正在候机大厅等候飞往马尼拉的班机。当地警方一个治安小组对其随身携带的行李进行检查时，偶然发现这笔伪造债券。据美国驻菲律宾大使馆官员证实，这笔被查获的美国债券全是伪造的。

这种事，在我们身边也时有发生。如河南出租汽车公司的驾驶员孔某，晚上拉一趟客到陇海路，第二天早上发现车座上遗留有顾客的一本杂志，里面夹着两张 600 万元的定向债券和一份授权委托书。债券和委托书的所有者是劳动保险基金统筹办公室。孔某立即驾车返回寻找失主，找了一天也没结果。挂电话到劳动保险基金统筹办公室，找被"全权委托"负责办理有关抵押贷款事宜的张 ××，对方说没有此人。这样，孔某只好把这 1200 万元债券交到公司。公司为鼓励孔某这种拾金不昧的精神，请国内 10 余家新闻单位的记者到场，隆重表彰，发给奖金 5000 元。可是，谁也没有想到，认真一查才发现，这巨额债券是伪造的，令人啼笑皆非。

福建省一家颇有影响力的港资企业，董事长许某虽年近花甲，却精力充沛，决意把蛋糕做大，又申请 80 多亩地扩建厂区。这在业内引起很大反响，同行们普遍看好，不少人主动找上门，探讨合资的可能。许董事长一位好友的女婿程某，从厦门赶来拜见许董事长，说他一个湖北朋友，手头有好几千万元债券，想用债券作抵押贷款来投资。其实，程某也没见过那几千万元债券，不过是他听厦门一个朋友林某讲，想把这事促成，赚头不小。程某请老丈人出面，对许董事长说："你不相信那小年轻，难道还不相信我？这几十年过来，我哪回坑过你。再说，耳听为虚，眼见为实，你不妨去趟湖北看一看，认准了再做。谈不成，就当一次旅游，来回费用我出。"许董事长只好点头同意。哪知，林某早串通好一帮人，在湖北精心设局：冒用早就不存在的某集团公司的名义，租用一个地方挂上公司的牌子，又弄来两张面值共计 5000 万元伪造户名为该有限公司的记名式国债，然后找一家银行，借一间办公室作为核保场所，用来欺骗许董事长和泉州某银行一行人。好在警方早有察觉，及时戳穿这场骗局，避免了巨大损失。

三、信托公司无信用

2011 年 7 月，广东汇昌投资公司联合香港广汇金融（国际）有限公司、美国艺术收藏协会等国际国内艺术机构和实力金融企业共同发起，在香港成立中国文化艺术品产权交易所，老板郑某，注册资本 5 亿港元，主营各类文化艺术品权益拆分和类证券化操作，涵盖的艺术品门类包括；名人字画、绘画雕塑、工艺美术品、陶瓷玉器、金属等。

2013 年 8 月开始，文交所利用网络投资平台，引诱人购买翡翠实物产权。其方式为：投资人在网络投资平台上注册投资账户，通过个人银行账户转账至指定的第三方信托公司——中瑞隆信托有限公司（以下简称"中瑞隆信托公司"）的账户，操作买卖一级市场或二级市场类似于股票交易的翡翠实物产权网络交易。同时，中瑞隆信托公司为中创信息服务有限公司、锋逸信息服务有限公司、西府电子商务有限公司（即创投）提供第三方 100% 本息担保，在各地联手拓展业务，发展迅猛。百度贴吧迄今可以搜索到 hwdong10 于 2013 年 12 月 1 日发的一张帖子，上面写道："不知道有没有人知道，中创可靠吗？年化收益是有 30%，但是会不会突然卷钱走人或破产？"

hwdong10 先生或女士是敏感的，只不知会不会仍然迟了些。此后不久即 2014 年 1 月 13 日，极为罕见的一幕发生了：创投、中创、锋逸信投网上平台差不多同时停止交易，投资款无法提取，这三家平台的实际控制人郑某则不知去向。创投的网站发出紧急通知："由于平台实际掌控人郑某突然无法联系，导致平台资金断裂，造成大量投资人无法提现。不知情的平台员工及亲友家属也皆有大量资金被套。我们将积极配合相关部门进行调查。即日起平台停止一切充值及投标等活动。请投资人相互转告。"

王明（化名）告诉《每日经济新闻》记者，他是通过创投官方二群 QQ 群了解到创投这个网贷平台，他们承诺有本金保障，逾期垫付，保证投资人的资金安全。他投资 20 万元，年利率 20% 左右，投资主要用于平台提供的翠意满园资产包份额抵押标投资，时限 1 个月、2 个月、4 个月不等。他说："没有想到的是，2014 年 1 月 17 日左右平台无法提现，同时其官网上只简单出了紧急通知，官网QQ群消失，网站法人代表、总经理、运营、财务和所有工作人员不知情，QQ与电话无法通，网站无法到期提现。和我一样的投资者大概有近千人，分布全国各地。"

无助的投资者们聚集在深圳市政府门口，请求政府部门为受害者维权，当地报纸与电视第一时间集中报道。然而，中瑞隆信托公司并未取得《金融许可证》，也就是说没有信托业务资格，换言之从开业那天就开始骗人，结果可想而知。2016年7月，此案终于在市中级人民法院开始审理，计有1004名投资人报案（以中老年人居多），损失金额2.06亿元，但仅有执行总裁李某等4人被控集资诈骗罪，大老板郑某依然在逃。

四、信托掮客无信用

"吉林信托"是吉林省唯一一家专业从事金融信托业务的非银行金融机构，一进入该公司网页，伴随着激昂的音乐，便有"风险最小、效益最大、回报最高"的宣传。然而，它自己却被金融掮客骗惨了！

山东莱芜商人戴某经营石灰石建材集团有限公司，拥有一个石灰石矿山，可是背负几千万元债务。他找银行济南分行贷款，该银行工作人员实地考察后，直接予以否定。

无奈之下，高利贷债主陈某为追回本息，给戴某介绍中间人周某。周某又介绍高某，高某介绍于某，于某介绍徐某，徐某介绍杨某，经过这么多环节，终于联系上吉林信托上海信托一部的负责人。

没想到，吉林信托这部门竟然安排一名实习的工作人员受理。相关工作人员到戴某的矿山考察，写出满意的调查报告。双方约定，1.5亿元贷款用途为：新增采石场、环保石灰窑建设、储存铁路用道砟等，项目预期委托人年收益率在10.5%——11.8%，预计收益1650万元左右；信托报酬率为4.92%，预期收益738万元。看到如此好的双赢，项目顺利通过一系列审批关。1.5亿元贷款打到南山建材在银行济南大桥路支行的账户上，吉林信托等着丰厚的收益。

应该说戴某还不算黑心，1.5亿元贷款到账之日，他便将1.4亿元打到另外一家公司的账上，另外 1000 万元随即打回吉林信托。因为他觉得"每天 14 万元的利息，压力很大"。他忙于还债，首先是支付公司应付款即欠账，共计 5176 万元，接下偿还原高息借款近 3000 万元。再支付一连串金融掮客，其中于某 900 万元、高某 600 万元、周某 600 万元、徐某等人 1000 余万元，共计 3752 万元。这还没完，老债主陈某又通过法院讨走 1228 万元，还给情人和会计等人将近 200 万元，缴纳水土保持费、年审费、保全费等 100 余万元，最后用于生产项目仅 500 余万元，只有贷款总额的三十分之一。这对于解救他生产燃眉之急来说，无异于杯水车薪。

贷款发放一个多月后，吉林信托那名实习工作人员到莱芜，准备重新抵押南山建材的采矿权证，这才发现采矿权证已经被当地法院两次查封，南山建材的资产评估报告竟然也是假的，财务报表和审计报告更是伪造。吉林信托慌忙报案，司法部门立即成立专案组，为吉林信托追回现金 4224 万元，冻结资产 8908 万元，合计 1.31 亿元，还损失近 2000 万元。

有信托界人士对《中国经营报》记者说："金融掮客业务活跃，除了有利可图外，更重要的是获得了大量金融机构内部人士的配合，甚至是放纵。一个正常水准的信托经理不应对这样的项目大开一路绿灯。"但据了解，在该案中，吉林信托方面并没有人私下收受好处，纯粹受骗上当。

五、名人与不名誉的事

说起霍文芳，迄今知道的人不多；说起霍英东，迄今没多少人不知道。霍英东是香港已故实业家、第八至十届全国政协副主席，著名大富豪，霍文芳则是他的二房长子。将两个名字相加除以二，仍然具有非同寻常的吸引力。

2009 年，六宝基金管理有限公司在京成立，宣称是香港霍氏集团成员企业，投资及管理的资产近 100 亿元。2013 年，该公司发起并推出"六宝石油油气联建基金"，总额 54 亿元人民币，分 10 期募集，其中第一期目标认缴总额为 5.5724 亿元，而最高预期年化收益率将达 14.5%。有人明说：如果不是因为霍文芳的"显赫背景"，是断然不会把真金白银投入其中的。

有的香港人听说内地亲人投资六宝基金后，第一反应是："你怎么不来香港打探一下，在香港名声很臭。"霍英东与此没有什么往来了。对于这些信息，内地投资者多半不知悉。他们依然迷恋于光环，充满信心地投资再投资。

2014年底，《中国经济周刊》等媒体公开报道：六宝基金销售的"六宝石油油气联建基金"到期后，投资者没有拿到全部本息。但这仍然没引起投资者警惕，六宝基金的工作人员也仍然信誓旦旦地宣称："规定的时间到了，三个工作日内肯定会把钱给你。项目出了问题公司就是亏本回购也不会让你亏，我们迄今为止还没有出现过延期兑付的情况。"于是，老的投资者加码，新的投资者争先恐后加入。

直到2015年7月，六宝基金终于爆发兑付危机。众多投资者要求兑付。北京、湖北和山西400余名投资者，牵涉资金总额将近20亿元，他们进京要求维权。2016年1月15日，证监会通报上年度私募基金检查执法情况，对27家私募基金管理人采取行政监管措施，其中就包括六宝基金。

人们这才发现该基金很多项目是假的，比如"六宝天金石油专项投资基金"，白纸黑字说是保本型，一年期基金预期收益从11.5%——15.5%不等，两年期收益最高达16.5%。北京天金石油公司却表示，这纯粹是骗局。

六、"飞单"陷阱

"飞单"指银行员工利用职务之便，私自向客户销售非本银行的理财产品。这些理财产品要么虚构的，要么虽是真产品但风险奇高，银行正常情况不愿承售，但有些员工会打着本银行的旗号，私下忽悠客户购买。

北京的周先生在银行西客站支行购买恒业基金有限公司的产品，价值200多万元，投资期一年，年化收益率为11%。周先生对《京华时报》记者称，他此前在银行买过数次理财产品，对该行非常信任。但是，这次让他觉得异样。首先，这两个理财产品的托管人不是银行。而之前购买的产品托管人均为银行。其次，这次交款是通过刷POS机，他只拿到了POS机打印出的凭条，而前几次他均收到印有银行公章的收款凭证。他向银行投资经理郁某反映了自己的疑虑。郁某告诉他，这是银行和恒业合作的理财项目，希望他不要担心。

投资到期，周先生却有130多万元没有着落，这才发现他购买的根本不是银行推出的产品。周先生认为，他购买地点为银行营业点内，又由银行的员工协助完成，因此银行有偿还他本金和利息的责任。银行则以周先生所买理财产品与银行无关为由，拒绝支付全部的投款。

银监局调查，这两个投资项目不是银行销售的，而是与银行有合作关系的保险公司北京分公司员工李某销售的。但李某长期在西客站支行里面办公，穿着和该银行的员工也一样，客户一直都以为她就是该银行的员工。20名客户3700多万元的理财产品，没有得到兑付本息合计3200多万元。这些理财产品的管理人均是恒业，托管人均与银行没有关系。一直协商未果，银行建议客户报警，督促警方立案侦查。

第六章　期货类骗子

　　网上有一个题为《一个期货老人的苦口忠告》的帖，应该是小说吧，好长，且好像没头没尾，但挺生动。这故事说一个名叫维奥莱塔的女人找一个落魄老人克罗尔先生学期货，克罗尔先生教导说——

　　期货，它就像一种有生命形态，像生物孢子一样细微而又有活力的东西。人和它的关系就如同你用显微镜看载玻片上的溶剂一样，你是在用一个高级的世界的目光来看待低级世界。那些低级世界的生命在你眼里就像是一个被与外界隔离的花园，你似乎能看清他们一切活动。

　　这个世界上只有一种东西是永恒不变的，那就是死亡。任何一个生命都逃脱不了，而那些有魔力的孢子也一样逃脱不了。作为一个观察者一定要清醒地知道那些孢子是另一个世界的生命，是脱离开观察者生命的自由存在。所以观察者只能去认识和发现它，却无法干预和左右这些孢子。也就是说，人永远不能左右那些孢子的活动。当我刚开始步入这个领域的时候，当我最开始作为观察者认识这些孢子的时候，我自信地认为自己能左右大局。但经过与这些孢子 40 年的交锋后，我才明白我左右不了它们。我永远只能是个观察者，而不是个控制者。

一、非法经营

　　台湾人张某，以刘某名义在上海注册成立 ZJ 投资公司，注册资本 10 万元，经营范围：投资咨询、投资管理、企业管理咨询、商务咨询、企业登记代理等。公司成立后，张某在台湾"奇集集"网发现郑某应聘兼职，便打电话联系，租用郑某开设在大陆银行的账户。郑某当时正缺钱，又听说是正当生意，就答应了。然后，张某在上海人才市场招 10 余名员工，对员工宣称香港 H 投资公司具有香港恒生股指期货交易资质，并称 ZJ 公司为 H 公司在上海的代理商，负责推广恒生股指期货业务。张某还对这些员工进行培训，包括股票及期货知识，操作股票及期货的优缺点以及招徕投资人的技巧等。

接下来，张某从网上购买 40 多万份股民名单和车主名单。他把这些名单分发给业务员，让他们按照名单拨打电话，介绍在香港 H 投资公司交易平台进行恒生股指期货交易的情况，邀请对方成为投资人，并以 ZJ 公司名义与投资人签订投资合同。经调查，张某以 ZJ 公司名义招揽投资人 32 人，其中 21 名投资人参与恒生股指期货交易，投入的保证金共计 131.045 万元，造成投资人亏损 94.155 万元。

朱某接听 ZJ 公司职员马某的电话后，跃跃欲试，签订协议。马某指导朱某登录网上"H 投资会员中心"，获取户名为郑某的个人账户。存入保证金后，朱某登录从事恒生股指期货交易。朱某共支付 4.1 万元，保证金每份 2 万元，股指上升一点或下降一点，会赚 50 元。朱某每一次交易需支付 500 元手续费。做了一个星期，朱某不但没有赚钱，反而亏损 2.1 万元。

刘某和朱某一样，也是被 ZJ 公司业务员牵引上钩的投资人。他支付 3.7 万元保证金，前后做 2 个月，亏损 1.5 万元。

二、经纪人虚假交易

曹某在台湾制造轰动岛内的银楼期货诈骗大案后，逃到美国，花 5 万美元购买一本伯利兹国护照，更名倪文亮，谎称"国军上将"倪杰之子。然后，曹某频频出入广东、上海、北京等地期货交易场所，大谈所谓"三大投资理念，期货十大秘籍，庄家操盘手法，散户走大户路线"等期货新概念，东借西凑 9 万元，在北京东郊注册成立东亚投资咨询公司，自任法定代表人和总经理，从事非法期货交易。后因东亚公司违规，引起证券监管部门和公安部门的注意，曹某搬到朝阳区尚家楼甲 10 号，换上另一块招牌"山东中慧公司北京营业部"，开始做内盘交易。实际上，这个营业部并未获证监部门批准。鉴于曹某"外籍"身份，他只能冠一个"顾问"头衔，可是掌实权。利用"山东中慧"这块招牌，曹某大张旗鼓地招揽客户。营业部成立仅 3 个月，就通过举办讲座、现场演示、客户盈利示范等方式发展客户 1000 多人，吸收客户保证金 2 亿元人民币。一开始，曹某还象征性正规做点期货，通过"山东中慧"进入期货市场炒作绿豆、大豆、咖啡、橡胶等，后来干脆直接蒙骗客户。

曹某一般下午才到营业部露面。每日闭市后，曹某电话过问结算部做没做单。如果做了单，结算部就按曹某通知的期货品种、买卖方向、成交价格和 M 单每一客户的资金数量等数据输入电脑，计算每一客户当天的成交数量。其实，这些交易全是曹某虚构的。

证监部门在年审时发现山东中慧北京营业部是一个非法机构，责令停业、清退客户。曹某又盯上亚运村有一家期货经纪公司"新国大"要出售，就求助于燕兴综合公司总经理，请他出面购买。他借举办名人网球邀请赛与领导人合影，将照片放大悬挂在公司显眼处，消除客户疑虑。客户们甚至流传这么一句话："听太太的话，跟着麦克走！"麦克是曹某的英文名。曹某还以月息 10% 至 30% 吸引客户，多数客户赚了钱又把每月的利息转成本金，客户很快由 1000 多人发展到 4000 多人，吸收客户保证金累计达人民币 5 亿多元。

终于，财务总监向曹某汇报：下星期一除要支付公司 100 多名员工的工资奖金 900 万元外，还要付客户利息几千万元，可是公司账上没有这么多钱。5 亿元客户保证金，除了 1.7 亿元返还客户本金、兑现高额利息外，大量钱款已被曹某转移至境外和挥霍。于是，曹某等当机立断出逃。最终，曹某受到法律的制裁，但客户们的损失无以弥补。

中国人民大学金融学博士、期货专家黄埔认为，"新国大"案中，诈骗者最狡猾的地方在于他们在异地设立假盘房，通过传真的形式，让客户误以为每天交易正常，实际上资金却全部到了骗子的账户。

三、虚假网上公司

沪深 300 股指期货推出后，彻底改变 A 股市场的盈利模式，做空也能赚钱。但是，50 万元的交易门槛，让许多中小散户干瞪眼了。这时，一个名为大西洋证券国际 CFD 部的网站，推出沪深 300 迷你期指，交易门槛只需 5000 元，让中小散户炒期指的梦想变为"现实"。这款沪深 300 迷你期指到底是怎么回事？是广大中小散户梦寐以求的馅饼，还是一场精心设计的陷阱？为此，《每日经济新闻》记者专门深入调查。

大西洋证券部的小梁称：他们以沪深 300 指数当月合约为标的，做差价合约。该交易最少可买 0.1 手，激活账号后首次入金只需 5000 元，客户在入金完成后可随时取金。如果只做日内交易，其迷你期指与中金所推出的沪深 300 股指期货几乎没有区别。如果将 1 万元存在一个 CFD 账户，可买到价值 100 万元的沪深 300 指数期货，也就是将资金放大了 100 倍，这可以让许多想做股指期货却被过高门槛挡住的中小散户参与进来。小梁说："迷你期指可谓是广大中小散户的福音！"

然而，《每日经济新闻》记者查阅大量信息后发现，大西洋证券国际 CFD 部对大西洋证券有众多虚假宣传成分。

大西洋证券官网资料表明：大西洋证券是塞浦路斯认可的金融机构。根据该国证监会网站公布的信息看，大西洋证券的业务范围仅在塞浦路斯本国和希腊，并不能在欧盟以外的国家开展业务。

另外，大西洋证券官网显示，公司开展业务主要两大类：一是投资服务，包括投资组合管理、投资建议等；二是辅助服务，包括向客户提供以交易为目的的授信或贷款等。这与大西洋证券国际 CFD 部对大西洋证券的业务范围宣传大相径庭。

记者还发现，在大西洋证券官网中，并未提及迷你期指业务，也没有关于大西洋证券国际 CFD 部的任何介绍及相关链接。

记者调查文章发表后，即接到广东籍刘先生的爆料电话。刘先生告诉记者，在 CFD 部推出迷你股指期货之前，该公司就已经在国内展开非法的股票杠杆交易。记者在刘先生提供的资料上发现，CFD 部提供沪深 A 股标的股票达到108 只。实行 T+0、多空双向交易，且 1：10 融资，即缴纳 1000 元保证金就可以炒 10000 元股票。刘先生透露，在 CFD 股票杠杆交易中，手续费也达到了千分之三，而如果投 1000 元进去，资金放大 10 倍，即 1 万元用于买股票，如果当日持仓过夜，资金放大 10 倍，除去本金，剩余 9000 元相当于是向公司借款，客户因此需要交纳利息，每个晚上 9000 元利息在 100 元左右。"在买入股票的时候，公司有限制比如行情持续上涨，公司将限定客户买入的量；当要卖票的时候，卖出量小，没有问题。但是卖出量大，交易系统就无法交易。"刘先生说当初也是稀里糊涂开户，稀里糊涂交易，不到两个月时间 40 万元本金就血本无归。刘先生还透露，在 CFD 部做迷你股指期货的客户在千人以上，90% 以上都亏损。如果保守估计，这些客户人均亏损 1 万元，那么 CFD 部应该有上千万元的非法获利。

《每日经济新闻》揭露大西洋迷你期指实际是场骗局后，该公司网站迅速关闭，前期大肆宣传的博客全部删除，CFD 部人员也突然消失。

由此，我们生动地看到新闻在社会经济中具有独特的积极作用。

四、形形色色的操盘手

"村里的操盘手"在网上发一帖，题为《期货骗局大全》，实际上只有三四种，但说得挺到位。摘要如下：

一是收学生赚学费的。很多新人看到说起来头头是道的人，就以为其人很牛，称其为老师，希望学到功夫闯荡期货市场……嘿，这些人大多是自己做不好，只是学了一些交易技术，说起来头头是道，做起来一塌糊涂。做不下去了，才改收徒弟。

真正的高手很少收徒弟（原因很多不详述了），即使收徒弟也极少有收费的，因为你的学费和人家的盈利相比属于九牛一毛……人家不是靠赚学费来盈利的。如果你碰到一个所谓的高手，话里话外想拉你收入门中，那十有八九是糊弄学费的，他不会有真正的技术交给你。

二是开收费群或者语音房间喊单的。看到很多期友，跟着群里或者语音房间里的"老师"做单，以为跟着"老师"做会发财……醒醒吧！这些喊单的人，只怕自己根本就不做单。你想想看做单是很耗费精力的，要集中精神去做。他有那么大精力边做边喊,要照顾各个品种,回答各种问题……可能吗？跟着只喊单不做单的嘴盘去做单，你会盈利？

三是卖指标的。看到很多新手，弄到了指标，就以为找到了期货秘籍，走向发财……这个是老生常谈了。我不排斥指标，我本人也会参考传统指标判断行情。但请注意，MACD、KDJ 这些传统是软件上有的，不需购买，哈！指标的原理都差不多，都是从价格计算出来的。你要用指标？传统指标足矣，不用花钱去买。换言之，他的指标好用的话为何要卖？自己拿着指标印钞票岂不更好，何苦受累拿来卖钱？

四是拉资金的。这种人很过分，自己的资金亏没了，拿别人的资金翻本。哎，期友啊期友，你想想看他自己的资金能做好的话，会给你打工？但也不能一棒子全打死，哈！确实有一些做得很好的私募或个人是要拉资金的。索罗斯、巴菲特，也为别人的资金做，对吧？但是，能做好的人凤毛麟角，这要靠你的火眼金睛去判断了。

五、不要轻信任何经纪人

20 世纪 80 年代以来，衍生性金融商品市场多次发生损失十分庞大的不幸案例。这些案例大都由单一员工造成。

里森 1989 年到巴林银行工作。由于他富有耐心和毅力，善于逻辑推理，能很快地解决以前未能解决的许多问题，被视为期货与期权结算方面的专家。1992年,巴林总部派他到新加坡分行成立期货与期权交易部门,并出任总经理。

巴林银行原有一个 99905 "错误账号"，专门处理交易过程中因疏忽所造成的错误。伦敦总部要求里森新设一个"错误账户"，记录较小的错误，自行在新加坡处理，账号为"88888"。几周后，伦敦总部配置新电脑，要求所有错误记录仍由 99905 账户直接向伦敦报告。88888 错误账户没有及时撤销，留给里森日后制造假账的机会。

不久，里森手下交易员犯一个错误：客户要求买进 20 口日经指数期货合约，该交易员误为卖出 20 口。这个错误在里森当天晚上进行清算工作时被发现。纠正此项错误，只需买回 40 口合约，按当日的收盘价计算损失 2 万英镑，并报告伦敦总公司。里森却决定利用错误账户 88888 承接 40 口日经指数期货空头合约，掩盖这个失误。数天后，日经指数上升 200 点，此空头部位的损失便由 2 万英镑增为 6 万英镑，里森更不敢上报。

里森承担愈来愈大的风险。因为系统无法正常工作，交易记录都靠人力，等到发现各种错误时，里森在一天之内的损失已高达将近 170 万美元。里森决定继续隐藏这些失误。

1995 年 1 月 18 日，日本神户大地震，其后东京日经指数大幅度下跌。里森购买更庞大数量的日经指数期货合约，希望日经指数会上涨到理想的价格。所有这些交易，均进入 88888 账户。账户上的交易，以其兼任清查之权予以隐瞒。2 月 23 日，日经股价收盘降到 17885 点，而里森的日经期货多头风险部位已达 6 万余口合约；日本政府债券在价格一路上扬之际，其空头风险部位也达 26000 口合约。至此，里森彻底失败，巴林这家老牌银行不得不宣告破产，震惊了整个世界。

台湾业界专家警告说："某些交易员有可能比其他交易员来得优秀，但没有一位交易员是永远不犯错的。任何一位交易员如果能对市场变数的走向做出 60% 的正确预测，就算是相当不错了。一位交易员过去的杰出表现有可能仅是运气好而已，并不能表示他拥有任何特殊交易技术。"

六、"高大上"却不可靠

泛亚金属交易所是全球最具规模的稀有金属现货投资及贸易平台，是我国最早由政府批准、监管的专业有色金属现货交易所，已上市品种包括铟、锗、钨、铋、镓、钴、白银、钒、锑等 10 大类 12 个品种，除白银外其他 9 个品种的交易量、交割量均为全球第一。2013 年，他们打造一款创新类自主理财增值服务"日金宝"，宣称每天可获万分之三至万分之三点五六的收益，一年最高收益可达到13.68％，流动性强，当天投资第二天可支取收益，无手续费。然而，就这么一条"高大上"财路，却将全国大批投资者骗惨了！

"北漂码农"写了一篇在网上广为流传的帖子，自述其参与始末，摘要如下——

偶然听到同事介绍，他购买泛亚日金宝理财已经 2 年多了，政府背书成立，国家统计局纳入统计指数，央视财经与彭入稀有金属产业指数，另外收益不错 (12％——14％)，保本、固定收益、随进随出，当天下午取现、晚上就能到账，比"余额宝"方便……我也心里打鼓，回头一想，我就存进去十天八天，然后就取出来购房，还可以换来两张机票钱 (消费不起头等舱、只是折扣低的经济舱)，应该不会这么巧倒霉。询问泛亚客户经理开户流程，去银行办了第三方存管，转账到泛亚账户，怎么也没想是一个不幸的旅程开始了。

10 天左右的 4 月中下旬，我再去取钱，发现不是所谓的"随存随取"，已经限制出金了，一天能取出 2 万块就不错了。毕竟我马上要买房，赶紧打电话联系客户经理。对方解释说，最近股市火暴，很多客户炒股、打新抽走了大量流动资金，泛亚正与银行等谈融资解决流动性问题，估计一个月内就能解决。还好，手里还剩有一笔马上到期的理财。再说我平时朋友间信誉还不错，几下从朋友处拆借了 50 万元，房子问题顺利解决。说句题外话，当初朋友也是卖股票借给我的，后来 5 月的股灾大家都知道，朋友还对我表示感谢，说我是他的福星。这点说得倒是，不过我的财富可陷进泛亚日金宝火坑了，心酸又有谁知。

我想，最近股市确实火暴，P2P配资收益高，吸走大量流动资金是个事实，可能再等一段时间就好。可是，我又不放心，忍不住百度搜索了下，看了一些泛亚的负面帖子，又看了泛亚价格与市场价格的巨大差异 (普遍 2—3 倍)。虽然日金宝理财 (资金受托) 说明我们与价格溢短无关，但是我马上意识到问题的严重性，一边又怕公之于众引发挤兑，内心祈盼泛亚兑付危机能平稳过关……

由于"日金宝"发生挤兑，2015年8月泛亚金属交易所宣布将进行重组并停止委托受托业务。全国20多个省份的22万投资者，据称总金额达430亿元，大量投资者在昆明的泛亚总部等地展开多次维权活动，高呼："活捉单九良，还我血汗钱！"单九良是泛亚董事长，2016年6月被正式逮捕。

2015年末，昆明市人民政府发布通报称：云南省委省政府一直高度重视，立即责成昆明市和省有关部门成立专项工作组，进行调查核实。经前期大量调查，判明昆明泛亚金属交易所股份有限公司在经营活动中涉嫌违法犯罪问题，公安机关已依法立案侦查。

2016年2月，昆明市人民政府再次通报，立案侦查初步表明：泛亚于2012年4月擅自改变交易规则，推出"委托受托"业务，在未经相关部门审批的情况下，与云南天浩金属股份有限公司等多家关联公司，采取自买自卖手段，操控平台价格，制造交易火暴假象。同时，泛亚统一印制大量宣传材料，通过全国各地授权服务机构及公司网电部将"委托受托"业务包装成"日金宝"、"日金计划"等产品，承诺10%——13%固定年化收益率，且收益与货物涨跌无关，向社会不特定人群吸收存款，形成由其实际控制的"资金池"，套取大量现金。据悉，相关退款与法律审判也将展开。

云南省及昆明市政府在事后处置应该说不错，但事先如何？多位专业人士认为，地方政府对于金融资源的无序竞争，是滋生泛亚事件背后的恶性土壤。前世界银行金融专家王君明说："泛亚模式从技术上和专业性并不难被察觉到风险，但地方政府、金融办没有动力去防范。既然地方政府审批设立，不但不提示风险，反而让大家来支持，地方政府逃脱不了干系。"

第七章 钱币类骗子

钱币类诈骗，想必与钱币同生俱来。有个人常到钱庄去兑换银子，比市价低一些。比如市价每元 7 钱 3 分，他就兑 7 钱 2 分，市价一降他跟着降。他每次总是兑一二百元，不会太多。人家问他怎么老是兑银子，他说自己会造银子。有个   大富听了，眼红得很，也找他兑 200 元，特地请外国化学专家检验这些银圆，发现丝毫不假。于是，大富把那人请到家里，要求传授造银技术。他说要靠这技术养家糊口，不肯传授。大富又要求代造银圆，那人怕被偷看技术，也不肯。大富只好提出先付钱，订个契约，以后专门为这大富造，以一元成本 7 钱、每天造三四千枚计算，先支付 7000 两银子订造一万枚银圆。那人勉强同意，酒醉饭饱，约定 3 天后交付银圆。第三天，大富派几条汉子到那人家挑银圆，却发现那家人不知去向。

清朝乾隆年间（1736—1796）制作的铜钱，有的会把"隆"字里面铸成"缶"。那是偶尔写的错别字，并没有什么特别的含义。然而，有个人到江苏海门，对各家钱庄说，他要收购铸有"缶"字的铜钱，以 20 文换一文，并预付 100 个银洋为定金。于是，各钱庄拼命到乡下收集这种钱，用 10 文买一文。等人们收集成百上千铸有"缶"字的铜钱时，那人早已不知溜哪里去了，各钱庄都赔大把钱。后来人们才醒悟，原来是那人自己带大量铸有"缶"字的铜钱来，一方面骗人去收购，另一方面又自己去出售。

一、横行的假币

2009 年初，国内近 20 个城市惊现以 HD90 编号开头的百元假钞。以同一组编号开头、同时在全国各大省市出现、出现的频率如此密集，这在以往的假币案件中非常罕见，媒体惊呼发生假币恐慌。

为此，央行货币金银局局长在北京举行记者会，对有关 HD90 版假币的传言进行澄清。不久，时任中国人民银行行长周小川又强调，一些所谓的高仿真纸币，其实仿真程度并不高。他说，央行的科技系统是有巨大投资的，科技成分在纸币上和其他方面是相当高的，也不是能够轻易攻破的。总体来讲，即使加上一部分外来假币，假币在中国整个货币流通量中的比重还是非常小。

对于央行的安慰，社会公众不太满意。资深媒体人士在《东方早报》发表《公众怎么成了假钞唯一受害者》的时评，称那"总像在自说自话"，正如专家指出的"去扮演永远教大家怎么识别假币的角色，其实是一种责任推卸"，认为"中国反假钞所面临的最大困境，就是如何摆脱让公众成为最大受害者的现实"。

1. 购物

3 名青年男子走进海口陈小姐的商店，不停地询问香烟、洋酒价钱。一名男子拿出 100 元钞买一包香烟。陈小姐将钱收后仔细辨认，并用验钞机确认是真币。正当她准备找钱时，该男子突然要求将钱退回，说不买了。该男子接过钱后，在店内转了一圈，仅几秒钟时间，又说还是买烟。就在此时，两名男子不停要求陈小姐拿不同品牌的洋酒来看。她一时分神，以为要买烟男子递上的 100 元还是之前那张，没再检验就找了钱。他们立即骑摩托车走了。她回过神来，将钱放进验钞机才发现是张假钞。

2. 做生意

以盛产柑橘闻名的浙江衢州，面对堆积如山的柑橘，橘农们愁眉不展。就在这时，来几个陌生人，一副一掷千金的派头，开价大方。他们扔下一捆捆 50 元大钞，拉走一车车柑橘。当农民喜滋滋捧着"血汗钱"存入信用社时，用验钞机一验，发现全是假钞。

3. 发工资

青岛鱼贩子李某到济南贩鱼，100公斤鲜鱼换来1800元假币。他不甘自认倒霉，与包工头韩某商量，这1800元由韩某出手，只需还1000元。韩某认为有利可图，便在给民工李某发工资时夹入7张。李某将5000元钱拿到青岛某银行华鑫支行鞍山路办事处储蓄，被服务员当场识破。

4. 买彩票

郑某和张某购得50元面值的假币，得知元旦期间福建尤溪发行500万元福利彩票，便到尤溪，用假币购买彩票。由于参加彩票销售工作的学生涉世未深，不识真假，给他们以可乘之机。当这两个骗子用假币再次购彩票时，被工作人员发现，当场擒获。

5. 缴税

辽宁锦州国税局凌河分局所辖6个中心税务所，均发现税款中混有假币。假币以假乱真，令这个全国税务系统先进集体的姑娘们防不胜防，稍不注意就得自己掏腰包堵窟窿。

6. 喝喜酒

陕西大荔城关镇王某的小孩满月，为招待亲朋好友，花2000多元在饭店摆丰盛的酒席，好不热闹。可是，王某去银行存这些礼钱，被告知其中夹杂着面值100、50元的假钞，共450元。

这种情形似乎有蔓延之势。近年，浙江宁波、宁海、温州、台州等沿海地区，结婚喜宴收红包，时兴跟银行一样使用点钞机和验钞机。如果验钞机响起报警，送礼人颜面扫地。有人也反对这种做法，一名冯姓新郎说："说白了，就是不相信亲朋好友。放个点钞机在那儿，办婚礼到底是为了结婚，还是为了收钱？"可是无奈。

7. 骗情人

四川女子杨某到上海，在街上闲逛想找工作，碰到一名姓刘的男子。刘某说在上海赚了一些钱，由于做生意很忙，想找一个人帮忙烧烧饭，问杨某愿不愿意。杨某一口答应下来。到住处，刘某迫不及待地向杨某求婚，还从枕头里拿出一大沓钞票。杨某见钱眼红，不顾已有家室，当晚就跟刘某睡在一个被窝里。第三天早上，杨某趁刘某有事出去，将枕头里的钞票卷走，当天跑回老家。可是，当她使用这些钱时，却被告知假币。

8. 骗出租车

沈阳北市的出租车司机王某，行驶至惠工广场附近时，两名年轻女子站在路边招手上车。前座的黑衣女子张某，操着南方口音套近乎："大哥，这一天累不累呀！"说着，还把身子凑过去，要摸方向盘。王某赶紧制止她："别乱动，危险！"由此，王某怀疑她们有问题。车到北市场附近，计价器显示17元。张某从兜里掏出一张新版百元大钞，说："实在对不起，没有零钱。"王某一只手把握方向盘，一只手把钱高举到空中仔细瞧，认出是假币，迅速把副驾驶一侧车门上的暗扣扳下来，说："你们别跑！公安部门正要抓你们！"后座女子顾不上车还没停稳就跳出去，副驾驶座上的张某偷偷将暗扣打开，突然扑上去抢方向盘。王某警告她不准乱动，把车开到北市治安派出所附近停下。张某推开车门跳下拔腿就跑，王某追去。张某竟朝着不明真相的人群大喊："非礼！非礼！"王某还是将这个女骗子抓住，与民警一道送她到派出所。

如果大家都能像王某这样警惕，并像他一样勇于治恶，假币还能猖獗吗？

9. 骗外商

浙江临安的罗某夫妇，到世贸小商品会展大厅菲律宾客商摊位前，用假币买凳子。他们故意跟客商讨价还价，然后掏出百元假币想蒙混过关。在不远处的摊位上，另有两个来自安徽、河南的假币贩子也在与一位尼泊尔客商谈交易。没想到，这两拨骗子全都打错算盘。这两个外商在我国经商多年，算得上"中国通"，不仅听得懂中国话，而且能识别真假人民币。于是，这厢那边都起争执，围观的人越来越多。4个假币贩子见势不妙，想夺路而逃，被场内的反扒队员捉住。民警从他们身上缴获12张百元假币，还在他们的租房内搜出2100余元假币。

10. 骗银行

福建云霄的吴某，到银行云霄县支行云东储蓄所支取3000元钱。取出清点后，他从中拿出一张百元钞要求换零。银行柜员接过这张钱一看，发现是假币，要予以没收。吴某不仅不认账，反诬这假钞是银行支付的，大吵大闹，非要柜员认账不可。柜员告诉他，这储蓄所装有电视监控系统，可以调出来查看。一听这话，吴某心慌起来，拔腿就跑。事后看录像，清晰地再现吴某先从自己包里拿出一张假币藏在手中，接过柜员递出的3000元现金后，他将现金压在假钞上面，然后迅速将上面一张真钞放进钱包里，接下来要求兑换、吵闹。

看来，"班门弄斧"者还不少。

11. 中学生制假币

香港一名16岁的中学生陈某，在家中用电脑、扫描仪及打印机自制港元及人民币，然后用这些假币到自家附近一家超级市场，以3张汇丰20元纸币购买口香糖。收银员怀疑其中两张为假币，于是报警。警员从他身上又搜出3张伪造的10元人民币。陈某承认在家自制纸币，准备在香港及大陆使用。警方还在陈某家中的电脑内，发现8个存有纸币图像的文件夹，并在一个纸盒内找到一堆被弄皱的纸团，摊开看是一些打印的100元港币图样。

老师该没有教学生制作假币吧！

12. 骗ATM机

香港恒生银行经理发现，有伪造纸币透过不同的"存钱快"自动存款机存入陆某及另一男子的账户，而在存入后，陆某账户的现金即被提走，两个账户间也有互相转账的记录。当日下午，又发现有人在沙田的汇丰银行把款项存入陆某的账户，这位经理立即报警。警方发现陆某与周某站在"存钱快"机旁，取张存款单后离开。警方将他们当场截获，从他们身上搜出100张面额100元的伪钞及两张存款单。

周某交代，是陆某请他帮忙把伪钞存入存钱机。恒生银行职员后来发现，陆某在7次存款中，共存入100张面额100元的伪钞。警方伪钞专家证实，该200张伪钞全是喷墨式仿制品，属普通纸张，质地粗劣，却轻易地骗过具有辨别伪钞功能的自动存款机。

13. ATM机出假币

深圳的凌某到福田区彩田路某银行的ATM机上提2000元钱，可是当他去商场购物时，收款员称他付的是假钞。凌某回家仔细检查，发现那批钱里竟然有 10 张假钞，其中 5 张还是一个号码。

凌某找该银行讨说法，银行方面感到愕然。柜员机有专人管理，进柜的钞票都是从行里提来，并经验钞机检查两遍才放进去。进柜时两人在场，以防作弊。经过调查，银行确认凌某当天的确到该行的柜员机提过款，但假钞是否出自该柜员机则没有确凿证据。该银行负责人赵先生称，以前确有一些柜员机里发现假钞的事，但该行的柜员机从来没有发现过假钞。他说："如果是真的，那可是柜员机有史以来最大的假钞案。"

二、虚构的"虚拟货币"

"虚拟货币"有其说，Q 币就是其一。美国金融犯罪执法网络于 2013 年定义："虚拟货币为交换媒介，某些情况下像实体货币一样运转，唯不具备实体货币的所有属性，也不具有法定货币的地位。"

美籍华人刘某自称美国加州原副州务卿、总统特别顾问，在洛杉矶发起虚拟货币"万福会"，2016 年 2 月开始在中国大力宣传：万福币是首家向美国"银监会"报批的虚拟数字货币，在美国可作为有价证券和虚拟货币合法流通使用。他还称旗下有"未来城"等 40 多家上市公司，有纳斯达克代码，在美国及欧洲都有大型房产项目。刘某亲身在网上散发视频宣布：

我们会有自己的银行，这一切都在上市公司的框架之下。我们主要不是为了推币，而是为了推"未来城"，建设这个城市。移民局已经批准了我们的一个投资移民中心，在我们"未来城"买房子的人都可以获得美国绿卡。

他们在深圳、重庆、贵阳、北京等地注册了 13 家公司，说是经营的实体有 20 多种保健品、10 多种化妆品，其中包括"白薏芦纯"、"功夫饮料"和"消化酶"等。更让人动心的是高超的回报率。他们称："大概一年收益率保守估计 3 倍左右，如果发展得好也可能达到 5—8 倍。如果投资 60 万元，可能一年或者两年后就有将近 500 万元。"种种宣传表明，面对这样一个项目，你如果不投资简直是傻瓜！

他们把全国划分三个片区，每片区任命一个负责人，每个负责人手下发展几千名投资人，投资额从 5 万元到 10 万元到几十万元不等。会员级别分为星级、金级和钻级，每个级别分五档，假设按照发展下线最低提成比例 10% 来算，如果一个下线投资 1 万元，那么将可以获得 10000×（10%+10%）×70%，即 1400 元的收益。其投资者主要有两类：一类是生意人，一类是退休政府官员。短短几个月时间，吸引了 13 万投资者，传销金额近 20 亿元人民币。

其实，刘某在内地的 13 家公司均为"三无公司"（无办公楼、无执照、无人经营）。警方先后抓获涉案骨干、代理人、网头 60 多人，刘某也在台湾台北桃园机场落网，并被移交至中国公安部猎狐行动小组。

三、丢包骗局

1. 骗钱

外地来沪打工的女青年黄某，骑自行车匆匆经过杨鑫路时，一个男青年骑自行车跟上，与她并排而行。不久，另一男青年骑自行车超到前面。超车时，一捆崭新的人民币从前面那人身上掉下来，后面的男青年捡起钱放进自己包里，继续与黄某并排骑。不久掉钱的人回来，后面的男青年悄声对黄某说："大姐你别出声，这钱待会我们平分。"掉钱者说，有人指证后面的男青年捡了他的钱。后面的男青年不承认，两人争吵，说要找地方理论。后面的男青年向黄某眨眨眼睛，叫她帮忙保管一下包，但为安全起见，要黄某拿一样贵重东西押在他那里。黄某觉得其中有诈，便说："派出所就在前面，你们要理论就到派出所吧！"两人一听愣住。黄某更怀疑，硬要拉他们到派出所。两人一看苗头不对，转身就跑。黄某还是立即到派出所报案，并和民警一起追。经审讯，这两个骗子交代已作案近 30 起。

人说"做贼心虚"，一点不假。

2. 骗金项链

江西修水一位中年妇女到南昌购毛线，到某超市门口，前面一位青年"不慎"把钱包掉地上。她正弯腰捡时，后面一位 40 多岁的秃头男子紧跟上来，示意她不要吭声，并将她带到偏僻巷道内，建议把包内一叠钱平分。为避免"失主"追来，男人叫她取下颈上项链作抵押，带包先走，约定地点再来分。她迅速取下颈上项链交给男子。可是回到住处打开那捡的钱包一看，发现是一叠废纸。

幸好这位妇女只戴一条金项链，而没戴两条。

3. 骗银行卡

张大妈从福建三明火车站出来，突然有高个男子快步从她面前走过，并有一大沓钱状的东西从他口袋掉落。紧接，矮男子从她旁边过去，迅速捡起那一叠东西，对她说："你别声张，我们一起分！"张大妈心动了，跟着矮个子到一条小巷。此时，那高个子找来，说他们捡了他的一万元钱。矮个子让搜查一遍，什么也没搜到。张大妈为证明自己是清白的，也同意搜。高个子从张大妈的包里搜出一张银行卡，问是不是她的，又追问："你是不是把刚才捡到的钱存到卡里？"张大妈说："怎么可能，你丢的是一万元，我卡里只有5000元，你要是不信我们到银行查。"高个子问："那密码是多少？说得不对我就去报警。"张大妈为证明银行卡是自己的，就把密码说出来。于是，高个子将卡放进她包内，说："看你这么老实，钱应该不是你捡的。"说完离开。她回头找那个矮男子，他不知去向，很快又发现她的银行卡被调包。

骗子都是"审讯"高手，根本不搞刑讯逼供，"文明"得很呢！

4. 骗奸

假装丢钱包，两人偶然看见捡起来，失主马上找来，受害者被骗子胁迫交出钱来。这种骗术在全国发生过无数，一点也不新鲜，但湖北随州的余某和甘某还是骗出"特色"。

在广东中山市岐关路段，他们物色到女青年何某，即由甘某将一叠用报纸伪装的钱掉在何某面前，让余某与何某同时看见。余某将钱捡起说："钱是我们同时看到的，一起平分吧！"这时，甘某找来，余某矢口否认。争执中，三人来到一片小树林，甘某要搜何某的身，余某说："这是我老婆，不许碰她。"甘某说不信，除非他们两个当场做爱。余某说好，真的就做。做完之后，甘某说看得受不，钱不要，也要跟何某做爱。于是，甘某与何某也做一次。临走时，甘某给何某两千元钱。事后，何某打开一看全是废报纸。余某、甘某两人轮流扮演掉钱者和捡钱者，先后轮奸 4 人。

只要受害者没识破，恐怕骗子还能创造点其他什么"特色"。

5. 作证阴谋

在新疆乌鲁木齐，张小姐从位于阿勒泰路上的一家银行取 1800 元钱，放在包里。走出不远，有一高个男青年匆匆从她身边走过。她看见那男青年包里掉出来一包东西，正想叫时，身边走来一个较矮的男子，迅速将那东西拾起，冲着她说："我捡到许多钱……"未等矮个儿说完，高个子返回，说："我刚才丢了钱，你们看见没有？"矮个儿抢先问答："没有！"大个子急了："那边卖冰棍的老太太说，看见你们捡了。把你们的包打开，让我看看有没有我的钱。"张小姐本来不想让他看包，但矮个儿说看了包就可以证明清白，她只好把包打开，说："你看，这钱是我刚从银行取的 1800 块，没有你的钱。"高个子说："不是我的钱。我的钱是公款，有一万元多呢！"矮个儿说："你别急，我陪你去单位作证，证明你的钱是丢的。"高个子冲着她说："这样吧，这位小姐，把你的钱给我拿到单位做个证，然后再还给你，行不行？"没等反应过来，矮个儿已经从她的包里掏出那 1800 元，并迅速朝她的包里塞一包东西，悄悄对她说："我已经把他丢的钱放在你包里。你要是说出来，就讲不清楚。你在这儿等我，我陪他作证，一会儿就回来。"说完两人快速走到路边，拦一辆出租车走了。张小姐在原地等了 40 分钟，他们还没回来。回家打开一看，里头全是假钱。

别忽略：以上几例受害人全是女性。

四、变钱把戏

1. 白纸变钱

刘某当众将两张白纸往水里浸了浸，接着往纸上涂几种"药水"，奇迹便发生：竟变成两张百元大钞！围观的郑某说："肯定是假钞！"刘某说："你可以到银行去验呀，我的'魔术钱'和真钞的比率是 5：1。"同在围观的珍珍小姐及林小姐，和郑某一起拿着那变出来的钱到银行去验，结果是真的。这样，郑某请求刘某再变。刘某推辞说："现在换钱来不及，我没空一下子变出这么多钱来。实话说，找我变的人已排到年底，你们等明年再说吧！"郑某、林某苦苦央求，刘某才答应卖一些药水，让他们自己操作。他说药水成本很高，要 3 瓶不同的药水，但现在身边货源不足，只能给他们每人一瓶，让 3 人调剂使用。郑某、林某不假思索答应，珍珍也懵懵懂懂地跟着点头。珍珍东挪西借，凑 23 万元给刘某，换得一瓶无色无味的"神水"。然而，当她再找郑某、林某联系时，他们没有任何音讯。

上海普陀警方破获一个专门用"白纸变钱"的诈骗团伙，有 10 余人，在金沙江大酒店、江苏饭店、海虹宾馆、大华宾馆、远东不夜城等地作案 50 多起，总案值超过百万元。

郑某是福建福安赛岐人，小学四年级便辍学，16 岁开始到镇上卖大饼。卖大饼积蓄一些钱，不料被"白纸变钱"骗个精光，便"以牙还牙"。郑某交代说："我们喜欢挑那些从外地来沪的小姐，越年轻越好。一来她们在此人生地不熟，没有经验，也无人可商量。二来这些小姐贪图小利，只要有吃有喝，一般都上钩。还有，娱乐场所的小姐往往害怕警察，吃了亏也不敢报案。"

其实，他们的骗术并不高明，只不过玩弄一把魔术中的"障眼法"，趁人不备时迅速将白纸换成预先准备好的钞票。而所谓的"神水"，其实是白开水。

除了在印钞厂，如果白纸真能变钱，银行岂不是可以全关闭？

2. 洗衣粉变钱

深圳打工女廖某，在观澜桥附近经过时，有个男子自称会变钱。他叫她拿出一元钱，摇几下，然后还给她，叫她用双手握住，用嘴往手上吹气，然后打开看，那张钱变成两元的。男子问她银行里有没有存款，取来帮她变多一倍。她信了，骑自行车到银行将多年积蓄的 2 万元钱全部取出来，交给这男子。这男子将钱用再生纸紧紧包住，然后装进一个黄色塑料袋，叫她转身，不要看，叫一声"财神到"，然后转过来。他将那黄色塑料袋装进一个蛇皮袋，放进她自行车篮子里，交代 5 天后才能打开。5 天过后，廖某以为 2 万元变成 4 万元了，打开一看，里面只有一包洗衣粉。

如果魔术可信，世界首富一定不是比尔·盖茨，而是马戏团老板！

这几例受害人又都女性，说明了什么？

五、换钱陷阱

在石家庄火车站，几乎每天都要发生几次换钱诈骗。骗子往往以一个站前小卖部为据点，当外地人或者乡下人买东西时，诚恳说他这儿有一堆5元、10元的零钱，想换几张整钞去进货什么的。如果哪个人出于好心去换，骗子就在顾客眼睁睁的情况下，少给几张钞票。

新华社记者目睹一场骗局。记者陪一位朋友赶火车，到一个小卖部，买一包烟。小卖部的小伙子在递烟时提出换钱请求，好心的朋友爽快地掏出200元钱。小伙子面带喜色开始数5元的零钞，数完后交给那朋友，并提醒说："您数数看对不对？"朋友仔细地数两遍，发现少10元。小伙子接过一数，果然如此。在记者和朋友两双眼睛注视下，他从兜里掏出两张5元钞，按在那沓零钞上。朋友没有再数，随手装进钱包里。然而，在买票的时候，发现那沓钱根本不是200元，只有150元。

骗子最可恶的，还在于他们骗取钱财的同时，践踏了美好心灵，使我们的社会信任随着骗子的增多而减少。

六、黑吃黑

在电影电视中常可以看到，毒品或军火交易，因为见不得人，只好找一个僻静处。又由于互不信任，双方保持距离，真刀真枪相对。这边将货扔过去，那边将钱扔过来。打开一看，往往出现猫腻：或是尝一下发现毒品掺假，或是打开钱箱发现除上面几捆是真里面全是假，于是火拼起来。这种事，在现实生活中也有。

广西资源县一个自称退休教师的李某，说是某国有公司收购失散于民间的古董和旧美钞，在这方面投资可得10多倍红利，并可由该公司安排工作。

医生莫某闻讯，几年间先后投资 2 万多元，一分红利也没得到。李某总是以"快要成功"来搪塞。莫某要急用钱，只好如法炮制拉友人赵某入伙。不久，李某销声匿迹，莫某和赵某有苦难言。

蒋某得知莫某和赵某受骗不敢报案，便伙同湖南王某等人计算莫某，说王某家里有几个具有灭火功能、价值很高的"玉石手镯"急于变卖，利润可观。莫某又动心，投资 5000 元。其实，那只是一块特制的蜡。

交易时，收购的一方从公文包里拿出一包用报纸包好的钱，在莫某眼前亮了亮。交易完才发现，这包钱的每一小捆，除上面一张和下面一张是真，中间都是冥币。

黑交易黑货，难免黑钱。

第八章 外币类骗子

不想，外币类骗子也颇具历史。

以前，我国流通的银圆，除本国所产，还有外国流入的，从墨西哥来的叫"鹰洋"，从日斯巴尼亚（现名何处，尚不详）来的叫"本洋"。钱庄经营用鹰洋、本洋兑换钱币。如果换到的洋元质地不纯，就分别叫作"哑板"或"老板"，那就要倒贴几十到上百文钱。有天，有个人拿着一元本洋到钱庄检验，店里伙计拿起那本洋在柜台上转了转，认真听音，认为质地不错，就在洋元上盖章，还给那人。那人把刚盖的章擦去，重新给伙计，说要把它换成铜钱。伙计又认真检验一遍，说这是哑板，如果要兑换，要贴 50 文钱。那人如数贴钱，把换来的钱搭在肩上，又找伙计要钱，说："我先给你一个洋元，你说是好钱，然后又拿一个洋元换钱，一共是两个洋元。我只用一个洋元换钱，而我现在身上已经没洋元，你可以搜我的身。"钱庄伙计骂他无赖，马上就有几十个地痞流氓涌进来吵闹，围观的路人也越来越多。钱庄老板吓坏了，连忙赔不是，并赔几十块银圆，这才息事宁人。

一、黑市陷阱多

在本版修订的时候，我曾想：如今我国外汇也基本可以自由交易，还会有外汇黑市吗？要不要将这部分内容删除？请教相关人士。浙江丽水一位界内人士说：他们那里"还很繁荣"，年交易几十亿美元。

1. 街头骗

在街头，可能会有人问你："要不要交换外币？"如果答应，他们会马上拿出相应的外币给你。正当你认为兑换成功，打算离开时，骗子抢过你手上的钱说："对不起，钱弄错了，让我再数一次。"这时，另外一个骗子走过来说："警察来了，快走！"骗子把钱往你手中一塞："快走吧，警察抓到就麻烦！"骗子跑了。等你安定下来，数一下手中的钱，发现除表面一张大面额钞票外，其余变成零钞。

有了这样的骗子，"贼喊捉贼"也就有了新意。

2. 车边骗

广东佛山禅城区一位退休老伯，在中医院附近行走时，突然有辆小车停到他身边，下来一个青年，说家中有人生病，急着用钱，但手头上只有十多万元外币，到银行换手续烦琐，又要收费，为此请老伯帮忙换人民币。说着，他从包里拿出一捆面值 1000 元的外币给老伯看。

老伯不相信，迈步走开。这时，又有个走过来，声称自己是某银行的"信誉部"主任，看出这捆钱是真的，自己也想换。为让老伯相信，他还出示"工作证"。这样，老伯相信，回家拿存折，从银行取 12 万元给那人。那个拿了人民币驾车而去。老伯认真一看手里的外币，发现当中是一堆冥币。

冥币当然是"外币"，只不过那是阳间以外之币。

3. 银行门口骗

北京刘某等人，主要手段是切汇，也就是利用私自兑换外币的机会做假行骗。他们当中负责寻找、联系被害人的，眼尖嘴甜。他们散落在银行、商厦门前，嗅到情况主动出击，跟在后面巧言令色，谈好兑换的数目与价钱，把对方的电话或联系方法记下。刘某等人按照这些情况，先到银行花 10 元钱以被骗者的姓名开户，然后再存一些币值低的外币，数目同所谈的美元数相等。他们对受骗者说："咱们不用现金，万一是假币呢？还是把钱存到银行去，交换存折，这样大家都放心。"于是，刘某等人用事先拼凑的人民币，当着被骗者的面存入银行。双方一手交钱一手交货，被骗者得到只存 10 元的折子。等到取钱发现真相，骗子们早分头逃了。

所谓"越危险的地方越安全",就因为"危险"与"安全"的意识被颠倒了。

4. 以作废外币换人民币

上海松江区的李某,去华联超市购物。走到中山二路时,遇到外地人 A 问:"华夏实业公司怎么走?"话一搭上,A 滔滔不绝说:"我是到上海来做生意的,出车祸,身边只有外币,想以一比四五的价格兑换人民币。"这时,同伙 B 登场。他将李某拉到一边,悄悄说:"我是松江银行的王科长,我知道这种外币的国家牌价是一比五。我有个做外币生意的朋友住这不远。他如果肯收的话,我们就先兑换下来。"李某信以为真,跟着 B 到"朱老板"处。朱老板狮子大开口,称这种外币有多少收多少。离开朱老板,B 催李某取钱。李某取 39 万元现金、6.7 万元的银行存单和国库券总计 45.7 万元,统统给 A。A 将 100 张面值 1000 元的外币给李某。李某拿这些外币跟 B 找朱老板兑换。途中,B 借故离开,朱老板也人去楼空。李某向警方报案。经查,这种外币是早已作废的某国币。

骗子几乎个个能当剧作家。从启幕到闭幕,每一个角色何时出场、如何道白,都编得天衣无缝,足以令你身临其境,对号入座,出神入化,直到谢幕才惊异怎么回事。

5. 作废外币行骗乡里

有个姓王的年轻人,自称是台湾的,到福建大田太华镇,说他爷爷原是国民党军需官,几十年前有天夜晚路过汤泉时,突然发病,生命垂危,是这个村的肖郎中救了他。他爷爷到台湾后弃甲从商,发了大财,念念不忘这位救命恩人,特地叫他到大陆来报答。村里的老人们回忆,确实有这么回事,可惜肖郎中已作古 20 余年,不过他儿子肖某仍在本村。

王某见到肖某又跪又拜,千恩万谢,并马上掏出手机给台湾的爷爷挂电话。电话也给肖某接,真有一个老人向他父亲致谢。王某送上从台湾带来的名贵礼品,又掏 500 元给肖某上街买菜做午饭。饭后,王某到肖郎中墓上,看到坟墓简陋,马上表示要出 52 万元重修,肖某自然欣喜。第二天,王某到县城采购水泥和大理石,但他说由于来得太匆忙,身上带的几十万元外币只兑换几千元,现已花得差不多了,要肖某先借一万元。王某把一大袋外币交给肖某,肖某便将几年的积蓄给他。然而,王某拿了钱一去不回。肖某打王某的手机,被告知是空号。肖某把王某留下的外币拿给知情者一看,发现全是作废的外币。

骗子"知己知彼",而受骗者"知己不知彼"。这场交道,从一开始就注定了输赢。

6. 借兑换之名行劫

福建三明妇女吴某,常年在银行附近做外汇黑市交易。她每天在这一带游荡,风雨无阻。她跟各种各样的人打交道,不论是否成交,都会给人留下电话,希望多几个人跟她联系做生意。

安溪县一个偏远山乡的年轻人徐某,有吴某留给的电话号码,纠集两个同伙专程到三明,由徐某打电话,说:"我朋友有 2000 美元,问我哪里可以卖高一些价钱,我说你这里可以,就带他来。"在银行附近,他们见面。徐某说,那朋友住宾馆,一起去找他。到宾馆房间,跟假客户谈一阵,因徐某没带多少钱,没有成交。吴某回去后,假客户又打电话联系。她认为有利可图,当即到开户银行的户头上取 2.4 万元人民币,如约到某宾馆 401 房间。

一进房间,徐某在卫生间神秘地向吴某招手。吴某以为是同她单独协商价格,就进去。没想到,徐某一把将她拖住,反剪她双手。外面的人将电视机声音调到最大,任她喊和哀求都没用。3 个骗子用事先准备好的松紧带捆住她的双手,用透明胶封住她的嘴,又用刀片割断她身上的挎包带,搜出那 2.4 万元人民币和她早上收购来的 50 美元,扬长而去。

7. "打美国佬"

江西有一些犯罪团伙,专门诈骗台属手中的美元,居然还美其名曰"打美国佬"。

江西丰城的金某,曾因走私、诈骗被公安机关收容。解除收容后,他雇 4 个人,自己当老板,先后 10 余次流窜到四川、广东和湖南等地,专事"打美国佬"诈骗。

湖南溆浦退休老人黄某,有一个同胞兄弟在台湾,回来时带给她一笔美元。不久,两个分别自称姓张和姓董的外地人来找黄某,要求兑换美元。黄某答应以 5531 美元换 4.98 万元人民币,要求对方先将钱存入银行。双方到银行储蓄专柜，黄某填写活期存款凭证，连同身份证交给陈某办理存款手续。密码由黄某设置，但张某在旁偷看，又将她引离柜台，由陈某办理存款，并偷办储蓄卡。然后，3 人回黄某住所取美元。而黄某存折上的钱，当天就被分 3 笔取走 3 万多元。

这类骗子影响极坏。江西高安有个姓姚的台属遭遇"打美国佬"后，其兄从台湾给中共中央、国务院写信，说："我是前国民党垂死的老兵，一生积蓄寄回家乡，竟遭诈骗，愿大陆公安人员追踪蛛丝马迹，追回骗款，严惩这些骗人之徒，以彰国家治安，以励人民从善，使歹徒自新，使国家、社会安宁。"

二、拒绝秘鲁币

秘鲁国，远在拉丁美洲，面积 128.5 万平方公里，人口只有 1700 万，还没我们福建一半人口多。其货币叫"新索尔"（NewSol），宿写为 PEN。秘鲁币是一种高度贬值的货币，50 万元秘鲁币兑换人民币不足 10 元。巨大的差价，常被骗子利用。

1. 骗妇女

广东茂名的 3 个骗子，用 25 张面额为 1000 元秘鲁币冒充加拿大币，在茂名市区与妇女吴某兑换人民币 13 万元。吴某拿这外币到银行储存才发觉受骗上当，立即报警。不久，吴某找到 3 个骗子，一边悄悄跟踪到高州，一边向 110 报警。警方火速出击，在石仔岭收费站路段将他们抓获，缴获秘鲁币 64 张。

2. 骗老人

徐州彭城派出所民警在戏马台附近，发现一辆江西南昌牌照的桑塔纳车形迹可疑，随即跟踪。当车内 3 名男子用外币跟一位老人兑换人民币时，民警迅速上前将他们拘留。经审查，4 名狡黠的嫌疑人是江西人，在南昌以 3 元人民币兑 1000 元秘鲁币的价格购买秘鲁币 100 万元，开车到徐州行骗。他们以处理交通事故急用钱为由，用 3 万元秘鲁币冒充加拿大币骗得老人人民币 4.7 万元。

3. 骗银行人

闵某是武汉某银行运钞车押运员。有天一大早，他路遇一男子，对方自称从广东开车过来，在武汉撞伤人急需用钱，而他身上只有 5 万澳大利亚元，想以 1∶4 的价格兑换人民币。这时，另一位自称在银行工作的男子出现，说是有个收购外汇的朋友张局长，不妨找他请教。张局长出现后，当即答应以 1∶6 的价格兑换澳元。目睹这一幕的闵某，决定用 20 万元买下这 5 万澳元。他马上打电话给银行营业部主任卢某，说急用 20 万元现金炒外汇，称"保证在中午 11 时前归还"。卢某当即向管库员领 20 万元人民币，送到闵某手上。闵某换到"澳元"后，却再也找不到张局长等人。赶紧找人一辨，才知全是已过期的秘鲁币，等于废纸一堆。

4. 车上骗

陕西山阳的王某，乘长途客车从西安回山阳。途中陆续上来七八个乘客，其中小个子拿出一张绿色的外币买票，售票员拒收。旁边的同伙七嘴八舌，有的鼓噪："傻瓜！这是美元，一元能换人民币 13 元呢！"有的同小个子讲条件："你拿这钱没法花。我们用 300 元人民币买你 100 美元，行不？"小个子装着不愿意却又无可奈何，加上托儿们花言巧语地煽动，车上的乘客以为遇到难得的好事，纷纷掏出钱买假美元。王某看出其中破绽，悄悄提醒邻座的女乘客不要上当，竟被这伙骗子打得不省人事。

西安市公安局刑警五大队负责人告诉新华社记者，王某所遭遇的骗人事件在西安始发的长途客车上，几乎每天都有发生。

5. 骗上家门

年已七旬的某老太太独坐家中，突然闯进一名西装革履、手提密码箱的中年男子。他操着一口半生不熟的普通话与老太太搭讪，说自己刚从国外回来，碰上一宗大生意，可是办理兑换业务的工作人员不巧出差去，身上带的外币不能直接用，如果谁肯兑换，他宁愿降低比率，给对方赚笔钱财。说着打开密码箱，取出一沓新的外币在老太太面前晃几下。老太太被说动，转身回房从箱子里取出准备借给女儿买集资房的 3 万元现金，按所谓的优惠价兑换。

当日下午，老太太喜滋滋地对前来借款的女儿说："咱这回发了！"说着抱出那堆外币。这个当导游见过各种外币的女儿慌忙从中抽出几张，一捏、一照、一抖，发现是根本不值钱的秘鲁币。

这应验了《增广贤文》中那句话："人在家中坐，祸从天上落。"

三、巨额假存单

1. 骗企业

海南澄迈的刘某，只有小学文化，曾在八一农场工作，因涉案"海南汽车事件"被公安机关处理。此后，他私刻"银行海南省分行"和"银行海南省分行国际部"印章各一枚，伪造美元大额存单24份，提供给某物业公司的李某、吴某，用以向境外融资证明，骗取该公司人民币近20万元。接下来，他伪造数十张大额美元存单给广西陆川金武公司、琼澳投资公司、金星（澳门）等公司或个人，骗得数十万元人民币。他因涉嫌金融凭证诈骗，被公安厅立案侦查。被全国通缉期间，他又冒充银行的一名科长，仍然作案，屡屡得手，在社会上有"大骗子"绰号。

一次偶然机会，刘某骗到境外，连韩国基金、瑞士联合银行、德国卢森堡银行、加拿大多伦多皇家银行等境外金融机构都敢下手。因涉及数额大、范围广，严重扰乱金融市场秩序，惊动银行总行，并引起公安部的重视。据审查，近3年时间，刘某伪造22张总值5.5亿美元的存单，骗取企业资金400多万元人民币。

骗子往往如赌徒，不断加注。第一次诈骗失手，接着进行第二次更大的诈骗，不断循环，直到以生命为赌注最后一搏。

2. 骗乡亲

李某是四川资阳人，曾因诈骗罪被判处有期徒刑14年，刑满释放后，靠在水田里抓鳝鱼捉泥鳅卖钱糊口。有一日，他突然向人们讲述一个离奇的故事——

有一天，我去抓鳝鱼，来到村一个山洞口，洞里有个老太婆喊我。我麻起胆子走进洞，看见一位白发苍苍的老太婆。这老太婆说想吃鳝鱼，叫我给她几条。我见老太婆挺可怜，就给她几条。以后，我隔天就去一次山洞，每次去都要给老太婆几条鳝鱼。有一天老太婆把我叫到洞里，从一块石头下取出一样东西对我说："李××，你心太善良太好了，我快要死了，没什么留给你，就把这个留给你吧。"老太婆打开用油纸包了一层又一层的东西，是一张5亿美元的银票。老太婆这才给我讲真话。老太婆叫苗××，她丈夫叫胡××，抗日战争打台儿庄时是国民党军的一位将军。因为打台儿庄有功，蒋介石奖了胡××很多金银财宝。胡××把这些财宝全部存进美国的花旗银行，换成一张银票，一共是5亿美元。当时，战事很乱，胡××就把银票交给妻子苗××保管。1949年前夕，胡××逃去台湾，苗××没来得及逃走，就揣着银票东躲西藏，最后落难到资阳，隐姓埋名住进这山洞，期望有一天丈夫从台湾回来，好把银票拿去兑换。现在看来已经等不到丈夫回来，老太婆见我心善，就把银票给我，叫我去北京找人帮忙兑换。过两天我再去山洞，老太婆已神不知鬼不觉离开了，以后就再也没见到她。我到北京，找到外交部的×××。×××帮我打听，说那笔钱被冻结，要我回四川办我的身份证明。于是，我又到成都，找到公安厅七处的×××。×××说这事十分难办，得要巨额现金去疏通各方面的关系，才能使那笔巨款解冻。我是穷光蛋一个，哪里有钱去疏通关系，我只得想办法借。

李某怎么"借"呢？他宣布，凡是帮他找花旗银行兑现巨额银票的人都可以分红。按每股500元分红6万元计算，哪个帮得多分红就多。这么一说，真有好多人相信，其中有机关干部，有企业老板，也有普通百姓，最多的某企业老板出30万元。在街上跑三轮车的田某也信，陆陆续续掏出好几个500元。

可是，李某老不兑现。有人怀疑他是骗子，向警方报案，李某被抓。这时，从成都来几个人，其中一个老妇女据说是某市副市长的岳母。这几个人到资阳找李某，说抓不得，说他那笔钱从美国汇过来了，但必须由他亲自去取。田某等人闻讯，十分高兴，就和成都来的人一起到公安局，请求把李某保释出来。这时没什么人肯借钱保他，田某干脆把与人合伙买的三轮车卖掉，拿一万元作保证金，把李某保出来。

李某出来后，说先回一趟家，然后去成都取钱，叫田某等人在资阳等他。可是，田某等人再也等不到他了。

文学评论家雷达曾戏言："罪犯比作家更有想象力。"山洞里一个可怜的老太婆有5亿美元存单这种"神话"，连作家也难以想象。

3.骗社会

2001年7月下旬，北京某报有篇报道引起广泛关注，说是记者在存款主人代理人邵某北京住所看到一张存单，它由4张纯金及数张纯银金属铸成，存款单的签发日期是1941年4月7日，金额为2.5亿美元，上面刻有花旗银行总裁和存款人的头像，存款人为金娣女士，存款地点是新加坡金城道分行转存纽约总部。存单上还用英文标注：该存单"特别发行，不可撤销，无时间限制"、"在全世界各分支提取均有效"。主人金娣，曾是20世纪20年代末30年代初贵州军阀、贵州省主席周西成的机要秘书。1941年日本占领新加坡前夕，周西成将其存款2.5亿美元的继承权交给金娣。其后，由于战乱，金娣辗转藏匿，最后隐居于中国南方一个小山村。1949年后，美国政府冻结中国在美国的全部资产，金娣老人这笔存款也被冻结。1979年中美两国达成解冻中国在美资产的协议，才有取回这笔存款的条件，但因与世隔绝，直到1990年她才知道存款可以取回。哪知这条取款之路竟是一条充满荆棘的艰辛之路。这篇报道很长，而且挺煽情，摘录一些原文让大家开开眼界：

在中国人的思维中，欠债还钱天经地义，况且是放在一家国际大银行里的存款，更应该按法律约定办事。谁知邵某等人随后在美国律师于1997年11月5日在纽约花旗银行总部与银行副总裁进行谈判，花旗银行这位副总裁在谈判中答应三个月内结案。但事后花旗银行不但不及时兑付，反而百般推诿，拒绝见面……

说起当时的遭遇，邵某仍是压不住心中的愤怒："这场官司，让我看清了美国的法律，美国的文明"……这位秘书还透露有人将要对此采取行动，建议邵某尽快回国。但这些挫折与威胁并没有吓退邵某，反而更坚定了他的信念……最后邵某找到美国著名律师哈维。在听他介绍完案情后，哈维律师异常激动地说："当年花旗银行只是州立小银行，突然之间变成国际大银行，哪来的那些钱，我们这一代人都没有研究明白，现在我明白了。我相信这件事一定是真的"……

在这种"证据不足"的情况下，邵某等人在美国的民主诉讼实际上失败，他们的诉讼权力在美国名存实亡。就在山穷水尽的时候，哈维律师说："为什么你不在中国打这场官司？依据花旗银行的章程，只要是在美国花旗银行有存款，到其任何一家支行提取均为有效。"这一句话提醒邵某，他要回到祖国去，在自己的国土争取自己应有的权利……目前当事人金娣女士尚在，今年已是 93 岁高龄。由于她年事已高，留给她的时间不会太多，这笔巨款会在她的有生之年回到祖国，回到其真正主人手里吗？……对此，邵某充满自信："我办的是为中国讨回公道的事，同时也有利于国家的经济利益，更长了中国人的志气。这样的事我相信一定会胜利，也一定能够胜利"……邵某表示，他将依据花旗银行下一步反映，在适当的时候，在北京展出存款所有文件，并邀请在华的所有国内外新闻单位，让全世界给一个公正的评价。

读着这样的文字，每个爱国者都会义愤填膺，恨不能远涉重洋去咬一口"美帝"分子，或者是在田头村头开场批判会。可悲的是我们的爱国热情又一次被卑劣地利用，所幸的是我们的国家已经开始恢复理智，很快戳穿这一大江湖骗局。

同年 10 月 16 日《中青在线》报道：位于华东的花旗银行上海分行，除正常业务之外，还得学会处理一种"新业务"——对付为昔日军阀、"国军"将领讨要所谓遗留巨额存款的人们，尽管这些存款一次又一次被证明纯属子虚乌有。花旗银行中国区总代办处行长助理 钟敏敏称，他从台湾调到大陆 10 年来，处理了上百件类似风波。

所谓周西成巨额遗产，本身很荒唐。周西成的嫡孙、贵州省书法家协会副主席告诉记者，周西成 1926 年任贵州省主席兼 25 军军长，1929 年便战死于黄果树大瀑布附近，如何能在 1938 年和 1941 年两次将巨款交给他人存花旗银行。

这些"神秘存款"往往都有一段离奇的故事背景，有与众不同的凭证，或宝盒存放，或黄金打造，主角则几乎均由旧时军阀、要员之类扮演。交涉中，神秘的"主人"从不露面，只见能言善道的"朋友"、"家人"上蹿下跳。

钟敏敏说："大多数手段相当拙劣，对银行业务和有关历史稍有常识即可看出谬误。"比如有人手头拿着1942年至1945年间开具的花旗银行新加坡分行凭据，而实际上此时该行因"二战"关闭。相当多的这些凭据上英文单词、银行标志漏错百出，甚至花旗银行名称为汉语拼音。

金娣委托代理追款的"授权书"上注明，金娣居住在湖北省大冶市。可当地派出所户籍3次将"金娣"两字输入电脑，均显示"无此人"。该派出所负责人介绍，周西成存款骗局在当地早就有人搞。为此，武汉市公安局曾将主犯"白毛"（本名熊某）收审3个月。恰好在邵某提供的一份资料中，记者得知熊某与邵某同为这笔"巨款"的"取款代理人"。记者找到熊某的家。多位村民辨认记者手中由邵某提供的"金娣"照片后，证实这是本村五保户石某。她生于1920年。当地派出所负责人说：以这样的年龄，她不可能9岁在清华大学毕业，更不可能在当时担任某军长的秘书。同时，记者从清华大学档案中了解到：清华大学从来没有叫金娣或石某的毕业生。大冶市公证处徐主任说，有关2.5亿美元存款一事，1996年便查出是子虚乌有。

那么，为什么还有人热衷此道呢？在村口一家小批发店门口，记者同柯某老汉聊起来，当记者问到是否知道这里有人有巨额存款时，老人连连点头说："是一个叫'白毛'的人在搞，10多年前就说有2.5亿美元。他以前在这里没房子，可是自从他说自己有存款后房子盖起来，老婆也换了3个。"至于白毛哪来的存款，柯某说："白毛"有一天从外面回来，说自己从地里挖出来一个存折，并称要去新加坡取钱，让村里人资助。村支书还跟他一起坐过飞机。记者问本村人是否相信这件事，老人讪笑着说："现在村里人都不信了。如果是真的，钱早就回来了。从前村里有很多人出钱帮他搞这个取款，可是从没见他把钱取回来，就连村支书也被骗六七万元。"

类似案例还不少。据花旗银行介绍，该行曾经遇到过100多起类似的取款要求，即持所谓1949年前的存款凭证来花旗银行索讨，其中99%都是假的，只碰到过一次真的，而且人家凭的是存折，数额也不大。其他的千奇百怪。如花旗银行曾接待过自称是国民党将领孙殿英的代理人，他手持一份名为孙殿英的存款说明书，称存款人孙殿英于"1927年3月18日9时5秒"存入价值3亿美元的金银翡翠（黄金47750两、翡翠2771两、银条5760根）。其实，40年代"四大家族"中最富有的宋家，总资产也不超过一亿美元，而花旗银行1902年设立时资本才50万美元，到三四十年代也不超过1000万美元。

更有甚者，还会制造神秘事件，声称当初存款时曾留下过核对的信物，可以用来取款。信物有功勋章、金狮子、金牌、宝剑、玛瑙。有的人胡言乱语，不知所云。河南许昌一位65岁的老人，声称在海湾战争那年写一篇关于海湾战争的文章，受到当时的法国总统密特朗赏识，奖励给他100万法郎，通过市政府转交给他。向政府索要不成，他就到处上访，曾被送过精神病院。

醉翁之意不在酒。这类骗子并不指望能以假乱真，只想借以引起人们的义愤和同情，从而骗取赞助。据专家介绍，此类事件一般统称为"寻宝案"，最初由一些不务正业的人编造故事，大多借1949年前某某将军之名，称其在某银行存有巨款，或是在某处藏有珍宝，然后四处游说，骗取一些有身份之人的信任，然后才说寻宝需要经费，赚点小钱；或者由被骗者出面寻宝，自己则跟在后面骗吃骗喝。可见，这类骗子在同行中也只是些"胸无大志"的小人。

4. 大骗子骗小骗子

这个案例与前个案例有点类同，但另有些特色。

陕西泾阳县村民王某，从陕南镇安司法所干部汪某处以6万元人民币购得一张5000万美元的存单，然后写信给中央和地方的有关领导及中央电视台、中国银行等新闻单位及金融机构，说这张存单是他父亲去世时给他留下的，1949年前存在美国花旗银行上海二分行，要求国家帮助兑现，并表示只要留其中5%作生活费，其余全部捐献给国家重点工程建设。中央办公厅和国务院办公厅批复，叫他自己与美国花旗银行驻京代表处联系。王某托人联系，得到答复是：中美资产早在解放之初就已经结算清楚，现没有付款之义务。

两年后，突然有陈某等3人开着小车来找王某。他们自称是国家财政部的，要认真核验王某那张存单及其说明书、特制封签和包装盒等，请王某跟他们到深圳去居住，以便到香港兑付。王某举家迁到深圳，被安排在罗湖区一个花园。对方给他 50 万元安家费，承担每月 3.5 万港元的房租，还给 20 万元零花钱以及一部价值 14 万元的崭新小车及摩托车，每月另付 4000 元生活费。王某要求带他弟弟一家来，对方也答应，并另给别墅。

王某兄弟两家像神仙一样被人供养着，但不满足。他派两个儿子回陕西，找汪某再买些美钞存单。汪某果然又拿出两张，一张 7000 万美元，原始户主为邱某；另一张 5000 万美元，原户主为李某，两个原户主均为国民党高级将领。随同存单的还有说明、印鉴及亲笔遗嘱，转让价为 10 万元人民币。

由于偶然原因，交警追查涉案轿车，查到汪某，查出巨额存单。经人行省分行鉴定，这些存单都是在国民党中央银行 1947 年发行的，钞票上面粘贴 10 美元的图案而成，它本身不具备分文货币价值，而在汪某家中，还收缴到许多假美元半成品。

且说那供养王某两家子的人，选定由湛江一家银行兑现那张 5000 万美元的存单，万万没想到这会是假的。

面对骗子，我们常常难以高傲。别看他们有些是从穷山沟出来，书没读几天，没见过多少世面，也没赚过几个钱，可是多少官员、文人学者、大商巨贾都败在他们的嘴下。

四、外币假钞

美国在 1934 年发行过一种面额 10 万美元的金圆券，但仅供美国联邦储备委员会内部流通，共 42000 张，正面是威尔逊肖像，背面是金币等纹饰。目前在美国，最大面额的流通纸币仍然是 100 美元。然而，最近有 66 岁老翁竟然拿着面额 100 万美元的钞票，大摇大摆地上街购物，并要收银员找钱。在场的人被搞得一头雾水。收银员无法找钱给他，拒绝购物。老翁恼羞成怒当场要砸店，超市人员只好报警。目击民众认为，老翁要找的应该不是警察，而是医生。又如美国一名顾客在一家快餐店消费 2 美元，用一张 200 美元的纸钞付账，找回 198 美元。那张 200 美元的纸钞上面画着美国新任总统小布什和白宫，呈绿色，远看起来是真的。但是，目前发行的美元根本就没有 200

元币值的纸钞。欧元是世界上最年轻的货币，2002 年 1 月 1 日欧元现钞才开始流通，同月 3 日就在德国西部发现第一张欧元假钞。专家透露说，全世界目前共有总面值 60 多亿元的欧元伪钞在流通，而欧洲每月没收的欧元伪钞就达 4 万张。假外币不仅祸害外国，也在扰乱我们的经济生活。

1. 假外币兑人民币

新疆独山子的王某，想在外汇黑市赚钱，连续几天到乌鲁木齐市宾馆门口转悠，寻找发财机会。一个同行告诉他："四川有我的朋友，你带上钱，到他那里去换些假美元回来，转手就可以发财。"王某带着借来的 2.5 万元人民币，乘火车赶到四川巴中，兑换 9900 元假美钞，又坐火车连夜赶回，在宾馆门口用这笔假美钞兑换吐某的 8.1 万元人民币。成交后，吐某还未走远就发现这些美元是假的，急忙报案。

2. 假钞抵押借钱

福州女老板刘某，接到朋友唐某打来的电话，说他在河南省公安厅工作的朋友来福州出差，因现金不够，想用一张 100 万美元的钞票做抵押，向她借 5 万元人民币，半个月内还本，另付 5 万元人民币做酬谢。刘某有疑，婉言回绝。第二天，唐某再来电话约她面谈。刘某推辞不过，便打电话叫当民警的弟弟来，查证这是一张假美钞。在唐某携带的包内，还查得 1949 年前旧币及目前在我国不能流通的外币 40 多张。

3. 假旧美钞

湖南蓝山的龙某，特意拿一张老版美钞到深圳，找老战友李某，说蓝山有位国民党老将军遗留大笔旧美钞想兑换，鼓动李某去做这笔生意。李某信任老战友，就凑 50 万元现金随龙某到蓝山。龙某同伙邀一名年逾七旬的老汉扮成"老将军"，由他出示用彩色复印机印制的假美钞。李某发现破绽，改变主意想走。这时，龙某等人一把夺过李某带来的 50 万元现金就跑。

在骗子眼里，朋友、战友跟假美钞一样只是可利用而已。

4. 找银行兑真币

说来也许令人不敢相信，有人贩卖假外币居然敢贩到银行。河南济源市的周某，到银行济源市济东分理处，拿出一张百元美钞，要求辨别真伪。当班柜员张某经触摸辨别后，告诉周某这是假钞。但周某说："这种假钞验不出来，能不能帮我便宜卖出去，我还有不少。"这话引起张某的警惕，将计就计问："有多少？"周某往柜台前凑了凑，悄声说："一万多美元。如果你能兑换，我还可以搞到更多。"为稳住周某，张某借口现在兑换不方便，让他下午再联系。将周某打发走后，张某立即向行领导汇报。下午，周某果真与张某联系，要张某带 5 万元人民币到他家中兑换。银行保卫和公安人员随往，将他当场抓获。

什么叫"利令智昏"，请看周某！

五、洋骗子

1. 骗国家外管局

自称来自南非的杰夫，是个地道的洋鬼子。他给《外汇管理》杂志社打电话，说他父亲是大银行家，他本人做红宝石生意，要来中国投资 1000 万美元，请帮助联系。到杂志社后，他进而说："我们南非的外汇汇出要通过联合国，联合国中国分支机构有我的资金证明文件。"他打开手提箱，里面有两个半透明的白色塑料袋，袋中装有成捆的黑纸。他取出一张黑纸，又拿出一小瓶药水，用药水轻轻洗去黑色，显露出一张面值 100 美元的纸钞。他说一小瓶药水只能洗出一张美钞。他有几十万美元在联合国驻中国的机构里，美国驻中国大使馆有大量这种药水。那么，为什么要搞"黑钱"呢？他解释说，南非目前社会治安不好，带钱不安全。

第二天，《外汇管理》杂志社的工作人员和市公安局民警及国家外汇管理局管理检查司的官员一起"会见"杰夫。杰夫打开箱子，打算再次以同样的方式洗一次黑钱。有人故意从整捆黑纸中随意抽一张让他洗，他慢慢吞吞拖延时间，趁机将这张纸换成另一张。洗完，他进一步说："我原想在斯里兰卡投资，到那儿后发现他们很穷，于是改道来中国。我相信中国国家外汇管理局的人。这箱子里只是一部分钱，另外 50 万美元在联合国的中国机构，要取出来得花手续费，大约要 6000 美元。另外，洗这钱需要大量药水，要去美国驻华大使馆买。我们合作吧，我全权委托你们来投资，手续费和买药水的钱你们出……"

公然骗到国家外汇局，真是"明知山有虎，偏向虎山行"！只可惜骗子永远当不了武松。

2. 骗银行

两名持南亚某国护照的男子，到上海的银行假日支行营业部柜台，拿出 2 张 50 面值的美钞，要换 100 元面值的美元。柜员给他拿一张百元美钞，他又要求选择尾号是"8"、前面是"S"或"G"的美钞。本着优质服务的原则，柜员隔着柜台的玻璃让他挑，他连连摇头，假装着急，双手伸过柜台，连抓带抢将一沓美元强行拿到自己手中，像洗扑克牌似的在手中倒来倒去。在"洗牌"中，他暗暗将一张美元捏在手中。然后，他装着没挑到满意的号，将右手的钱递回柜员。同时，捏着赃款的左手迅速插回裤兜。然后，装着若无其事，让柜员再拿一沓继续选，并用同样的手段又将一张美元揣入左手裤兜。最后，表示不换了，要回 2 张 50 元。在这男子作案的同时，有一位同伙总是找借口引开柜员的注意力。事后才发现两沓美元薄了，一点少 6100 美元。

骗子无不是"演员"。

3. 骗企业经理

法国人莱霍托，在巴黎见到北京某公司总经理黄女士，自称是"国际扶贫基金会"的职员，想在华投资。不久，他伙同墨西哥人诺尔曼多到北京，以投资美元能获高额回报为诱饵，说将美元与跟美元纸币规格一样的黑纸夹在一起，再用药水浸泡，黑纸就可以还原成真的美钞，骗取黄女士和北京某商贸有限公司经理宋女士美元 36 万元。当他们在北京大饭店再次行骗时，被当场抓获。

骗子也会充分利用自身的"优势"。衣着破烂，没人相信他是大款。黑头发黑眼睛变美钞，也许会让人三思而行。而金头发蓝眼睛变美钞，则很容易让人不假思索。

4. 骗市民

两个老外来到长春的大酒店消费，买单时递过一张面值 100 元的美钞，酒店按 1 比 8 的汇率找给 560 元人民币。其中一位老外拿出一沓美元，用生硬的汉语当众说："我们只有美元，真不方便，谁能给我们换人民币？"马上有几位热心的顾客帮这老外兑换。一位女士用 800 元人民币兑换一张百元美钞，一人用 1600 元人民币兑换两张百元美钞，3 位男顾客凑 1600 元兑换两张美钞。过后，大酒店的服务人员到附近一家银行存款，这美元被认定是假的。

六、巨额藏款闹剧

广西荔浦县女教师陶某，停薪留职，向银行及亲朋好友筹集资金，到那坡县与他人合伙办冶炼厂。由于不善经营，企业亏损。为筹集资金进行技术改造，她四处奔走，不仅未筹到钱，反而被人骗走几万元，3 次被告上法庭，房屋也被拍卖。

这时，陶某想到骗钱还债。郭某的丈夫与陶某的丈夫曾在广西地质队共事过，两个女人探亲时就相识。两人的丈夫调回荔浦后，两家关系仍很密切。陶某挂电话给郭某说："我在那坡县办冶炼厂的时候，有一天，一辆小轿车接我到南宁见一个老人。原来，这位老人就是电影里'老太婆'的原型，已经 126 岁。她见我是个干事业的人，从我身上看到她当年的影子，就认我做干女儿。然后，又告诉我一个天大的秘密：1949 年，国民党空军奉蒋介石之命在西南某地空投 60 亿美元，作为国民党军最后抵抗及以后潜伏人员的经费。不料这笔巨款落到老太婆率领的游击队手里。老太婆将这笔巨资隐藏到凌云县一个秘密的山洞里。现在，老太婆自知风烛残年，来日无多，决定将这笔巨款交给国家，支援西部大开发。中央专门秘密成立一个解冻小组，我是这个小组的成员之一。小组有规定，谁垫资金做活动经费，谁就可以获 150 万美元的奖金。"郭某不信，陶某又说："三姐，如果不是亲眼见了中央首长，又当面听老太婆说，我也是绝不会相信的。我以党员及优秀教师的人格作担保，这是千分之千的真实，你尽管放一万条心。你在我危难之时帮过我，我感恩都来不及，还会昧着良心骗你？我只是想使你早日摆脱困境。"于是，郭某信了，决定入伙。陶某让郭某交身份证复印件，说是交给解冻小组，作为日后发放奖金的凭证。陶某还叮嘱郭某千万别将此告诉任何人，一定要保密。

过几天，陶某打电话给郭某说："三姐，隐藏巨款的山洞找到了。你准备1.5万元，我拿去交奖金税。"郭某说没这么多钱，陶某说："去借。3天内凑齐，汇到我告诉你的银行账户，迟了就没机会参加！"郭某听从，四处筹款，分两次如数存入陶某指定的账户。

随后，陶某又以各种理由叫郭某给她汇去3.35万元，然后挂电话说："三姐，我现在广州，马上给你汇去3万元，3天后你到银行取款。"第三天，郭某到银行取款，柜员说存折里根本没有钱。过两天，郭某又到银行问，柜员还说没有，并联系陶某所称汇款的银行，对方称根本没有人存款到郭某的账户。郭某这才意识到受骗。

然而，陶某还敢来电话，说："三姐，前几天，山洞死了一个人，要36天后才能再进去，现在活动经费紧张，你准备好1.2万元，我明天到你家取钱。"郭某答应，当即报案。警方在陶某取钱时将其拘留，但被骗去的钱只追回1.6万元，其余已被她挥霍一空。

陶某如果改行当作家而不是当骗子那该多好啊！她不仅想象力丰富，而且语言非常漂亮，例如："我以党员及优秀教师的人格作担保，这是千分之千的真实，你尽管放一万条心。"听了这样的话，你能不动心吗？

第九章　存款类骗子

存款诈骗也早有。有个乡下人到北京城布店进货，挑了一大堆，这才说："我是初学做买卖的。买布的事还得我合伙人做主，我在这等他。"等了半天，那合伙人还没来，乡下人说："我肚子饿了，没有多带钱。身上的钱是我们的本钱，换成现钱又不方便，怎么办哟！"布店老板教他到当铺当一下。乡下人从怀里掏出一个银元宝，对老板说："我不知道当铺在哪里。这是 20 两银子，麻烦您伙计帮我去当一下。我只要一点吃饭钱，其余的存那。"老板叫伙计去跑一趟，回来交给乡下人一串钱和一张存票。乡下人去吃饭。等到晚上，那合伙人还没来，乡下人急了，说："天马上就要黑了，天一黑就出不了城。这样吧，我把这 20 两银子的存票押在你这里，你让我先把这些布运走，多余的钱我明天再来结账行不行？"老板看这存票是自己伙计亲自去办的，而这些布又值不了 20 两银子，便一口答应。结果，老板等了 3 天，也不见乡下人再来，就去当铺取银子。没想到，在当铺其实只存有 2 两银子。当铺老板说："那天你伙计来当 20 两银子只取一串钱，我还问他怎么取那么少，他说顾客先只要一点钱吃饭。他走后，一个人拿那存票，连本带息取光。后来又来一个人，拿了这个小元宝，也取一串钱，剩下的就是你现在手上这张存票。"布店老板这才发现被骗。

一、假存单四处诈骗

1. 骗顾客

湖南株洲的喻某，可谓老骗子。他从江西某教育学院毕业，分配到萍乡市的中学任教，后调萍乡某局、萍乡某煤矿工作。有天，他在萍乡某储蓄所捡到一个空白存折，竟然到街上私刻几个储蓄所的印章，伪造一份5000元的存单。到银行取款时，被当场识破，处以劳动教养2年。对于这次劳教，他得到的教训不是不该行骗，而是认为自己骗术不高。于是，劳教回来，他买了全套法律专业的教材读，并多次到法院旁听，下苦功提高自己的骗术。

喻某还"实习"一次，伙同何某等人，化名"程绍欣"，以萍乡某粮食供应公司业务员的名义，到江西万载某粮油公司供应站联系大米业务，将骗来的大米低价卖出，得款3.2万元。不想被货主缠住不放，只好行劫，然后化名陈军，潜回株洲。

喻某继续行骗，胆子越骗越大，公然在某晚报刊登广告，称长沙市一套三室一厅90平方米的商品房出售，售价仅10.5万元人民币。为圆谎，他特地跑广州做假身份证，还花1000元私刻中级人民法院的公章，并模仿《中国法律文书教程》里的样式伪造一份法院民事裁定书，称杨家巷综合楼604号房主"汪桦萍"（喻某的同伙易某）欠"邓颜培"（即喻某）花岗岩货款12万元人民币，经中级人民法院调解，"汪桦萍"自愿将此房作价9.8万元抵偿给"邓颜培"，然后找房屋信息公司登记出售。刚毕业分配到某机关工作的周小姐看了广告，想买这套房子，商定9万元，交一万元押金，然后与"房主"见面，看法律文书，证明手续合法。第二天，周小姐带8万元现金，与信息公司经理袁某及"房主"到银行存款。周小姐心地较细，特地在存单上注明凭她本人身份证取款，才交给袁经理保管。三方约定，28日下午办完所有交易手续。然而，周小姐27日查询，银行说那8万元存款已被人取走。打电话找"房主"，电话怎么也不通。找袁经理，他说没他们的消息。原来，存款当晚，喻某用易某提供的照片到广州做一张周小姐的身份证，易某则找袁经理说要再看一下，将存单骗出来，用假身份证把周小姐那8万元存款取出。两个骗子在储蓄所柜台迫不及待分赃，各得4万元。

骗子如此重视骗术的提高，如果我们的防骗能力不相应提高，那么只有等着挨骗的份。

2. 骗公司

上海房地产商王某，通过朋友认识北京的商贸公司的王总经理。王总告诉王某，他在做信用证生意，能获利近千万元。王某说："我公司现在开发房地产，正缺 1500 万元，不知你是否有兴趣投资。"王总当即表示可以。通过多次洽谈，王总拿出一份商贸公司与某集团的合作协议书，说："我帮助这个集团拉到 5000 万元存款，他们答应借 900 万元给我使用 3 年。实际上，我向他多要 600 万元，只是对方要先拿 64 万元好处费，我还没给，所以存折还在他们手里。"接着，王总拿出存折的复印件给王某看。为做成投资生意，王某找成都某公司经理，要求借款 60 万元做融资中介费，20 天左右就还，以自己一幢别墅作抵押。王某开一张 59.5 万元的汇票，汇到王总指定的深圳市某工贸有限公司账上。

可是，几个月过去，王总答应的投资一分也没到，反而一再向王某要钱。王某感到不妙，终于报警。警方查明，王总给王某看的所谓融资合作协议书是虚构的，有关巨额存折复印件也是伪造的，该存折实际只有 20 元开户费。

20 元变成 5000 万元，恐怕孙悟空也为难，但骗子轻而易举。

3. 骗当铺

原在天津邮政工作的张某，花 2000 元买一张伪造的邮政定期储蓄存单、两枚伪造的邮政储蓄专用章及某银行储蓄所专用章，将存单伪造成 60 万元 5 年期定期存单，由朋友王某到河北某典当行要求典当。典当行决定派人和王某到邮政局鉴定存单的真伪，办理不可挂失手续，然后再进行典当。王某将这消息用电话通知张某。

张某冒充邮政局工作人员，早早等候在门口。见王某领典当行的人员进来，张某立即迎上前，询问 2 人办什么业务。王某装着不认识张某，说明来意。张某接过存单走进办公室，磨蹭一会儿出来，拿出一张提前准备好的证明信说：一切手续都办好，存单没有问题。这样，典当行同意支付王某人民币 48 万元，并先期为他开具一张金额为 10 万元的转账支票。

只因典当行办事慎重，当天下午再次到邮政局核实。这回，张某没有准备，假存单暴露真面目。王某不知已败露，仍然到典当行取钱，被守候的民警当场抓获。

看来，慎重永远是必要的。

4. 骗银行

上海的刘某，只有初中文化，因盗窃坐牢回来仍然好吃懒做。有天闲逛到某银行，在储户填错单的碎片中发现一张没及时撕毁的存单，上面完整地写着储户的姓名、性别、身份证号码、家庭地址、账号及存款数目，觉得有机可乘。接下来，他天天跑银行储蓄柜边去找，两三天时间捡了20多张这样的废存单。其中一张，他还听到柜员对储户说："您这钱分3笔存，要填3张不同数目的单。这张单子是总数，不能用。"储户将这张1.36万元的存单随手扔，但到刘某手里就"有用"了。他做一张假身份证，冒充储户去办挂失手续，说："一共是1.36万元，分3张存的，但是具体号码我记不清，请您帮我查查。"挂失后，他顺利取走这笔存款。

接下来，他又伪造一张10万元定期存款的储户相关证明材料。不料银行的电脑里找不到这个账户，可能被提前支取，他居然写信给这家银行的上海分行，称自己是退休工人，托别人代存10万元在某某储蓄所，现在找不到，责问究竟怎么回事？他收到回函，请他再到那个储蓄所查查。但他毕竟心虚，不敢去，目标改为一张5万元的储户。这时，那位1.36万元的储户因急用钱要提前支取，发现被冒领，通过监控录像资料很快速到刘某。

骗子固然好吃懒做，但他们勤于捕捉"骗机"，并千方百计努力让它成功。

5. 骗情人

江苏金湖的陈某，租用货车时与司机杨某相识，吹嘘说她在南京工作的干爹即将调任某县委书记，将来一定能为杨某做生意提供方便；她本人做煤炭生意也发大财，手中存款就有几十万元；她丈夫在外与人合伙开公司，难得回家一趟，她感到十分寂寞，想出资5万元包杨某为"二爷"。她拿出两张24万元的存折在杨某面前炫耀，说是存款一时无法支取，又急需用钱看望住院的干爹，多次从杨某手中共骗走现金5.3万元，使杨某不但"借"光家中全部积蓄，还欠下4万多元的债。

杨某无奈之时，拿着陈某的巨额存单去银行取款，才知那存单是伪造的，但被"借"去的钱财已被挥霍大半。

金钱遇上爱情，故事总更生动。

6. 骗嫖客

广东连平 60 多岁的老汉何某，认识一位"三陪女"，带她回家过夜。第二天早上，"三陪女"的手机响。通话后，她神情十分焦急地说是家里来的电话，父亲病危，必须尽快带钱回家；她在银行存有 7000 元，但马上要去赶车，来不及到银行取，因此向何某借 3000 元。她用存折作抵押，连同密码一起交出。何某接过存折，见上面果然有 7000 元的数额，便同意。

过好几天，何某见"三陪女"还没回来，决定先支取部分现金备用。到银行，储蓄员却告诉他，那存折上实际只剩一元，

看来，"三陪女"可以多兼一职。

二、冒名取款

（一）冒取货款

1. 一个屡屡发案的城市

中央电视台《今日说法》节目报道，姚女士所在的公司需要一批黄杂铜，这时她突然接到一个陌生的电话，对方称是厦门一家台资企业，手中有一大批进口的黄杂铜，每吨报价比市场价又低很多，于是顺利成交。姚女士到厦门看货，对方要她开一个账户，把这账户的卡和密码都烧掉，存折交由对方保管。姚女士回家后将 30 万元打入存折，准备提货。然而，再打对方手机总是关机，而打入银行的 30 万元货款早被提得精光。警方将犯罪嫌疑人张某抓捕归案，这才知道卡和密码早被调包，烧的是假卡。这一期节目引起非常大反响。公安局电话员龚某说："《今日说法》播出以后，我们收到四五百个电话，都是群众打过来咨询的，有的是报案。"但这类骗子并没有销声匿迹。

不久，《今日说法》又报道，主持人说："前两天我的手机就收到这样一条短信息，上面说：我们是厦门某集团，长期经营各种进口轿车、手机，还有手提电脑等商品，价格非常便宜。我们的记者还真打一个电话过去，结

果没想到让我们大吃一惊。"原来，这么廉价的诱惑：一辆三四十万元的进口轿车，只卖十几万元。这么便宜的价格，确实让人难以抵挡诱惑。种种迹象表明这个发信息的赵主任，很有可能是一个诈骗团伙的头目。所以在和厦门警方联系之后，记者以北京客户的身份飞赴厦门，亲自去会一会这个赵主任，结果当场抓住负责接头的犯罪嫌疑人刘某。

刘某是福建安溪的一个农民，曾经学过摩托车维修，但是总觉得干这一行赚钱太慢，加上安溪某些乡镇的农民靠诈骗赚钱盖了房，他眼热起来，为诈骗分子接头，每次 500 元钱。但万万没想到，这头一次就撞上《今日说法》记者暗访。刘某交代，各团伙的手法不同，他们这一伙是这样：首先取得客户的信任，在去看货之前让客户先把货款存入银行一个账户，偷偷将这个账户的密码搞到手，再设法将客户的身份证姓名号码住址抄下来，去伪造一张身份证，神不知鬼不觉地把客户的钱取走。

2. 一伙疯狂的骗子

山东青岛某商贸公司总经理王某收到一份商业信函，声称有廉价的走私电器、汽车、香烟、手机等商品出售。王某按信函的指点与福建泉州某商贸总公司总经理陈某联系。陈某请他先将货款存入当地银行储蓄所，并将存折、身份证复印件传真到泉州。王某当即将 38.79 万元人民币存入青岛银行储蓄所，然后将身份证和存折的复印件传真给陈某。陈某收到传真件后，以验资为名，要求对方告知存折密码。此后，王某多次催促陈某发货，陈某以正在备货为由搪塞。再过几天，手机联系不上，王某感到不妙，想把存款提出，却被告之该款已被领取。经查，王某的存款已被人持存折和王某身份证的人，从福建惠安的银行储蓄所领出 37 万元，另有 1.79 万元转存至其他户头，并于当天下午在漳浦银行储蓄所从转存的户头再次取出。

王某只是这伙骗子的一个受害者。在那段时间前后，全国 21 个省市自治区发生这类冒领案件，涉案金额高达 3000 多万元，冒领近 2000 万元，惊动国家公安部、银行总行。

警方侦破，这是一个组织严密、分工明确的诈骗团伙。具体分工是：以张某为首，化名充当皮包公司的总经理；邱某等人充当业务经理，向外地大量邮寄商业信函，谎称有廉价商品出售，骗取外地客户银行储蓄存折、身份证复印件和存折密码；李某负责根据存折的姓名及身份证招募冒领人员，将预定冒领人员的相片、骗来的存折、身份证复印件送往广东普宁的杜某，杜某根据存折存款数额，以每本收费用 200—2000 元的价格，按照要求制作假存折、假身份证；李某则负责通过徐某等人将假存折、假身份证寄给林某等冒领人员。该案已抓获犯罪嫌疑人 17 名。

3. 一个特殊的雇工

山西太原某度假山庄经理任某，带 7.5 万元现金到广州，准备向台湾鸿海公司驻福建办事处经理陈某购买 10 部手机。任某觉得带现金不安全，就把钱存在宾馆附近的银行，密码只有他自己知道。

第二天，任某与陈某见面，陈某要求对货款进行核对。他们来到银行门口，陈某说："你一个人进去就行。你从存折上取 2000 元，存折上会留下 7.3 万元，我看存折就行。"这样，任某更放心。取出 2000 元后，把存折递给陈某。陈某说 7.3 这数字不吉利，要求任某再去取 200 元。这样，存折上剩 7.28 元。对货款真实性没异议，陈某只是提出："公司是几个股东合伙开的，我一个人做不了主，得回去商量一下。你把存折先给我，如果他们没意见，马上给你发货，收到货后你告诉我密码，否则我把存折还你。"任某想，那密码只有自己知道，先给他存折没关系。哪知，任某一去不复还。第二天到银行一查，那存折只剩 100 元。

原来，陈某早雇了一个人专门为他偷看密码。在去银行的路上，陈某用手机通知这雇员先到银行等着。第一次取 2000 元，那雇工没看清楚，一出门马上挤眉弄眼告知陈某。于是，陈某借口 7.3 数字不吉利，要求任某再取款，让那雇工终于完成秘密使命。这样，一拿到任某的存折，马上就冒领，一次取 4 万元，一次取 3.27 万元，只差没取光。

福建籍个体户苏某向全国各地寄发推销进口香烟、石材的广告信。江苏常熟个体户杨某收到后，认为进口香烟有利可图，立即与苏某联系，见面洽谈。苏某以低于市场价供货，要求杨某将部分货款存入银行，自留密码后将存单交出，以示诚意。杨某同意。苏某陪同杨某将 8 万元存入银行。苏某的同伙佯装顾客，偷看杨某输入密码。由于当时人多，没看清杨某设的密码。4天后，苏某以验资和购机票缺钱为由，要求杨某到银行取款，苏某亲自偷看杨某按密码。当天上午，苏某到银行两次冒杨某之名取走 7.8 万元。从此，杨某再也找不到苏某。

如果第二次还没偷看到，骗子定会找第三、第四个借口，而任某肯定不会想到他分身有术。

4. 一再要冒领

一名自称邢某的中年男子，拿一张三明市银行储蓄所开具的 5 万元存单与身份证，到银行南园储蓄所要求提前支取。柜员张某认真核对，发现电脑提示"已经口头挂失"。张某一边要求客户稍等，一边立即拨电话与原开户所联系，得知存单主人是上海人，近日在厦门与几个福建人做生意，将存单交给对方后又怕上当受骗，于当天下午办理"口头挂失"。储蓄员一边将存单与身份证留住，一边询问客户，但这人借故走了。

第二天，又有两名上海人到南园储蓄所，拿出邢某的身份证与写有存单号、所名、账号等记录纸条，要求拿走存单。柜员张某发现这张身份证名字虽然与昨天那张相同，但持有人却不同，断定其中必有一张是假的。张某告诉他们，这张存单必须由邢某本人携带身份证才能取走。

第三天下午，邢某本人到南园所，柜员核对无误后，才将存单交给真正的邢某。

真邢某还是警惕的，但如果不是当班柜员责任心强，他这笔款还是被冒领走。

（二）冒领亲人存单

1. 丈夫冒领妻子存单

央视《今日说法》报道：湖北黄石女青年胡某，和吴某同居，生一个女儿。吴某发现胡某的存折放在柜子里，将她在当地银行的两笔存款同时挂失，分 5 次取走一万元。胡某另有 8000 元存在银行，设有密码，冒领不容易，但吴某不死心，竟然伪造胡某死亡的证明。银行工作人员说，这个死亡证明并不够，根据法律规定，还要有当地公证部门的公证书承认这个继承权，才能支取这笔钱。一计不成又生一计，吴某办了胡某的假身份证，请另一个女子假扮胡某，到银行取存款。这回本来可能得逞，只因没想到胡某的父亲到这来替女儿支取到期的国库券，与假胡某撞个正着。

福建永安一位女士在某日报撰文说：

我永远都不会忘记那一天！而且，在那一天之前，我怎么也不会想到我的生活会与银行有这么大的关系：一夜之间，我从一个富人几近沦为乞丐。

那是 4 年前的一个雨天，我因单位通知住房改革需要交购房款而匆匆回家，突然发现抽屉的存款备用账号和我的身份证不翼而飞。我忙寻找丈夫的影子，但他却不知去向。我顿感不妙：前些日子双方已是关系紧张，家中又无被盗痕迹，我猜测是他所为。在急匆匆找出密藏的尚未到期的银行存单，赶回单位开提前取款证明后，我又冒雨赶到一家地处闹市的银行储蓄所。当我递进两张尚未到期的定期存单和单位证明时，立刻被银行职员当作小偷控制住。银行职员告诉我：存款已被提前 6 天取走，来取款的人拿着你的身份证来办挂失手续，他说他妻子去出差，存单被盗。按银行规定，挂失的存单 10 天后可以提前支取。我又赶忙冲到其他银行，然而太晚，一切都如前：我存在 3 个银行的 6 张存折总共近 10 万元存款全被他用这一伎俩提空……

2. 妻子冒领丈夫存单

中央电视台《今日说法》节目报道：吴某退休后回宁波农村老家，生活很简朴，把省下的钱存信用社。有一天，他发现 4500 元两张存单不见。到信用社挂失，工作人员却告诉他钱昨天已经被取走。吴某存的是定期存款，身份证一直在自己身上，被谁取走呢？工作人员说，是他的妻子翁某，凭她自己的身份证和两人的结婚证取走的。吴某非常生气。原来，结婚不到半年的妻子正在同他闹离婚。就在妻子取钱的前一天，他被妻子赶出家门。

3. 外甥冒领姨妈存单

山东的高某，在《某晚报》社办公室自述：

中学毕业之后我去当兵，还入了党，退伍之后来到深圳。我的姨妈姨丈都在深圳，他们一向十分疼爱我，给我铺好一条发展的路。因为我在部队学了开车，到深圳后姨妈就介绍我进一家驾驶培训中心当师傅，一个月工资2000多元。后来那个驾校解散，姨妈又介绍我进一家大型超市工作，工资收入也很不错。说实在话，比起很多来深圳的年轻人，我十分幸运。上班之余，我开着姨妈家的车到处逛。

我在超市工作的时候出一单事：弄丢一部对讲机，公司罚我赔偿5000元。当时我23岁，年轻气盛，觉得受委屈，没跟姨妈商量就将工作辞掉。从超市出来很无聊，正好商店旁边有家游戏厅，就走进去。以前我也会去打打游戏，但每次都只买20元的币，打完就走，纯粹是玩的。那天进去后，游戏厅的小伙子介绍我玩一种跑船机，一把压下去就是1000元，结果在那里一直待到半夜。那里面有吃的有喝的，你待到多晚都没人赶，结果我赢了4500元！后来我才知道，这些游戏厅看到第一次来打的人，多半会让你赢。赢到4500元的时候，那个小伙子还劝我："你现在就走吧，再玩说不定就输进去。"我真的拿着赢的钱离开游戏厅。第二天我没去。可是第三天我又走进去。一周之后我想报名学电脑，拿着存折去打一下清单，才发现就这一周，连那天赢的4500元输掉不算，我还整整输了5000元！我吓一跳，心理很不平衡，决心一定要把这些钱赢回来。

我跟姨妈撒谎说住在一个朋友那里学电脑，跑遍深圳所有的游戏厅。有一次跑南澳的游戏厅打7天。有的时候也确实会赢一些钱，赌博的过程中结交一帮赌友，赢了钱就摆谱请他们大吃大喝，输了就在游戏厅里泡面。一天晚上，我和一帮赌友被公安抓赌抓进去，被电视台录进新闻里。按照行规，每次我们被抓进去都是游戏厅的老板将我们赎出来。晚上回姨妈家，我还装作若无其事的样子。可就在这时，电视里播那一条新闻，一家大小眼睁睁看见我出现在电视里。唉，那一刻我才知道，人这一辈子千万别做坏事，只要做了就一定会有被发现的那一天。姨妈当时就打电话给我爸妈，说了我的事。我只好在电话中一再向父母保证："我不再赌了，再赌就把我带回去。"其实那时我的存折里只剩下10元，也没钱赌了。

我在姨妈家老老实实待了几天。有一天，碰巧开抽屉的时候看见姨妈一张存折，里面有8万元存款。姨妈一家人从不对我设防，存折的密码我都知道。

我忍受不了那笔钱的诱惑，想出去赢回我的钱，就把钱还给姨妈。就这样，我偷走存折。

我先提取一万元，没 3 个小时就输出去。中午回家吃饭的时候，我坐立不安，知道不赶快把这一万元赢回来是不好交代的。他们上班之后，我又把存折拿了去取。我在游戏厅里待了一个通宵，到第二天早上，那张存折已经变成一张废纸……

俗话说："口渴盐卤也得喝。"赌徒输红了眼，天皇老子也敢偷，姨妈的存折又如何？

4. 冒妹妹骗哥哥存款

福建政和的吴某，收到在福州做生意的妹妹吴小姐的挂号信，随信夹带一本银行活期存折，说急需用钱，请哥哥立即存一万元钱到这存折上。吴某照办。

不料，吴小姐打电话与家人联系时，说她根本没有让家人存过钱。警方通过查阅储蓄所监控录像和查看营业日志，核对笔迹，确定张某可疑，便传讯他，并从他家中搜出犯罪证据及部分赃款。张某交代，他在上海花 90 元做一本吴小姐的假身份证，回到政和以她之名诈骗她的哥哥。

难道说对在外的亲人也要加以防范？

（三）冒充熟人

1. 冒同学

安徽某高校学生何某，手头没钱，打起同学的主意。他瞄准同宿舍的金某外出忘带钥匙的机会，迅速将他的抽屉打开，窃走 600 元现金和一个存折。他不满足那点现金，还想将存折上的 3000 元弄到手。为赶在金某到银行挂失前将钱取出，他还跟金某套近乎，旁敲侧击问密码。

好在报案及时，派出所民警迅速进入现场调查，抓获何某。

2. 冒老板

广州个体老板潘某，发现放在抽屉一个 16 万元的存折不见了，一方面要求银行冻结，一方面向派出所报案。调查发现：潘某店中的打工仔张某套问过密码，但这天上午，张某除了因解手离开约两分钟外，其余时间都与潘某待在一起，显然不具备作案时间。后来，警方通过银行监控录像，查到取钱的是一名身着搬运工服装的男子。警方拿着这录像带查找，有人认出是刘某，顺藤摸瓜张某这才落网。原来，张某早就知道老板存折上有大笔存款，并悄悄记下老板的密码。然后找刘某，由他代为取款，事成后分三分之一给他。这天上午，张某从老板的抽屉里盗出存折，利用解手的两分钟时间将存折交给刘某。

无独有偶。福建尤溪经营食杂生意的陈某，平时到银行存款回来，总是将存折随手丢在货架上。有一天，在跟自己家里人闲谈中，又说到这存折的密码。雇来帮助送货的黄某，知道老板这习惯，又偶然听过密码，竟偷偷配钥匙，盗走存折，分两次取走存折里2万多元，然后将存折注销。几天后，警方破案，但钱已被挥霍2500元。

三、盯梢取款人

1. 骑车跟踪

浙江台州椒江某建筑公司两名出纳，坐公司轿车到信用社支取100万元存款，不意被两名男子盯上。取完款，出纳将钱装进一只黑色塑料袋，坐车回单位。途中，两名男子把车截住，假装好心发现这车轮胎漏气，请司机快检查一下。然而，就在司机下车查看之时，那两人将车上的黑色塑料袋抢了，就骑上摩托车逃跑。

不想没逃多远，摩托车与一辆面包车相撞，黑色塑料袋被撞破，掉到地上，被风吹得飘飘扬扬，像是下起"钱雨"。骗子手忙脚乱抓起一大把钱，骑上摩托车继续逃。过路的人，有的把自行车一扔就跑过去抢钱，还有骑摩托车的、乘出租车的都停下来加入抢钱大军，现场乱成一团。

公安局200多名警力全部出动，全力追捕疑犯，并追索丢失的钱，仅追回32万元。

如此巨款，为什么非取现金不可呢？

2. 麻醉行窃

山西万荣的王老汉，从县城某储蓄所取 6000 元，装进提包，等车回家为儿子办婚宴。有个穿西服的中年男子走上前，说："大伯，借个火吧！"王老汉便将手里的烟火递过去。那人点着烟后，将王老汉的烟扔了，说："换支好烟吧！"王老汉接过香烟，招呼那人一块坐下等车。可是，王老汉没吸几口就昏沉沉睡着，那人用风衣裹了老汉的提包就上车。

3. 冒熟人套近乎

四川的李某和王某到新疆，经常游荡在乌鲁木齐的大街小巷，寻求发财的机会。王某走进银行储蓄所，挤在一位填写取款单的老人身边，佯装取款，趁机偷看老人的姓名及取款金额。然后走到一旁，用电话向外面的李某通报老人的姓名及特征。

老人刚出储蓄所，王某便尾随其后，直呼其名，故意和老人套近乎。这时，在一旁接应的李某走过去，突然扔一个空钱包，快步离去。王某拾起钱包对老人说："这人丢了钱包，咱们把他捡起来。如果有钱，咱们对半分。"这时，李某急匆匆转身回来，说："我刚丢一个钱包，你们有没有看见？里面有钱，如果捡到请交给我，我的钱我认识。"在一旁搭腔的王某故意说："我们是捡到一个钱包，但里面是空的，不信你让老人将身上的钱取出验证一下是不是你的钱。"为证明自己的清白，老人将刚才从银行取出的 1600 元拿出来，让王某辨认。在一旁搅浑水的李某，拉着老人说要到派出所去报案，本意是让王某趁机拿钱跑掉。没想到老人说去就去，两个骗子大感意外，连忙开溜。老人立即报案。当王某和李某再次使用这种骗术时，被警方逮了正着。

看来，警方是个说理的好去处。

更有甚者，骗子对被盯上的取款人直接进行抢劫。广西南宁，一名妇女在银行取 5.2 万元现金，刚走出储蓄所门口，就被两名骑摩托车的男子抢走。随后，又在该市的银行，先后有 3 位储户在存取款过程中被抢走皮包和现金，总额十多万元。骗子与小偷、土匪，常常可以一身三任。

四、公款私存有私心

1. 随意挪用

江苏常州某局建房审批员王某，负责收取并保管建房押金。他将建房押金以个人名义在银行开设活期户头，存取自由。然而，他染上赌博恶习，钱不够用就将手伸向自己保管的公款，从几千元发展到几万元，越输越多，挪用公款达50多万元。单位人事调整，通知他清理账目，移交工作。王某以为被发现，当日又到银行提一万多元现金，仓皇出逃。在路上，偏偏被人偷掉5000元，迫不得已到离常州不远的无锡便下车。他买一瓶安眠药，住进火车站附近的大厦，想了结此生，被及时抓获。

难道说钱比命贵？

2. 收受回扣

广西南宁的曾某，任居委会主任、党支部书记兼旅社经理，在同事心目中算个精明能干的女强人。居委会前身为大队，国家征用该大队的土地后，成立居委会，旅社就成为经营和管理原农民"农转非"后生活费用的企业。

退休职工艾某找到曾某，称有朋友搞高息存款，月息比银行高一倍。曾某便叫财会人员将旅社综合楼12年预收租金178.4万元存款，转到个人名字的活期户头上。艾某另外暗地里送上3.3万元，说是银行给她个人的奖金。后来，她以同样的方式又将旅社一笔300万元土地补偿费和一笔70万元的资金以个人名字存入银行，得6.2万元"个人奖励"。正在大做发财梦的曾主任万万没料到：手中的存单只是废纸一张，旅社那500多万元积蓄在银行没留几天就被一个骗子分别在南宁、桂林、梧州等地悉数提走。早在巨款存入银行时，旅社财务人员觉得有些蹊跷，建议将存单拿到银行"验明正身"。曾某为独吞"奖金"，反对说："你们只需管好这些存单，到期去领就行。"于是3张废纸在保险柜里一躺就是一年，直至财务人员到某银行提取本息，才发现3张存单都是假的。

如果不是曾某有私心，这笔巨款就不大可能公款私存，即使被骗也可能及时发现。艾某是骗子，曾某也是骗子。

3. 公私难分

广州某出租车队的马队长病逝，留下一笔 20 万元存款究竟是公款私存，还是私款？车队与马队长的家人打起一场官司。车队称，马队长在单位是个说一不二的领导，他喜欢用私人名义存公款，手下没人敢吱声。马家人回应：20 万元是马队长名下的存款，他们理所当然是此款的合法继续人。车队原来递交一份委托某会计师事务所作的审计报告，结论是那 20 万元属公款私存，为车队应补交税款。但后来那家会计师事务所又向法院表示：不能完全肯定那 20 万元存款是车队的账外收入。根据"谁主张，谁举证"的原则，法院认为，原告称那 20 万元存款是公款没有充分证据，且公款私存没有法律依据，不予认定。

引述这个案例并不认为马队长是骗子，而是借以说明："公款私存"很容易被合法地骗走。

4. 差点被判死刑

四川仪陇是个贫困县。该县某局原局长想以公款私存的方式"创收"，交代救济股副股长兼救灾捐赠接收办副主任王某办理，将救灾捐赠款 23.4 万元和销售福利奖券利润款 1300 元从单位户头上取出，分别以王某父亲、子女、亲友的姓名和数码代号存入几家银行，定期一年，之后又连本带利转存一年。不料，有人向纪委、检察院举报，王某被逮捕，以贪污罪和挪用公款罪起诉。同时，向新闻界发布消息，并制作电视专题片在各地播放，成为"西南三大案件"之一，引起社会"公愤"，几乎是"国人皆曰可杀"。好在王某的前妻不计前嫌，挺身而出，四处申诉，直到近 5 年后才使他被无罪释放。王某虽然捡回一条命，但老母亲给气死，第二个妻子带着没见过面的儿子出走。

我们当然要谴责有关部门，但起因是"公款私存"这个错。引述这个案例，与前例相反，说明"公款私存"很容易受个别单位负责人的"骗"，而一旦追查起来，吃亏者往往是"私存"者。

五、挪用代理存款

江西丰城的吴某，到海南打工赚了钱，怕存在外面不安全，想存到母亲处又怕母亲没文化，只好将 11 万元汇到姐姐处，请她代收代存。当时，姐姐要在丰城城区买店面，便将这钱挪用。

春节，吴某回家，向姐姐要钱。姐骗他说："我一位在银行分理处工作的姐妹有揽储任务，一时完不成，请我将你这笔钱转存她处，既了了朋友之急，又了了姐的人情债，你经济上又不吃亏。"吴某信了，不仅同意转存那 11 万元，还将身上 2.15 万元现金又给她。返海南时，姐将 13.15 万元的存单交给吴某，户名是他们的母亲。姐解释说："银行有几个朋友都向我揽储，只好用妈的名字。"吴某想：妈没身份证，户口簿又给我一起带到海南，不会有事。

哪料到，没几天，姐就将这存单设法办挂失手续。等吴某再回老家要钱时，姐索性为母亲办假身份证，将挂失存单上的钱转到这假名下。任吴某怎么恳请，再请姐的朋友出面，四处求援，姐就是不给。吴某恼怒，向公安局、检察院报案，又向法院起诉。

姐继续作假，指使儿子以外婆的名义拟一份证明，说那笔汇款是给她的，并哭着骗母亲在这证明书上按手印。她将这证明复印送给公安局和检察院。法院开庭，她抢先发言，说那 11 万元是被寄居在她家的吴某儿子偷走，然后汇回来的；另外 2.15 万元是向她借了归还的。关键时刻，法院请出他们母亲作证。母亲看不下了，如实说："那证明是假的！"母亲说出写证明的经过，姐这才不得不承认。

然而，这个复杂的骗局还有段不平凡的尾声。纠纷案审结后，审判长与另两名同事将这个案例写成通讯，发表在江西某报。吴某的姐姐看了这份报纸，觉得很丢面子，便和母亲状告 3 位法官和江西某报社，以 4 名被告侵犯她们母女的名誉权为由，请求判令 4 名被告在报上公开赔礼道歉，赔偿经济损失 4.109 万元，精神损害费 8 万元，并承担本案诉讼费。法院开庭审理此案，驳回诉讼请求。

如果你不是骗子，我说你是骗子自然侵犯你的名誉权；而你是个骗子，我揭露你骗子这怎么不行？难道做骗子没罪，揭露骗子有罪？你既然选择了做骗子，就要承担丢面子、丢自由甚至丢性命的后果。

六、借存单骗贷款

辽宁葫芦岛个体户徐某，向张某求援，说他在沈阳买了商品楼，想借用一下存单，到那边证明自己有付款能力。张某跟徐某关系一向不错，觉得这么点小事不帮忙说不过去，就借给她两张存折，一张是自己的一万元，一张是儿子的8000元。

没想到，徐某拿这两张存单后不知去向。张某到储蓄所问，发现她两张存单已被徐某拿到银行办质押贷款1.7万元，贷款合同上的贷款人一人是徐某，另一个是徐某年仅8岁的儿子。贷款所用证件，一个是张某已过有效期的身份证，另一个是用张某身份证变造的，只是把名字改一下，身份证号码和其他内容都未变。

骗子并不是无缝的鸡蛋。只要经办人稍稍认真些，那两张身份证根本过不了关。

七、掌上电脑骗存款

重庆长寿银行分理处门前，一个手持掌上电脑的青年人对过路的中年女工石某说："大姐，你要不要存钱？你今天存20元钱，明天就可取220元。"石某讥讽道："你这套骗人的鬼把戏我见多了，我才不上你的当呢！"那青年解释说："我这种电脑，有科学原理，将储蓄卡号输入特制的程序，会搜索全球金融系统的余额，然后将这些余额存入你的账号里。如果不信，你现在存入20元。明天再来，如果没有增长10倍，我就赔你100倍的钱！"石某将信将疑，进银行新开个20元的账户，让他把账号、密码、数额输入电脑。操作一会儿，他关上电脑，说是成功。

第二天上午，石某和那青年到银行一查，果然发现存款增至220元！石某信了，立即回家，将多年积蓄的6万元全部取出来，都存入这个新账号。那青年重新表演一番，说："大姐，明天再到银行，你的存款一定是66万元。我仍然在这里等你。到时你可要请客，不见不散！"

结果不言而喻。

著名学者罗素讲过一个故事：一只小鸡每天都吃到主人送来的食物，它就以为明天主人还会来喂食，可是第二天它被主人吃掉。逻辑学告诉我们，前天是的，昨天是的，今天也是的，明天不一定是。形形色色的骗子，一再用他们的丰富实践论证这一逻辑。

第十章　票据类骗子

　　相对来说，中国金融业总体上迄今不够发达，对于"票据"这名词恐怕还不少人陌生，然而中国票据的历史令人刮目相看。著名学者马寅初在1923年11月《银行杂志》创刊号上发表《吾国银行业历史之色彩》一文，曾作这样陈述："今谈之银行业者，每谓欧美银行组织完善、发达迅速，而吾国之银行业尚属幼稚，无足述者。几不知吾国银行业极盛之时，英美德法诸国尚属草昧时代，几不知银行为何物也。尝考吾国银行业发轫于山西。"看来，中国金融祖宗也曾"阔"过。而这值得夸耀的历史，正是票据。

　　不过，骗子也不落后。有个衣着华贵的人带着仆人乘车到当铺，取下手上的两只金手镯当钱。当铺老板仔细验那两只金镯，认为是纯金，决定收下。讨价还价，给他一张300贯的钱贴（相当于现代支票）。那人一走，旁边就有个乞丐要求用身上的破棉袄当20钱，说："人家的假金镯可以当300贯，我这破棉袄为什么不能当20贯？"老板听呆了，再次检查那两只金镯，发现真的变成镀金手镯。老板问乞丐怎么知道，乞丐说："那是个有名的骗子，我还知道他住在哪里。"老板便出2贯钱请乞丐带去找那人。到那人家门口，乞丐用手一指便走。那仆人正在喝酒，老板走上前，责问他为什么用假金镯骗人。仆人不承认，两人大吵起来。那主人闻讯而出，请老板到里面好好说。他说："你我都是有身份的人，宁肯吃亏也不能跟那种下人争吵。"老板说那金镯是假的，主人马上掏出钱贴换回那两只假金镯。老板拿回钱贴，晚上到钱局取钱，却发现那钱贴已被人兑取，现在这张是临摹的。老板再去找那人，那里人走楼空，那乞丐也不知去向。

一、伪造票据

1. 伪造印章

北京的胡某，曾被判刑 20 年，狱中脱逃。这人老谋深算，常常自诩"一万个人中也找不到一个我这样的脑袋"。在一系列抢劫、诈骗案中，他都只是策划，很少抛头露面。为了精心策划京城诈骗案，他还专门研究了一些金融管理的书籍，完善了自己的阴谋，然后才交由沈某和徐某等人去实施。

等待出国的杨小姐感到无聊，独自到饭店三宝乐吃饭，被徐某等人相中。他们自称广东华侨总社在京公司的，想高薪聘个女职员接电话跑银行，问她愿不愿意。杨小姐爽快答应。

过两天，徐某接杨小姐到德胜门外一家饭店，说这是他们的公司。接着带到王府井一家银行分理处，交代说："明天你上这二楼办汇票。"第二天一早，徐某把一张汇票和一个棕色皮工作证给杨小姐，一再教导办汇票的具体手续，连去第几个窗口、交多少手续费都讲到。杨小姐按照徐某的交代，拿着一张北京某市场家电部的汇票委托书，到这家银行分理处办出票手续，将 45.1 万元汇到上海某商厦照相机器材部，准备采购 100 台日产录像机，提款银行是上海某银行。

上海某银行入账时，发现某市场家电部的账面上没有那么多款，相差近20 万元。再仔细检查一下，发现委托书的印章是伪造的。但报案后查起来并不容易。北京这家分理处位于繁华的王府井商业街，业务十分繁忙。经办人员无暇去观察每个客户的长相，无法向警方提供办汇票委托书的女青年的面貌特征。

尽管如此，胡某等诈骗团伙最终还是落网，并查出这骗子曾经在海淀区两家银行分理处，以同样手段伪造了 61.2 万元和 43 万元的汇票，从上海某电器公司骗走 100 台日产录像机。他们还用伪造的委托付款单，从北京某实业公司诈骗录像机 100 台，从珠海某新技术开发公司诈骗录像机 20 台。

在这个诈骗案中，胡某始终躲在幕后。他的脑袋确有可能属于万分之一的聪明，但中国太大了，他之外还有多少个万分之一？不过，如果说每万人中就有9999个可能受他骗，那已经够可怕了！

2. 伪造印鉴

北京西城的徐某，到黑龙江大庆投资办养猪场，认识了银行大庆龙南支行龙源分理处主任高某。高某见徐某朋友多，联系广，很有能量，便说："徐总，你能不能给我拉点存款？"徐某马上应承下来，但提出条件："存款打入后，我要用一笔款炒股。股市我消息灵通，几天就能成倍盈利。"高某问："几天内本钱能回来吗？"徐某说不成问题，保证能堵上这个窟窿。于是，他们决定冒一次险。

由徐某牵线的大庆某投资有限公司将6000万元存入银行分理处。徐某的副经理余某带着仿制的印章来到大庆，给高某好处费20万元，另外给他一个手机以便联系。第二天一早，高某拿来两张汇票，让徐某盖上大庆某投资有限公司仿真印章和夏某仿真名章，并冒充会计在汇票上签字。之后，高某急匆匆回分理处，让分理处工作人员张某将大庆某投资有限公司存入的6000万元打出4900万元，马上分别汇入北京某经贸有限公司和北京某经济发展有限公司的账上，并一再叮嘱：企业着急，要办加急电汇。高某等着办完，才放心离去。

好在张某事后安下心来仔细核对，意外发现回单底联上的印鉴与大庆某投资有限公司账户预留印鉴卡不符。她马上向高某汇报。高某说："别着急，我找某公司换印鉴。"一直拖到下午，高某才领一个人来分理处。行领导发现，马上过问。高某便私自将真印鉴卡抽出，把假印鉴卡放到会计前台。行领导反复验证，很快发现问题。警方也迅速介入，及时追回款项，并从边境线上将徐某这个大骗子逮回来。

幸好"吃里爬外"的人并不多！

3. 伪造签名

银行西安分行党委办公室秘书刘某，分管该分行大厦工作组报销会议费用，竟虚构会议费用情况报告，又模仿该分行行长和党委办公室主任的笔迹，在报告上签署审批意见和签名，然后用这假报告在该行财务室领取空白转账支票，填写金额。他先后 51 次将分行行政经费 183 万元转至西安某服装公司服装百货商店的账上，再用该商店提供的空白发票，通过他人加盖解放军总后某招待所的印章，在单位财务室报销。所骗出的钱，用于同性恋挥霍。

一项大型地区性医学会议首次在港举办。主办人是香港某大学医学院内科系副教授何某，护士胡某协助这个会议的筹备工作，并负责处理会议支票付款事宜。没想到，胡某竟然在 3 张会议支票上伪造何医生的签名，从会议账户盗窃 16.8 万港元。

4. 伪造电汇凭证

四川仁寿的钟某和湖南桃源的游某，从电视导购节目中得知上海、厦门、广州、潮阳 4 家有关厂商的联系方式，便虚构武昌某电视台购物有限公司、湖北某电视台电视购物有限公司的名目，骗取 4 家厂商货物价值 10 多万元。警方查实，钟某、游某使用的电汇单经过涂改，即先开小额银行汇单，再用涂改液将其中有关数据改大。订货单上的公章，也是找人私刻的。

福建安溪的苏某等人，利用伪造的身份证，自称石狮某商行或某公司老板，在石狮市区租房，开办假公司。然后到广东、浙江等地收集数以千计的客商名片，按名片四处打电话，以购货为由传真去伪造的银行电汇凭证，使对方误以为已汇款，迅速发货。等货主发现受骗，他们已人去楼空，在另一个地方以另一家公司的名义诈骗。他们先后作案 16 起，骗得广东、浙江等地价值 40 多万元的货物。

河南杞县的葛某，高中毕业考入某学院读应用电子专业，对电脑苦心钻研，可他将聪明才智都用于歪道上。他跑到南京，在水西门附近骗取李某的身份证，用此证租房，而真正住的却是下关杨家花园某旅社。他从《电子商情》中挑出北京、广州等地 7 家公司，自称是江苏某设计院的工作人员，将伪造的各种单据通过传真机发给他们，将货物骗到指定的地点。然后，再通过网络将骗来的货低价卖出，一切都在双方未见面的情况下完成。

传真的功能有二：一是快捷，二是真实，但人们偏偏容易忽略其二。

5. 伪造系列证件

浙江宁波某教育基金会出纳杨某，伙同陈某，由陈某携带伪造的有关文件和身份证，以宁波某机关联合工会的名义，从有关单位骗取组织机构代码证、开户许可证，在银行鼓楼支行开设该联合工会账户，购买现金支票、进账单等，分4次到银行鼓楼支行骗取提取现金审批手续。陈某使用由杨某盖上伪造印鉴的转账支票，将某慈善总会在银行账户上的195.8万元转入宁波某机关联合工会账户，又以发放特困救济金名义，利用已审批的4张现金支票提取现金187万元，杨某分赃款115万元，陈某分72万元。

杨某做生意亏了本，确实需要救济，但如此伸手也太不"慈善"了。

6. "周末支票"

上海某家具城某家具厂专柜，来两个自称是海鲜大酒楼的工作人员，声称要做一笔近5万元的大买卖，哪知是骗子。刘某和张某见商家上钩，私刻"上海海鲜大酒楼财务专用章"和姚某的私章，购买银行空白支票一张。1月9日（星期六）、10日（星期日）晚，某家具厂分两次将货运至海鲜大酒楼。刘某和张某收货后，用盖私刻印章的支票支付货款，打发走商家，转身就将这批家具以"跳楼价"卖出。1月12日（星期一），某家具厂将支票解入银行，因"存款不足、印鉴不符"遭退票。

又如广州佛山的谢某，与某医药公司签订协议，承包其销售部，然后同黑龙江、海南、广西等地的41家制药企业订购400多万元货，周五下午开出空头支票，到周一被发现时逃之夭夭，受骗企业不断到某医药公司要求赔款。

只知时尚"假日经济"，没想还有人发明了"假日诈骗"。

7. 安排假证

浙江宁海某公司经理朱某，带着新任副经理潘某到永嘉某化工厂，购货7万余元，如约付款。不久，朱某和潘某又到该厂，签订100万元的购货合同，约定20天付款，当即提货10万元。但这次拖过付款期，潘某才带一张15.7万元的商业承兑汇票来付前批货款，另带宁海的煤炭经营部经理程某一张10万元的商业承兑汇票新购一批化工原料，2张汇票均有宁海银行的承诺书。永嘉某化工厂销售科长陈某拿起汇票仔细查看。见此，潘某连忙说："如果不放心，可以打电话问问！"说着还提供一个宁海银行的电话号码。陈某按这电话挂去，得到肯定的回答，但他还是不放心，派人拿着汇票和承诺书到当地银行询问，回答也是肯定的。于是，永嘉某化工厂收下潘某的汇票，给程某发货9.2万元。

后来，程某带一张35万元的汇票和银行承诺书，又一次到永嘉某化工厂提货。财务科长林某很怀疑，暗中通过宁海114查询电话号码，向宁海银行了解，结果对方不承认这张汇票及承诺书。林科长当场责问："宁海银行不承认，这是怎么回事？"程某说："我去问问他们。"说着溜之大吉。化工厂立即报案。经查，3张汇票和承诺书均属伪造。汇票上的付款单位宁海某煤炭公司，是个皮包公司，早已关闭，在汇票上盖着大印章的公司经理胡某早已逃之夭夭。而他们提供的宁海银行电话，是他们安排好的。直到5年后，才相继抓到这伙骗子。

骗子会精心安排他们的后路，如电话查询、逃跑路途等，唯独忽略最后的归宿。

8. 伪造国外汇票

梁某等4人，伪造出入境身份证、美国亚洲银行的巨额汇票和美国柏发公司的授权书等材料，以外商的身份，流窜全国各地，利用一些公司引资迫切的心理，骗取兑现汇票的先期费用。

梁某等与河北黄骅某传媒开发公司签订协议，承诺投资3000万美元，并带来美国亚洲银行新加坡分行开出的350万美元汇票，要求付给投资先期费用80万元人民币。对方同意支付该金额，但在支付时间上有分歧。梁某等要求先看到80万元人民币再办托收，公司则要求先办理托收再付现金。争执中，公司职员王某、赵某感到其中可能有诈，便找沧州银行鉴定，发现这汇票是假的，向警方报案。警方查知这伙骗子还有以下劣迹：

——用日本东海银行美国三藩市分行开出的150万元美元的假汇票，以提取投资先期费用的手段，骗取贵州遵义某水泥厂人民币60万元。

——与湖北黄冈某总公司签订协议书，以日本东海银行美国纽约分行开出的200万美元的假汇票行骗，只因对方要求汇票款项到位后再付先期费用，诈骗未得逞。

——与湖北宜昌某实业有限公司签订协议，以美国亚洲银行开出的350万美元假汇票行骗，只因当地银行不办理托收而告吹。

——以日本东京银行美国纽约分行开出 200 万美元的假汇票，骗取河北保定某猎枪厂现金 40 万元人民币。

月亮并非外国的比中国更圆，票据也不见得外国的比中国更好伪造。

二、空头支票

1. "著名企业家"负债经营

上海的吴某从技校毕业，分配到某玩具厂当工人。后来，他下海，在松江注册成立公司。这时，一个同学向他借款，许诺说："你借给我 120 万元做金属生意，一星期后我给你 2000 元利息。"吴某想：与其借给他，不如自己做。就这样，吴某闯入铝锭市场。在短短 5 年时间里，一跃成为铝锭市场的亿万富翁，获"十大私营企业家"等荣誉称号。

而司法审计表明，当年仅收一万元手续费，就为吴某注册资金百万元的公司。他的其他公司也如法炮制。他采用"空转回购"、"高进低出"等手段套用 50 多家客户的货款，进行"负债经营"，即先与被骗单位商定融资意向，后由吴某的一家私营公司按约定价格将铝锭虚销给对方，收取对应货款。同时，他又让他的另一家私营公司加价购回。实际上，先后两份购销合同所对应的货物，有的在仓库原地不动，甚至子虚乌有。另一方看到有利可图，也就放心将资金划出。吴某利用两份购销合同的时间差，骗取他方钱款。

人们怎么会放心把几千万元甚至上亿元的资金划给吴某呢？有关部门在调查处理中注意到：一些负有管理、监督、评审乃至宣传等职能的单位及所谓客户，为这出丑剧起了推波助澜的作用。仓库业务二科副科长张某，为吴某制作 1.55 万吨假提货单，实际上仓库无货可提。江苏某集团公司，一次投入资金数千万元，每次都拿到差价利润，几年获 2000 多万元，但最后一次被骗 6500 万元。某农投公司轻信谎言，短短一周内，在不要求吴某交付铝锭的情况下，动用财政专项拨款，一亿元被骗。

对于企业间的融资活动，国家明令禁止。违规给了骗子可乘之机，给自己带来了惨重的损失。

2. 专业公司购货

浙江黄岩的牟某，到上海租金昂贵的大厦 A 幢 8 楼租店，开办公司，但生意不好，欠债越来越多，便找来懂电脑的朋友凌某和包某，请他帮忙"借鸡生蛋"

凌某等人以印务技术有限公司的名义，给上海某企业发展有限公司京科分公司挂电话，要求订购 12 台电脑兼容机。这张送上门的订单虽不大，但在竞争激烈的电脑销售行业仍属可贵，于是京科公司迅速备货，由部门经理吴某亲自送到公司，当场收取货款支票。但公司财务人员把这张汇票拿到银行兑现，却被告知是一张空头支票。吴某不敢相信，立即赶到送货地点，公司的影子也没有。问牟某，牟某说他们办公房租给公司，该公司支付房租的支票也是废票。公安分局经侦支队后来发现，这牟某与凌某等人是一伙的。牟某与凌某虚拟一份租房协议骗警方，分赃 2 套电脑。

牟某还能预谋骗警方，似乎比其他骗子高一筹，只是高不过警方。

3."高干子弟"的便宜货

山东烟台的邢某，办一个皮包公司，到处冒充高干子弟，这边说"我是某省长的私生子。你想要汽油的话，我打个电话，绝对一级油，价钱随便"，那边又说"你要钢材吗？我是中央某首长的侄子，国内最便宜的钢，进口钢材也好说"。为了让人相信，他全方位包装：3 万元一套的西服，近万元的皮带，抽高档香烟，打火机也 8000 元一个，还租用高级轿车，包了高档宾馆。他父亲居然全力支持。在别人面前，邢某把父亲称作叔叔，他也点头认可。

邢某到福山区某石油公司，找业务员邹某说："我要 50 吨柴油，打点关系用，价钱你说了算。"邹某早闻邢某大名，就按牌价给他。邢某签支票时，故意多划 2000 元，说是"一点小意思"。此后邢某来买油，每次都出手大方，当场兑现，而且暗地里送给邹某个人 2 万多元。后来又找邹某："这次我要400 吨 0 号柴油。这是支票，你随便开！"邹某丝毫没有怀疑，就把提货单交给邢某。几天后，油提光了，支票却被顶回来，因为是空头支票。但邹某害怕被处分，迟迟不敢向领导汇报。

邢某将骗来的油以极低的价出手，让人们对他"高干子弟"的身份深信不疑。在不到2年时间里,邢某骗得山东某石油公司、某银行芝罘区西郊办事处、文登某信用社等单位550多万元。这些骗来的钱,邢某吃喝嫖赌,20多天就挥霍30余万元。案发后,仅追回100多万元赃款赃物。

如果邢某真是"高干子弟",这空头支票就会变真吗?

4. 富婆订货

在贷款诈骗案例中介绍那个"借花献佛"的陈某,到上海某商店珠宝柜前,对吴老板说:她投资500万美元的假日酒店过段时间要开大型招商会,现在来定做一套豪华首饰,要在这个招商会上显示一下实力,价格不谈,但质量一定要好。吴老板连夜设计,随带6颗金刚钻上门征求意见。陈某同意设计,并选一粒2.02克拉的宝石,另一粒1.22克拉的钻做挂件。吴某要她先付3万元,作为这20万元首饰的定金。陈某不高兴:"你连我这种人都不放心?"

到交货的时候,陈某爽快地开一张20万元的支票。但拿到银行兑现不了,因为是空头支票。再找陈某,鬼影子也不见。

警方查知,陈某手头实在没钱,只好将这些首饰仅以5万元人民币送进当铺。

陈某没有第三次骗吴某,似乎发了善心,终于"功德圆满"。

三、盗用公司(单位)名义

1. 出纳偷配会计钥匙

贵阳某土地登记处的年轻女出纳陈某,迷上泡吧、上舞厅、买时装,感到工资有限,便注意上手中经办的公款。有天上班时,同办公室的会计老大姐因有点急事外出,怕有人来找她盖章开票,临走时顺手将自己的钥匙交给陈某,万一有事请她代劳。没想到陈某竟然抓起这串钥匙跑到楼下偷配一把。后来,她利用这把钥匙偷偷在银行支票上盖章,偷填金额,偷取单位的款项,挪用公款64.5万元。

为掩盖犯罪,她先后38次采用"小头大尾"、不提现金而只填现金支票存根金额及私自存入现金等方法,归还单位17.5万元。为防备银行与单位对账，她还私刻一枚"银行贵阳分行瑞金支行转讫"的三角章，采用后款还前款，以打时间差和不缴存的手段，先后4次伪造土地登记处上缴财政专用的"一般缴款书"，共计金额74万余元，交给会计做账。

挪用出来的公款，除高消费外，陈某伙同男朋友投资开个"麻辣烫"小吃店，一边继续挪用，一边积攒归还。单位从来不对账，一切风平浪静。直到财政局综合计划处出纳员许某同情夫贪污公款7272万元的惊天大案败露后，市委、市政府发出"关于加强机关纪律，整顿机关作风"的通知，要求各单位采取积极措施，查漏补缺，在这种情况下，陈某的罪行才暴露出来。案发后，陈某虽能积极退赃，仍有35.2万元公款无法追回。

人们常说能够做同事也是一种缘分。骗子对于这种缘分也不轻易浪费。

2. 出纳兼会计

内蒙古某厅办公室出纳康某，是个单纯、朴实的姑娘。单位将5个银行账户工作都交给她，同时将会计名章、专用章也交由她保管。这就意味着身为出纳员的康某，除了签发报销的权力，其余的财务大权都有。

康某天天与钱打交道，慢慢对钞票产生特别兴趣。她自填两张现金支票，从银行取出2000元公款装入自己的包里。一个月过去，领导和同志们仍然那般信任她，她便又私取1000元。后来，她加快了"致富"的步伐。

结婚后，一笔又一笔的现金继续从单位的账户流向康某家中。她曾暗暗将1.1万元补回单位账户，但更多还是流出。她把每一笔钱都交给丈夫，说是与别人做买卖赚的。丈夫也就心安理得地挥霍，呼和浩特各大高档饭店、歌舞厅，无不留下他的足迹，买了一部小车、两辆高档气派的摩托车，房子豪华装修，现代化电器全有，还有13件高档皮衣、19件白金首饰、13件黄金首饰。

康某挪用公款案件暴露后，同事们第一个反应是问"是不是搞错了"？因为她自己平常言语不多，衣着打扮一般，没有挥霍的现象。然而，检察机关查证她挪用公款317万元。

对官员来说，不受约束的权力必然导致腐败。对职员也一样，尽管他们的品质原本有多好。

3. 出纳涂改发票

央视《今日说法》报道，山东某城市建设综合开发公司的出纳员丁某（现金出纳兼银行出纳），是单位团委书记，曾获市"青年突击手"称号，荣誉证书有一大摞。然而，她利用职务便利，采取用现金支票、银行本票、提取现金不入账或少入账、用转账支票将公款转存到个人信用卡或银行存折等很简单的方式大肆贪污，工作6年中有5年半在贪污。

丁某认识银行市分行信贷科的刘某，可谓"志同道合"，一边谈婚恋一边谋划贪污。丁某把公款以她或刘某的名义挪下来，转到他们夫妇私人账户。一张600元的餐费发票涂改为53600元，一张2000元的发票涂改为20万元。这些发票不可能经过合法途径报销，丁某便做假账。最多时一天作案4起，一次最多提取公款45万元。有一个月作案达10起，提取公款144万元，平均3天一次，每天4万元。检察院组织60多名会计进行认真清查，认定她先后私自支出单位银行存款248笔，共计1078万元。

骗到公款，丁某和刘某挥金如土。婚礼上鲜花瓣儿就扔掉3000多元，烟酒9万多元，旅游住的是总统套房。他们家里不亚于一个高档商场，没有低档的东西，全部是名牌。由于贪污的数额越来越大，又赶上公司急需大笔资金，丁某慌了，潜逃上海。

丁某和刘某最终受到法律制裁。有意思的是，刘某对记者说："我觉得我没跟她（丁某）犯罪，我觉得我是被她欺骗的。"记者问："你改过发票吗？"刘某说："有啊。有这种事情。她让我偷改发票，我就给她改了。"

《笑林广记》有个笑话：钟馗专好吃鬼，其妹给他送寿礼，单上写道："酒一坛，鬼两个，送与哥哥。哥哥若嫌礼物少，连挑担的是三个。"钟馗看完，叫左右将三个鬼都送厨房烹杀。担上的鬼对挑担的鬼叹道："我们死是本该的，你何苦来挑这担子？"刘某可是这种挑担鬼？

4. 财务科长兼出纳

贵州某矿务局总机厂财务科长金某，儿子吸毒，每周要吸掉七八百元，在外面欠下一屁股债。金某取出家中多年的积蓄，一笔笔替他还，很快用空家当。为了帮儿子戒毒，她从单位货款中挪用2万元。她带着儿子去西双版纳散心，到戒毒所戒毒，四处求医问药。可这不争气的儿子总是戒了又吸。家里的钱花光，挪用的公款也花光，她自己的心态也完全变了。

金某调来十几年，厂长换了一个又一个，但从来没有谁在工作上挑过她的毛病。在所有认识她的人当中，特别是在财务科里，没有谁不信任她、不尊重她。她的人品和工作总是那么让人放心。她入党，提科长。但与此同时，她对公款爱得疯狂。本来由出纳员负责的存取款工作，她常常代劳，主动帮忙。厂里的存款账户设在市区银行，去一次很不方便。每当出纳员因这样或那样的原因去不了或不想去时，她就主动揽下。出纳员心想，财务科长多干点也是应该的，索性将这工作让给她。后来，调一个年轻姑娘接替出纳，业务不熟。金某说："没关系，我先替你干着，等业务熟悉了再交给你。"

就这样，金某恣意支配公款。她把私自截留下来的现金支票盖上由自己保管的法人代表印章，又顺手拿来人人都可以拿到的财务专用章盖上，在支票填上自己想要的金额。至案发，她先后25次将单位的568万元提取私用，还利用代出纳员到银行取工资、备用资金的机会，从出纳手中取得空白现金支票，采取"大头小尾"的方式，47次将121.5万元占为己有。

金某贪污这么多钱干什么？说来可笑。检察官到她家搜查时，看到令人不可思议的场面：家里晦暗肮脏，陈旧的家具上积满尘埃，吃的用的穿的胡乱堆放，地上鞋袜随处可见。但是从废报纸堆里、台灯座下、床底下搜出现金15.7万元、银行存单28.9万元、国库券13.8万元，有些钱已经霉烂得连银行的验钞机也辨不出真伪。金某常到贵阳疯狂地购物，光发票说明金额的就有170余件计12.8万元，可是买来的珠宝首饰全都没有戴过，买的、做的衣服、布料，被揉得像烂菜叶一样皱巴巴，早已没有原样。

金某的丈夫是某医院院长，也收不少病人家属送的高档烟酒和其他礼品，有的红包还没拆开。他交代说："开始她从单位拿钱回家主要是为了还儿子欠下的毒债，想等有钱了再还。后来她拿回的钱越来越多，又没人知道，我也就没问这件事了，只觉得钱放在家里用起来方便，但又不敢拿到银行去存……"

终究会有人知道的。矿务局总机厂财务科另一名会计在与外县一矿区对账时，发现 3 年前对方交来一笔购货款在本厂的账上没有记录。对方很快又找出当年由金某开出的这笔收款凭条，于是东窗事发。

看来，金钱可令人变态。

5. 业务员代理法人代表

福建漳州某经济开发区有限公司总经理王某，拟成立一家的士出租公司，但手头缺资金，便找该市某皮件厂业务员杨某，想以该厂的名义向银行申请承兑汇票，事成之后送两部的士给杨某经营。杨某同意。王某填写一份公司与皮件厂签订购买提花布的虚假合同，杨某则利用工作之便，瞒着法人代表苏某，擅自在王某提供的购销合同上盖皮件厂的公章和苏某的私章。然后，杨某以虚假的合同等资料向银行漳州市芗城支行申请承兑汇票，王某则以其经营的某针织服装厂做担保，与银行签订《保证担保借款合同》，获 100 万元的承兑汇票。王某将这张汇票拿到银行漳州分行营业部申请贴现，并以转账、电汇和开具现金支票等方式提取现金 96 万元，其中 30 万元给杨某。

皮件厂注册资金仅 8 万元，却背上 100 万元的冤枉债。法人代表苏某发现后，立即报案。

这也是一种篡权方式。

6. 内外勾结偷转账

成都某新成立的三资企业，财务管理没走上正轨。该公司会计柏某，与朋友颜某谈起此事，决定趁机弄些钱。柏某将公司的开户银行及账号告诉颜某。不久，颜某搞来某银行印制的 2 张转账支票。柏某将这支票带到公司，盖上财务专用章，并提供在银行业务部预留的周某和李某印鉴纸样。颜某找人私刻周某和李某的印章，然后以该公司支付创意部装修工程款的名义转款 58 万元。

颜某骗得那 58 万元就跑，分文没有分赃，这让柏某觉得很不平。于是，她找同学王某，如法炮制，又骗得 583658 元。当天，她分赃辞职。尽管银行一直及时提供对账单，这家公司在柏某离开几个月后还不知被人骗走 110 多万元。

家贼已是难防，再有外应，简直防不胜防。

7. 冒充公司职员

浙江天台的龚某,曾因盗窃罪、流氓罪和寻衅滋事被劳教。湖南邵阳的匡某,曾因吸毒被处劳教。两人在解除劳教后一起混迹于上海滩。一个偶然的机会,他们同进康能公司。这是个皮包公司,他们决定利用这个公司行骗。经人介绍,他们认识 A 公司的业务员詹某、业务部经理杨某及公司老总田某,得知株洲化工公司尚欠 A 公司120万元货款,而鹰山石化又欠株化公司的货款。龚某、匡某称可以帮 A 公司的忙,把株化欠 A 公司的 120 万元货款从鹰化转过来,条件是这笔货款先转到康能公司,由康能公司以发焦炭形式支付给 A 公司。A 公司正愁这笔钱怎么讨,马上同意。

A 公司特地派人到上海对康能公司的情况进行考察,认公司是个有实力、有信誉的大集团公司。为表示诚意,A 公司承提供的焦炭可以略高于市场价。A 公司与龚某、匡某签订合同,康能公司把 120 万元货款以发焦炭形式发还给 A 公司,龚某、匡某发给 A 公司价值 4.5 万元的焦炭。然后,龚某、匡某以康能公司名义同株化、A 公司签订三方抹账协议,并从 A 公司及株化公司取得转账财务证明。随即,龚某、匡某通过鹰化公司转出 120 万元承兑汇票。

然而,龚某、匡某以焦炭价格上升为由拒发焦炭,将 15 万元现汇及 30 万元商业汇票(经查是废票)给 A 公司,承诺余款用其他方式偿还。此后,A 公司再也无法与龚某、匡某联系。到上海康能公司去找,其总部早已人去楼空。下属十几个分公司,一个也未找着。找到几个在康能公司干过的人,但他们对龚某、匡某一无所知。被骗的 120 万元货款已被瓜分,用于吸毒、赌博及还债。到落网时,他们已身无分文。

急病乱投医,给庸医平添发财的机会。

四、调包汇票

山东烟台某实业公司设在韩国的株式商社,要从阿联酋购进价值 150 万美元的复炼乳状油,香港代理商要求预交 30% 的订金。因其韩国商社没有足够的外汇,只好请总公司调节兑换。于是,董事长吴某四方求援。青岛的同学单某说，他有个广州朋友林某，可以按国家牌价兑换 50 万美元。吴某按照对方的要求验资，从烟台银行开出一张 415 万元的汇票，经单某传真发往广州。

广州的林某与港商周老板到青岛，吴某如约赶往，将汇票亲手递给对方。周老板接过一看，认定汇票真实无误，但还是谨慎地说："吴老板，咱生意人凡事讲究信誉。我回去立即筹集 50 万美元，划到你指定的香港金城银行。等你的代理商见到款项入账，你再把汇票给我。"吴某问用什么方式给汇票。周某说："我房间有个保险柜，咱俩各设 4 位密码，将汇票放进去，然后双方各派一人守着。等我 50 万美元到位，再说出你的密码，由我的秘书开柜取汇票。"吴某没异议，顺手找一个酒店的信封，当众将汇票装进去。周老板打开吧台下的保险柜门，请吴某先设密码。然后自己蹲下身。不料，他鼓捣半天锁不上，对吴某说："你帮忙看看出啥问题。"吴某随手将信封往吧台上一放，俯下身去仔细查找保险柜的毛病。就在此时，周某起身，将伪造汇票掏出来，与那张装在信封里的汇票调包。吴某调理好保险柜，将信封放进去，毫无戒意地上锁。

周某回广州后来电话，说他筹措的 50 万美元已到银行。到双方协议的最后时限，周某还准时给吴某打电话，说会计正在银行办理转账划款，估计要 12 点才能办好。守保险柜的孙某在旁听了电话，说是身体不舒服要去买药。吴某的司机连忙说陪他去。孙某一计不成又生一计，说要买包香烟，一去没踪影了。吴某耐着性子等到中午 12 时，忙给周某打电话，连拨几次都关机。吴某感到不妙，叫保安将保险柜打开，看有张汇票在那就放心，又锁上，找单某通过广州林某找香港周老板。

第二天上午，林某回话说："昨天上午，周老板划款时，营业厅的计算机突然发生故障，所以没有办好，请再等一天时间，我保证兑现。"吴某只好再耐着性子。但是想与周老板通话，他仍然关机，林某则一直忙音。至此，他才清醒，重新打开保险柜，拿出汇票仔细看，发现这并不是他的。

不久查明，吴某那张汇票早已在广东佛山被解付，并支出人民币 180 万元。解付人是梁某。梁某为了做资金生意，买下某贸易公司的营业执照、财务专章、法人公章等一套完整的假手续，在银行河宕分理处开设账户，主要做汇票解付、转账、调汇等资金生意。而香港周老板是个大骗子，真名黎某，常年居住北京。

看似最保险的地方，往往最不保险。

五、收票不付货

福建安溪农民陈某，自称广东客商，在厦门注册成立空壳公司"意利高"，谎称有一批聚乙烯要出手，广泛散发商业信函。新疆某塑料厂余厂长收到这商函，发现差价达一两万元，觉得是桩好生意，只可惜自己资金不足，便找新疆昌吉市某经贸公司经理高某商量，决定由塑料厂出面和厦门意利高公司签合同，经贸公司筹资 280 万元，合伙做这笔生意。

余厂长和高经理亲自到厦门，经过一番讨价还价，签订合同。高经理掏出一张 20 万元的汇票给陈某办理运输费用。陈某请他把货款也一起付。余厂长不同意，说要一手交钱一手交货，争执不下。早在此前，陈某已悄悄跟高经理许诺过，只要促成这笔生意，就会给他 10 万元回扣，所以高经理圆场说："要不然这样吧，你先替我们办好运输手续，看到铁路的运货单，我们就把货款交给你。这汇票我们先解付了，汇到你们公司的户头。"双方同意。

搞铁路运货单本来也不容易。陈某找到同乡谢某，请他办一张高某的假身份证，先将 20 万元汇票解出来，再去办铁路运货单，事成之后给他 15% 好处费。谢某拉来常跟铁路部门打交道的张某，一起找火车站站长。按规定没有货是不能开铁路运货单的。他们软磨硬泡，站长考虑到车站创收，勉强同意。

陈某将铁路运货单交给两位冰山上的来客，换得 230 万元的汇票。接着，由谢某出面到安溪某银行解汇，将 230 万元转到信用社，然后取现。取钱时，信用社工作人员认出他，问："你不是谢某吗？怎么身份证叫高某？"谢某连忙说自己在厦门做生意，长期都用这个名字。但这个疑点仍然太大，惊动信用社主任。主任考虑到揽储任务，要求将这笔钱存在这里。谢某只得同意。但不久，他说是要做大笔生意，还是将这笔钱全部取走。

且说天山脚下的高经理等货等得不耐烦，却意外发现自己的汇票已被解汇，马上给仍在厦门催货的余厂长挂电话。余厂长给陈某挂电话。陈某安慰说：

"不要急嘛！货票就在我身上，再过几分钟才能给你送过去，你就在宾馆等我。"可是，到第二天也不见陈某的踪影。余厂长找到意利高公司，已经人去楼空。

一个好汉三个帮。骗子也如此。有的是入伙，如谢某和张某等，有的则只是捡些残羹冷炙，如这火车站和信用社，对骗子都是不可或缺的。

六、比收款人更迅速的骗子

传真汇款是信用社的一种结算方式，这边将款存入信用社，信用社将汇款凭证传真到那边信用社，很快完成结算，深受个体工商户欢迎。然而，浙江永嘉一些骗子却专门钻这方面的空子。他们在这边信用社柜面偷看汇款人填单，马上用电话通知收款地的骗子抢先一步，伪造身份证冒领这笔汇款。据警方调查，以朱某等人为首的特大诈骗犯罪团伙，交叉结伙，先后在浙江义乌及上海、天津、沈阳、武汉、南昌、哈尔滨、海南、株洲等地偷看信用社客户汇款，然后在义乌、永嘉、石狮、晋江、瑞安、常熟、上海、桐乡等地冒领巨款16起（不包括各地未汇总的），成功13起，案值近100万元。

警方还披露，浙江永嘉的两个乡，有那么一些人以诈骗为业，专门挖国家、集体和他人的墙脚，是全省闻名的"诈骗专业乡"。犯罪团伙成员之间虽然平时也钩心斗角，但更多是聚在一起"研究"作案方法和反侦查伎俩。如果其中一人不慎落网，其余同伙马上组成"公关小组"四处活动，花钱买"平安"；或继续作案，混淆视线，使警方对抓获的嫌疑人产生动摇。因此，该地一些人虽经当地和涉案地公安机关屡次打击，诈骗活动仍然时有发生。

骗子如果明了"唇亡齿寒"之理，发展为"诈骗专业县"也不难。

七、离奇的票据

某法制报发表一篇题为农民骗倒香港大亨的通讯，揭露一个农民用巨额假存单让一个香港大富翁受骗上了大当（见本书外币类诈骗）。没想到，不久竟会有一个读者找该报社，要求见那位香港大富翁，因为他也有一张离奇的票据。

　　这位读者姓卢，四川人，在深圳经商 10 多年。在云南做烟草生意时，有位朋友带他到偏僻山村见一位 80 多岁的老太太。这老太太姓付，是马来西亚归侨。她负有一个神圣的使命：第二次世界大战结束后，为了保管战后余资，八国梅协专门从马来西亚挑选 21 位出身孤儿院的华人女性，要求这些女人终生不结婚，以生命来保管这些票据。付某是这 21 位女性之一，归八国梅协联合协商会代号为 AKOO270 的总管领导。这些老人都很爱国，想把这些财富弄回祖国。而要弄回这财富，首先要找有钱人从财力上资助。找这有钱人的任务，交给卢某这朋友。付某还给中央领导写了一封信，内容如下：

尊敬的 ××× 阁下：

　　我们受原八国梅花联合协商会 AKOO270 总管的指派，到北京来向您反映梅协资产结算等有关情况，请您安排时间接见我们，在听取我们汇报并对我们所持有的结算票据进行认证认可的基础上，派员协助我们尽快向美国联邦储备银行进行清理和结算。

　　二战结束后，战争期间各国政府筹集的资金总共剩余 3863 亿美元，寄存在美国联邦储备银行，寄存期从 1949 年 9 月到 1999 年 9 月。由于此笔资金是由美英法等国发起，多国为二战筹集的专项资金，所以从制票、保管到支配，都有它的独特性和特殊性，而且一切都在美国白宫的严密监控下进行，特别是战后余资票据的管理更为严密。21 位马来西亚华人女性，为保管这些票据耗费了整整一生，其中 3 人为之献出了宝贵的生命。

　　这批资金的本金 3863 亿美元，已于 1995 年 10 月 8 日向联合国经济仲裁委员会申请诉讼保全，并且仍然要受到原八国政府的管理与约束。我们现在要结算的利息，直接由 AKOO270 总管指挥使用的有 1600 亿美元。

　　AKOO270 总管和其他老人，从 1931 年进入中国至今，已经六十多年。为感谢中国 60 多年的居留之情，她们愿拿出自己的全部生活费 200 亿美元和她们能够支配使用的利息 1600 亿美元的结算票据让我们办理，要我们尽快将这些资产拿回中国永久使用，为中国的现代化建设和华夏民族的振兴服务……

付 ××
1998 年 11 月 19 日

读这个案例，请与本书外币诈骗中巨额假存单的案例相结合，有两点高度相同：

一、都高扬着爱国的旗帜。

二、都找人去资助（投资）。

警惕啊，很讲政治又很想发财的国人！

第十一章　黄金类骗子

俗话说"真金不怕火炼"，意指真的事物不怕考验，但我们还可以从另一个角度来品味这句话，这就是说黄金自古有真假之分，自古就有人以假乱真。

某丹客说是能炼金子。有个富人就重金聘请这丹客和他的爱妾到家里来炼，先付 2000 两银子作母金。炼十来天的时候，有个仆人突然来告诉丹客说他母亲暴病而亡，丹客大哭一阵，然后对富人说："我得赶回去奔丧。这炉里的金子就麻烦您和我爱妾一起照看，我过几天就回来。"丹客走后，富人和他爱妾通奸。丹客回来，打开丹炉一看，里面并没炼出金子，便说一定有不干净的人冲走财气，大骂富人和爱妾。富人自觉得理亏，又赔他许多钱财，让丹客心平气和带他爱妾走。后来才听说，丹客早把那母金运回家了，而他爱妾只不过是个妓女，串通好来骗人。

又如一个书生相信炼丹术，给很多母金给丹客，结果给偷跑。书生到处找这丹客，恰好找到。不等书生开口，丹客就赔礼道歉，请他喝酒，说："我现在正好跟一个富人订了一份契约，说是等我师傅来，就可以给他炼金子。你先当一回我的师傅吧！"书生急于拿回自己的金子，就同意装扮成丹客的师傅，一起到富人家炼金子。有天，丹客对富人说有急事出门一下，炼丹的事有他师傅在。谁知道，丹客这一走再也不回，富人只好找书生算账，好不容易才摆平。

还有一种诈骗更可笑。有位道人，手里拿着一只铁牛在街上乞讨，高呼着"铁牛道人"。这样一连喊几个月，有天突然跑到一个钱庄里。钱庄老板问这铁牛有什么用处，道人说这铁牛能屙金粒。老板要求买这只铁牛，道人坚决不肯。好不容易求得道人在钱庄里住一夜，叫人把铁牛藏到密室里。第二天到密室一看，那铁牛果然屙出几粒黄金。那道人取了铁牛就要走，怎么也留不住。老板越想越不愿错过这宝物，派人到处去找，再三请求将那铁牛转让给他，勉强达成一个协议：以铁牛每日屙金的数量，按一年计付银两。老板咬咬牙，花巨资买下这铁牛。开始几天，这铁牛还能像以前一样每天屙几粒，但没几天就不屙了。这时，一个婢女得急病，老板叫她丈夫赎她回去。后来发现，那道人早买通这婢女，由她暗地里把金粒放在铁牛屁股下。老板派人去找那道人和婢女，怎么也找不着。

一、黄金有假

人民银行是代表国家管理黄金的部门，可是有些人利令智昏，偏偏要到"太岁头上动土"：

贵州江口的王某，结识某黄金局局长刘某，便与刘某合谋，由刘某负责销售掺假黄金，好处分享。从此，身为黄金管理局局长、黄金稽查队队长的刘某，居然与骗子沆瀣一气，先后向当地人民银行销售 2.9 万余克掺假黄金。

山东栖霞的王某，和同居者姜某到黑龙江东宁，从当地金矿私买 100 克黄金，按比例掺进钨粉，在外面包上薄薄的一层真金，送到当地银行出售，获赃款 2000 多元。得手后，胆子越来越大。两个月内，他们共出售掺假黄金 7000 余克，获赃款 15 万元。因为怕出事，换个地方，到岫岩，在某金矿办理出售黄金手续，在某银行出售掺假金条 7 次，获利 100 多万元。之后，他们又流窜到孙吴，继续制造掺假金条，在某银行出售掺假金条 9 次，获利 200 多万元。直到岫岩某银行接到上级部门通知，将收购的黄金运送到指定熔炼厂。黄金在炉中熔化后，发现上面飘浮大量黑灰色掺杂物质。提纯后，发现所掺物质是稀有金属钨粉和钨块，总重量为 12695 克，以黄金收购价计算，价值 93 万元。

黄金骗子连银行都不放过，普通百姓就更不在话下。海南儋州王某等人，长期流窜各地，以黄铜粒冒充黄金，先踩点布线，后调包。当他们在陕西渭南利用 5000 克黄铜粒冒充黄金骗取 5 万元时，被当场抓获。

卖假黄金也太容易点了吧！

二、金饰品有"水分"

某手表厂借政治题材炒作，推出"毛泽东诞辰钻石金表"，大做广告，称其含金量 24K，表盘上镶有一枚足金毛泽东头像、300 颗钻石、10 颗名贵蓝宝石，表面采用永不磨损的蓝宝石水晶玻璃。哪料到，经国家地质矿产部宝石鉴定中心和轻工业部首饰检测中心鉴定，发现黄金成色不足，表面钻石全是人造玻璃。结果，仅北京一地就有 280 名购表者集体索赔。

深港交界处的"中英街"是著名旅游胜地，主要旅游纪念品之一是黄金珠宝。然而，据深圳市技术监督局一次抽查，这里的黄金合格率仅 31.3%，珠宝合格率为 50%。黄金不合格问题主要集中在含金量和计量单位两个关键环节。有的商家还把镀金饰品和 K 金饰品混在一起摆放，蒙骗消费者。另据报道，在"中英街"港方商店中，也有假货。某小姐买的金手链，一星期后就开始变黑。有 11 家金行经港方法庭裁定：出售成色不足金饰或未展示金饰成色标志告示。

注意力集中在"纪念品"和"饰品"上，含金量本身就无所谓了？

三、金表骗局

辽宁的史某等人，结成团伙，精心设骗局。首先，由一人假装卖金表，主要选择那些在家能做主的 40 至 50 岁的妇女。其次，佯装买表人，手里拿着伪造在《金融时报》报眉处的《中国人民银行收购瑞士产 20K 金航雷达表的通知》，称此金表价值 9.5 万元。这时，又有一个同伙假装一般市民路过，与受骗者搭讪，并劝"买表人"别上"卖表人"的当，称自己有熟人在银行当主任可以鉴别，然后帮助找这主任。另一个同伙佩戴某银行主任胸牌从银行里走出来，向受骗人出示《银行金融检验单》，称他们银行一三五或二四六收购这种金表。如果这天就是星期一就称二四六，如果是星期二就称一三五，让受骗者以为买下这金表，第二天就可以到银行卖个大价钱。

这伙骗子在沈阳和平区、铁西区、沈河区、大东区频频出现，骗得赃款400多万元。警方侦破此案的消息传出后，有400多名被害人从各地自费到沈阳辨认骗子。

这真是一出戏。身临其境，很难不进入骗子分配给你的角色。

四、挖金骗局

有4个穿着入时的中青年来到重庆长寿某村，找村干部说："我们是国家地质勘探队的，特来你们村山上勘查地下宝藏，请派一名村民协助带路。我们按国家规定，每天补助误工费。"村主任李某当即带他们去。不到半小时，一行人来到飞龙山半山腰,他们取出仪器勘查一阵,对李某说:"帮我把地锄平，我好安装勘查仪器。"村主任接过锄头在地上一刨，就刨出一个金光闪闪的"金娃娃"。

这金娃娃脚部刻有"光绪五年制"5个金字。有个人说，这是国家一级保护文物，至少值50万元，5人正好每人分10万元。如果平分成5份，破坏金娃娃的整体性，那就不值钱了。干脆由一人买下，给每人10万元。可是谁身上也没带这么多钱，想买的只好马上赶去重庆，乘飞机回北京取了钱再来。大家同意，并建议把金娃娃交给李村主任保管。

回北京坐飞机要5000元，而那勘探队员身上没这么多钱，其他3个队员把身上的钱全部掏出来也不足1000元，于是向李村主任借。李村主任有金娃娃在手，同意回家拿钱给他作路费。回到李家，村主任杀鸡买酒热情款待他们，并将自己家卖肥猪、卖粮食积蓄起来的4000元钱全部借出。酒醉饭饱后，一人带着借款回北京取钱去，另外3人玩了一阵说回县城住宿也走。

李村主任等了几天不见回来，便跑县城四处寻找，不见人影。回头仔细看那金娃娃，竟发现是一坨干泥巴，只是外面包装厚厚一层金色锡箔纸。

黄金如果这么容易挖，其价值一定比铁矿、煤矿更低。

五、黄铜变黄金

新疆昭苏垦老职工熊某，路过团部农贸市场时，有个中年男子向她打听"张晓兰"的住处。熊某说不认识这个人。这人又对熊某说，他是甘肃人，在家经营一个商场，最近进了一批假电视，公安局要对他家进行搜查，他母亲怕藏在家中的一件宝物被没收，让他到新疆来找张晓兰这个亲戚，将这件宝物交给她保管。这宝物晚上会发光，使黄铜变成黄金，铜越多金也就越多。现在张晓兰找不到，东西又不能带回去，不如将它暂时存放在熊某家，一个月后给5万元酬金。

这时，另一名男子走来，自称是刚调到七十四团工作的老师，说曾在书上看到过类似的宝物，他有4万元钱，愿意买下这宝物。熊某信以为真，生怕失去发财机会，抢先到银行取了13.7万元买下这宝物。那男子帮她将宝物装入钱袋，交代说："晚上12点以前不准打开看。"

熊某回家后，出于好奇，提前打开钱袋，发现宝物不见了，只有6块肥皂，立即报案。32名边防武警官兵迅速出击，经过2个小时搜捕，将2个骗子抓获。

类似案件在其他地方也有发生，但不包括在魔术表演中。

第十二章　保险类骗子

阿里巴巴集团董事会主席马云在 2016 中国保险业发展年会上表示要大力发展保民，他认为一个社会都是股民是不正常的，但都是保民是积极健康的。目前，全国保民有 3.3 亿，是股民 3 倍，基民 1.5 倍。

马云这话挺在理。有数据显示：外国每人至少拥有 8 张保单。外国的大学生毕业后一般要为父母买一张保单，算是对父母养育之恩的报答。第二张保单是为自己的生活、疾病提供保障。结婚之后一般要为爱人买一个保单。在自己出现意外之时，爱人仍然可以正常生活，这是第三张保单。然后考虑要孩子，为孩子购买一些意外或者疾病保单，是家庭必需的第四张保单。第五张是孩子的教育保单。30 岁之后，开始拥有自己的房子，买房之后，通常也会买车，第六张就是为车房购买保险。第七张是预防身故、提供还债保障的保单。在 30 岁左右，为晚年生活着想，通常要买一张大病养老保险，这是第八张保单。

大学者胡适早有所言：

保险的意义，只是今日作明日的准备，生时作死时的准备，父母做儿女的准备，儿女幼时做儿女大时的准备，如此而已。

今天预备明天，这是极稳健；生时预备死时，这是真旷达；父母预备儿女，这是真慈爱。

然而，因为涉及钱，就可能事与愿违，不但没有减灾，反而引来灭顶之灾。据《检察风云》一篇文章介绍：在西方，骗保早已是一种跨国界、跨地区的常发案件。据有关资料显示，在美国保险业每年因保险诈骗而损失 200 亿美元，英国的保险业一年因诈骗损失 4 亿多英镑，法国保险公司一年赔款高达 90 亿法郎。我国 20 世纪 80 年代末期的诈骗犯罪中涉及保险诈骗仅占 2%，1992 年上升到 4.5%，1994 年达到 6%，保险诈骗也逐年增多。

一、邪恶的投保人

1. 杀妻灭子

颜某，12 月给妻子刘某办人身保险。次年 2 月 1 日，将鼠药投入妻子的水杯中，骗妻服后死亡，获保险公司赔偿 5961 元。此后不久，颜某给儿子也办人身保险。3 月 8 日，他又将事先备好的两粒鼠药换成感冒胶囊交给孩子，嘱咐上午放学后吃完饭再吃药，然后以去渭南看病为由，妄图造成他不在现场的假象。下午 2 时许，年仅 9 岁的儿子服药后口吐白沫，全身抽动，经抢救无效死亡。但这回他的罪恶很快败露。

2. 谋杀丈夫

张某与丈夫王某不和，跟寄居家里的丈夫的朋友衡某勾搭成奸。王某搞装修，主要做泥瓦工，平时要上房下坑，一旦发生事故，后果难以预料，他经常抱怨自己的生活没有保障。有一次，几个朋友聚在一起聊天，其中一个女友说起为丈夫孩子买保险的事情。说者无心，听者有意，张某立即找来保险推销员。在各类险种里，张某唯独看中意外保险。只要被保人因意外身亡，受益人就可以一下得到 20 万元的赔偿，而投保额仅 1000 元。张某还专门提一个问题：如果投保人被杀害，是否可以得到赔偿。得到的答案是肯定的。然后，张某在受益人一栏中填上自己的名字。

夫妻间又因琐事发生口角后，张某郑重其事地对衡某说："我决定了，一定要杀了他。如果你真喜欢我，你就帮我杀了他！"看着衡某犹豫的神情，张某说："我给他买了一份意外保险。如果他死了，我就可以拿到五六万元，到时候都给你。我们一起去做生意。"衡某立刻答应。经多次谋划，衡某找到一个年仅 14 岁的帮手徐某，许诺事成后送给他 1 部手机。

有一晚，张某特地约姐妹去跳舞，这样就有很多人可以证明她不在作案现场，让衡某等行凶。王某来不及反抗被打倒在血泊里，一动不动。幸好破案及时，张某被"请"进公安局。不久，潜逃在外的衡某和帮凶徐某也相继落入法网。

二、保险公司赖账

保险公司是商人，而不是慈善家，因此赔本的生意同样不会干。如 1997 年 10 月 23 日中国人民银行降息，保险上海（寿险）分公司第二天就开始停止受理"平安养老保险业务"，因为降息影响了他们的收入。平时理赔，那是预算中的成本，就跟我们贩卖冰棍得掏钱去批发一个道理。但是，有些保险公司也跟"奸商"一样，要你掏钱的时候他笑容可掬，要他掏钱的时候则是另一副面孔。

据某晚报报道，某保险公司推出 100 万元保额的新险种，大力推销，四处游说。何某被推销员说服，当即签下一份保单，每年付保金 7.3 万元。不料，两年后真发生不幸，何某的左肾因患细胞癌在医院切除。根据该保险公司拟定的《保险合同》及其《人身保险意外伤害残废给付标准》的有关条款（一侧肾切除，给付 40%），要求理赔人民币 40 万元。保险公司却回函说：

您因疾病而导致左肾缺失的情况不符合条款中约定"因疾病导致身体全残"的范畴。因此，本公司对您的理赔申请款难以给付。

多次交涉无果，诉诸法庭。双方争执的焦点在于"身体全残"。对此，保险公司的解释是：一只肾失去不能算全残，只有失去了两只肾才能算全残。听闻此言，人们惊讶不已：失去了两只肾还能活吗？

专家和律师认为：保险合同是一项最大的诚信合同，保险公司作为制定格式合同的一方和专业机构在拟订合同条款内容和选择用词上应当采用尽可能通俗的语言文字，专业词汇解释应当按照该行业通常的专业技术含义去理解。可是该"××长寿保险合同"的第 7 条却用了"身体全残"这样一个既不是残疾标准词汇，又非意外事故内容，更不是保险专业用语的创新名词。如果我们从文字本身去理解，那么"身体全残"事实上是不可能的。某人即使断了双腿，他还有双手；某人脑袋被割掉其四肢依然存在，人的身体作为一个整体它不会全残。如果要按照文字解释来理赔的话，那么保险公司是糊弄被保险人。明明不可能发生的，保险公司却在格式合同中写上去，又承诺赔偿，诱使投保人签订合同支付保险费，而被保险人永远也别想得到此赔偿。严重地讲，这是保险诈骗。

看来，还得提防保险公司本身带给我们的风险。

三、居心不良的代理人

保险代理人是拿着保险公司的钱为投保人服务的。但是，如果代理人品行不端，也可能给投保人带来生命财产的损失。

天津某保险公司的职员邓某，业务娴熟，聪明能干，给人的印象非常好。然而，背地里，他却私自印制手续费领取凭证和"少儿六全保险"费缴费凭证，涂改、伪造重要业务凭证。他将从代办点合作银行收取的已入账的保费30余万元不予报账，并假借朋友的名义在该公司买"老来福"保险，后又退保，套取现金18万元。他利用负责少儿保险保费结算工作的职务便利，非法占有保费40余万元。32本收取保险费的收据和100余万元的"少儿六全保险"贴花凭证，不是保存在他所服务的保险公司，而保存在他秘藏的私车内。短短5年间，他贪污220余笔，共计430余万元。也就是说，220多个投保人保的只是一个梦。

曾某因持刀抢劫被判处13年徒刑，保外就医期间到保险广州分公司当收费员。黄某到该公司办养老保险，交款时搭讪认识了体贴热心、英俊潇洒的曾某，很快勾搭成奸。却不料曾某一开始就打着她及其家人购买保险的算盘。每次苟合后，曾某都向黄某推销保险的好处，要她回去说服男友"帮衬"。在她的劝说下，未婚夫李某答应向弟弟借5000元钱买保险。曾某找到营业部主任梁某，拉她下水，一起设局。黄某介绍曾某与李某认识，说李某经常外出，为防不测，请曾某为其购买人寿保险。老实木讷的李某不知其中有诈，还以为未婚妻关心自己，便同意购买。曾某约黄某和李某到酒楼饮茶，同时办理保险手续。李某先后在4份保单上签字，在受益栏填上黄某的名字，并写下一段声明："本人李某和黄某是未婚夫妇关系。如果本人身故，受益人为黄某。"当时李某缴保费 1980 元，保险赔偿额为 10 多万元。曾某把李某买的保单带回公司由梁某在保单上做手脚，将保费加一个 0，即把李某缴交的保费变成 19800 元，多出的 17820 元由曾某垫付。就这样，李某所签的保单人身意外赔偿金额便高达 152 万元。接下来，他们开始谋杀李某，一计不成，再生一计，最后决定雇凶杀人。李某被杀手连捅 12 刀，当场毙命。警方经九天九夜鏖战，一举抓获黄某等 9 人。

长沙某干休所年近八旬的正师级老干部熊某，委托保险公司业务员刘某买保险。她很信任刘某，有时候一聊就两三个小时。没想到，刘某却将熊某委托购买保险的 3 万元花光。熊某要求刘某归还保险金，否则就找公司或者报警。刘某以办理退保名义将熊某骗至他租的屋内，乘熊某查看假保险单据之机，解下领带勒死熊某，将尸体装在旅行箱，扔到山坡下。

四、两头骗的代理人

这类骗保案是新近发现的。他们职业化，既骗保险人又骗保险公司。

周某与张某在某市的保险行业内小有名气，几年前曾为多家保险公司工作，深谙保险业的经营之道。周某不满足拉客户收点介绍费，独立门户，准备大干一场。他找老同学张某和王某商量，联手诈骗。他们办了假身份证，在保险公司营业代理处较为集中的地方租借房子，便与保险公司的业务员联系，声称能为他们提供客户。保险公司业务员为了拓展业务，很快与周某进行合作，轻而易举地获得委托代理汽车保险业务。接着张某、王某等 3 人拿出电话簿，寻找汽车销售公司，打电话与他们联系，谎称是保险公司的业务员，能够提供保险，并有 40% 以上的回扣，骗得汽车销售商的信任，向汽车经销商兜揽保险业务。接保险业务后，将有关客户资料电传保险公司，公司认为无误后，开具保单并用快递寄到他们手中。然而，他们将保单交给经销商，拿到剔除回扣的保险金后，不是交给保险公司，而是统统占为己有。

五、假保单

据中央电视台《经济半小时》报道，保险行业的高回报使得市场上不时有假保单出现。沈阳市民李先生购买一辆汽车，开不到 5 个月，这辆新车就不翼而飞。李先生唯一感到庆幸的是，在买车的时候一并购买了一份包括盗抢险在内的机动车保险。然而，李先生试图通过保险索赔的时候，吃惊地发现，自己购买的竟是一份子虚乌有的假保险。此时，发现自己购买的车险保单有问题的不仅仅是李先生。警方发现他们所持有的这个保险单，都出自黑龙江佳木斯和内蒙古左旗地区。但深入一查，内蒙古根本没有所谓"内蒙古左旗分公司"，而黑龙江佳木斯分公司也没在沈阳办业务。所谓的保单、保险证、收据、印章全都是伪造，消费者手中的保险实际毫无保障可言。经公安机关初步查明，此案涉及的受害者逾千人。

梁先生携新婚妻子去海南三亚度蜜月，通过网站购买两张从三亚返回昆明的机票，另加两张总计 40 元的交通工具意外伤害保险。梁先生注意到，保单的有效期是 18 日当天，但梁先生所乘航班从三亚起飞时间是 18 日 23 点 05 分，而到达时间则是 19 日 0 点 55 分。这就是说有一段时间是不在保的。梁先生就该疑问致电客服热线，客服人员称保单是保当次航班，航程肯定受保障。但令梁先生错愕的是，保单上"1 天"的英文翻译竟然是 ONE DAYS，而背面"保险期限详见保单"中的"详见"也写成"样见"。他随即致电财险客服热线，经客服人员查证，公司的系统并未查到其两张保单的投保记录。一个月后，保险公司出具书面回复，指出该保单存在着没有印刷限售地区、没有打印验证码、保险期限错误、单证流水号及保单号不符合编写规则等诸多问题，并称"所提供的保单非我公司产品"。

一家公司通过电话订票的形式给 16 位公司客户订往返机票，一共 32 张，和机票同时送达的还有 32 张航空意外险保单。付款后发现，保单的单号不仅模糊，且票号完全一样。经证实这 32 张保单全部为假保单。由于这家航空票务代理点与该公司双方是长期合作关系，工作人员又找出之前在这家公司订购的两张保险单，经核实也是假保单。

保监会曾发紧急通知揭露另一个大骗局，一家名为"某保险股份有限公司"的假保险公司竟开设有网站和客服电话，主要通过网络和部分航空售票网点非法销售交通工具意外险，公然招摇撞骗。

六、冒充理赔人员

2016 年 8 月的一天，辽宁马鞍山的斯先生带着老婆孩子出游，刚出城，车子撞到路边的石桩，车后保险杠损坏。按投保时的约定，他立即拨打当地人保公司电话。按照保险公司的要求，斯先生将事故现场图片拍摄，然后传到保险公司。半小时后，一位自称理赔人员的打来电话："你好，你是斯先生吧，你的车险理赔已经搞好了，你方便到最近的 ATM 上操作吗？我们转款给你。"理赔哪有这么迅速？斯先生不敢相信。那理赔人员又和斯先生核对姓名、车辆信息、理赔信息等，这些都没有错。斯先生不能不相信，马上去找 ATM。这时，他妻子仍然怀疑，建议他再给保险公司打个电话。

保险公司职员说他的保险还没有处理好，并提醒说近期有不少车主接到冒充保险公司理赔人员的骗子电话。2016 年 5 月，上海的陈先生在车辆出险后半小时就接到自称某保险理赔员的电话，说他的车辆理赔款已审核完毕，请他到 ATM 上取款并打印回执单。陈先生信以为真，按照对方的指示在 ATM 上进入英文界面进行操作 (实际为转账界面)，输入对方工号 "49978" (实为转账金额) 后，理赔款一分未见，卡中的 49978 元被骗走。

骗子就这雪上加霜的德行。

第十三章　房产类骗子

　　清时著名文人李笠翁曾说："人之不能无屋，犹体之不能无衣。"

　　我们为什么要穿衣服？为了御寒。栖身之所，对任何动物来说都是不可或缺的。我们目前所能追溯最远的"祖先"，是"古猿"。古猿划为3种，一是"森林古猿"，距今约2300万年至1800万年；二是"腊玛古猿"，距今约1400万年至800万年；三是"南方古猿"，距今约500万年至150万年。前两种，像猴子一样生活在林间。后一种就有所不同了，他们的牙齿、头颅、腕骨等和人相近，和猿类有显著的区别，可能已会使用工具和直立行走。其化石主要是在南非发现，其中之一是马卡番山洞。山洞，算是这些"人"的住房。人类生活的环境差异很大，但求身有所栖是共同的。亚洲的东北角和美洲的北极地区是一个冰雪世界，海洋上漂浮着巨大的冰山，陆地上覆盖着皑皑冰雪。在这样的冰天雪地里，却生活着一族人，现在是美国、俄罗斯、丹麦、加拿大的居民，约10万人。在那样恶劣的自然环境中，他们因地制宜，用积雪压成雪砖，砌成一座座半圆形的房子，称为"雪屋"。这样，既能抵挡野兽的侵袭，又能抵挡寒冷的侵袭。许多野生动物也懂得建自己的"房屋"，如鸟要筑巢，老鼠要打洞，蜗牛要自己生一个坚硬的外壳。

　　就为了御寒吗？那么夏天不就可以不穿衣物了吗？

　　人们着衣更重要的是社会需求，如需要遮羞，不能光屁股；如要穿得整洁，以示文明；又如要穿名牌，体现富贵……

　　住房也一样，如夫妻要有单独一间，私生活不能曝光；如房屋各部分井然有序，厨房不能跟卫生间、猪舍合一起；皇宫要雕梁画栋，不能像民房草棚……

更重要的是，住房比衣物有价值！

房屋是一种"财产"。与其他财物相比，房产又有些天生丽质。比如黄金，也是天长地久之宝，然而用"试金石"验后还可能有假，秘藏保险柜还可能被偷盗，而房产明摆在那，歹人耐何？

不过，千万别小视骗子！只要是有钱的地方，没哪能够杜绝他们的魔爪。

一、"地王"背后的猫腻

经济低迷不振，而房价过高，政府不时出手打压，人们渴盼着房价下凡，却在全国多个城市频频惊现"地王"：拍出的地价又创新高，高得离谱，高得让人心惊肉跳，反而替"地王"捏一把汗：那么高的地价，将来房价至少还要再涨一倍，可能不砸吗？

其实，业界人士很清楚：很有可能只是地方政府为了力保房价而放出的烟幕弹。某时报记者曾揭露推高房价的猫腻：

"市场冷淡时，政府会让国企出面拍地托市，拍出高溢价，其实还是左手倒右手，做表面文章，政府真正拿到手的土地收入不多，赚的只是财政银行卡上的流水而已。"深圳某房企投资发展部人士透露，有时地方政府也会通过拍高价地，事后返还开发商的模式，来拉高区域地价。

"有些企业之所以能承受地王的高地价，是因为之后可获得接近50%的总地价返还。如果地块涉及棚户区改造，地价返还金额更可高达80%以上。"金鹰地产营销总监表示。

湖南省房地产协会首席经济学家告诉记者，一些定向出让的土地，实质上早已锁定开发商，"在招拍挂环节，可以一直拍下去，直到拍到为止，反正超过双方约定的价格而多花的钱，最后政府都会返还给开发商。"

"我亲自签过这种合同，即在拍卖前，协议中明确规定，若拍卖超出合同约定价格，则政府须连本带利息返还给开发商。"深圳某上市房企投资发展部人士告诉记者，通过土地出让金返还方式，降低了开发商拿地成本，政府赚到的更多是投资和就业,以及银行账面流水。

按现行做法,土地出让金收取后,除上缴上级财政部分,剩余支出使用完全由地方政府负责,国土部门无权干预。由于土地出让金收益管理处于法律空白状态,没有明确的法律规定,也没有相应的约束,始终游离于公众监管之外。除接受一些力度不大的审计外,大多"封闭运行"。

由于开发商在拍卖前只缴了保证金,多出的土地溢价不需要缴,只需私下重新改合同。"反正财政进账多少,也没人查,财政只需按合同收钱即可。"

"这种手法有十多年了,已经很普遍,土地出让环节是腐败高发区。"深圳某上市房企投资发展部人士说。"对于分管的官员都要送礼,具体金额看项目大小和利润,如果开发商赚1个亿元,送出去一两千万元也无所谓。"

为此,号称"财经谎言揭露者"路瑞锁在一篇文章中无奈地写道:"很多普通人,没有足够的经济实力,却愿意主动为国接盘,我真的很佩服。"

二、开发商"一女多嫁"

浙江宁波的蔡某在开发一项目时,自有资金仅2000万元,却作投资4亿元的预算。为此,她先后向12家银行机构抵押贷款(包括重复抵押)5亿多元,向有闲散资金的228家企业借款4.6亿元。由于资不抵债严重,出现亏损黑洞,无力返还借款,只好"一女多嫁",反复签订预售合同、商品房回购协议等,将商品房重复销售给近百名业主,其中最多的一次,一套房子卖了7家,共骗得重复购房款862万元,用以支付非法借款的高额利差、其他投资及挥霍。结果害苦了大批购房者和投资者。

山东沂水的郑先生向晚报反映,2015年11月在某公寓给女儿买一套房子,2016年4月去看房子时,发现门锁被砸坏,里面有人在装修。这种情况远不止郑先生一户。吴先生也拨打该报热线反映,因为离家比较近,觉得房价也合适,他在某公寓买了房子,装修后乔迁。没想到,突然有人来,说房子是他买的,对方还真拿出了合同,甲方都是开发商程某的名字,而所写的房子正是吴先生现在住的房子。

这栋楼绝大部分的房子被卖了两三户，最多卖给了五户。记者前往采访，看到很多门锁被砸坏、换掉，有的门也被换掉。在最西边的单元五楼的墙壁上，用红漆写大大的"此层楼已经售出"的字样。楼道内杂乱地堆放着装修材料。小区后面原来工人居住的一排房屋已经全部被拆掉，一地的碎石瓦砾，在剩下的残垣断壁上还贴有法院的封条。在还没有来得及建设的楼盘的钢筋上，同样贴着法院的封条。据附近的居民介绍，一些交了钱但是没有抢到房子的人到法院起诉开发商程某，并申请了财产保全，法院就把剩余的一些财产查封了。

三、售楼处的黑手

1. 私吞收房款

李某在 100 多人的竞争中，通过笔试、面试，闯过重重关卡，被聘为某房地产公司业务部的销售主管，负责与客户进行业务联系。客户也反映李某很不错，如 A 教授说："李某这个年轻人谈吐不俗，显得很有文化，和和气气的，似乎也挺为我们购房户着想……" A 教授介绍，为了购房的事，李某前前后后打过多次电话，也亲自登门好多次，A 教授夫妇真为他的热情周到而感动。当初买房子的时候，由于销路很好，他们看中的房型没有买到，李某打了很多电话才给他们争取到一套。后来，A 教授看中另一套更好的，李某也没怨言，又帮他们争取来。客户付购房款有两种方式，一是客户将钱交给李某，由李某开购房单，然后由李某将钱交给公司财务；二是把财务叫来，直接交给财务。A 教授对李某很信任，很自然选择第一种付款方式。然而，李某收 A 教授的购房款并没有交给公司，而据为己有。短短时间，李某共侵吞了 16 位客户的购房款 140 多万元。据查，李某在以前的单位就有手脚不干净的事。应聘到本公司，才半个月就私自购买发票，又私刻假的发票专用章。李某私收了客户的钱，就进高档娱乐场所，一个晚上敢花 2 万多元。

2. 假冒售房人

梁某和她的两名"80 后"同伴，假冒某集团有限公司的工作人员，虚构出售经济适用房事实，以某房地产公司项目部等单位的名义，先后与多名购房者签订《经济适用房买卖合同》《经济适用房购买定金合同》，还与大量购房者通过中间人达成购房的口头协议，骗取购房款 1400 余万元。部分赃款被梁某挥霍。梁某此前曾做过售楼小姐，熟悉经适房开发销售到物业管理各环节。她以看房为名让物业公司将钥匙交给购房者，同时称售房合同正在办理。由于购房者许多都没有购买经适房资格，因此更愿意选择与有"路子"的梁某进行交易。直至开发商发现并未销售的房子住人后，梁某的骗局才露馅。

四、物美价廉房东假

1. 被骗租

郑州的李先生在一家分类信息网站上发布求租房屋的广告，很快就有人跟他联系。对方自称杨某，在郑州的酒店公寓有小户型出租，月租金只要1200 元。42 平方米的精装修公寓，家具家电齐全，在这一带租金普遍是 2000元，这房租显然便宜多。再看杨某发来的房间照片，李先生也感觉美观舒适，便决定租下。

第二天，两人来到酒店公寓 2 号楼 20 楼的租房处，杨某向李先生出示了身份证、房产证，其中证件显示房屋出租人杨某确实是该套房屋的共有人，房屋所有人是他妻子。当天，李先生交纳"押一付三"的总费用 4800 元，且按要求付了现金。

第三日晚，李先生去物业公司交纳费用时联系杨某，他电话一直关机。随后，物业工作人员给房屋所有人赵先生打电话，赵先生说："你肯定被骗了。房子是我单独所有，有共有人肯定是假的，而且承租人不是杨某，而是刘某，我看过他的身份证。"

经查，赵先生也被忽悠了。原来，此前几天，赵先生将该房屋租给刘某。刘某看房、询问房屋相关情况后确定要租，但是说今天带的现金不多，信誓旦旦表示"记住银行卡，三五天之内就打给你"。赵先生感觉他挺老实，就同意了。刘某进而提出想趁晚上把东西尽快搬过来，他就把房屋钥匙交给了刘某。

2. 被骗卖

陈某在小区买一套房子，长期没有使用。胡某，曾做过房地产生意，赌输了钱，想到小区哪家弄点不义之财，无意中发现陈某的房门上积满灰尘，断定此屋长期无人居住，决定就此下手。

第二天，胡某到花鸟市场找一个锁匠，谎称自己家门的钥匙丢了，出高价请锁匠把锁打开，换上自己的新锁，然后开始寻找租房对象。

胡某还弄了假房产证给前来租房的褚某看，两人签订房屋租赁合同，褚某当即付给胡某现金1.5万元。约定房租每月1000元，全年1.2万元，于年初一次交清，另付500元现金作为室内原有家具的押金。

一切就这么平静地进行着，直到陈某带女朋友来看自己的房子，才发现已被别人租出去了。

五、中介"吃差价"

《中国房地产经纪执业规则》第27条第1款规定："房地产经纪机构收取佣金不得违反国家法律法规，不得谋取委托协议约定以外的非法收益，不得以低价购进（租赁）、高价售出（转租）等方式赚取差价；不得利用虚假信息中介费、服务费、看房费等费用。"但房地产中介"吃差价"现象屡禁不止。天津一位顾客在法律网求助说：

我于今年1月6日替亲戚在某花园购买一套二手房，与中介商定成交价42.5万元（卖方包过户费）。我提出定金一万元，中介说卖方要求5万元，反复商量后交纳了3万元，并交纳了中介费2000元。

2月中旬，中介给我电话，说房主资金不足，建议续交一部分现金。我没同意，并提出假如房主没有卖的意思，3月6日前不能平贷，要给我双倍补偿。到了约定时间，我多次找中介，要求与房主见面，签订协议。中介以种种理由推脱不让见。

3月14日，中介终于通知我，18日办过户手续。我赶紧通知亲戚赶到，中介临时又说过不了，需下周。因卖方多次违约，我再次要求中止协议，并双倍补偿。中介一再劝慰我，约定 26 日早上到房管局办理过户。结果，卖方又出问题，11 点多才到，还没有带户口本，只能再推第二天。再商量时，中介心脏犯病，由他的女儿（23 岁）与我们谈。我要求交首付时，将定金存入监管账户，其女说卖方不同意。中介安排别人以我朋友的名义，让卖方写下25000 元差额部分欠条。

第二天下午，中介带我们匆忙签订了协议，然后消失。在银行办理组合贷款时，按照规定需卖方夫妻双方签字方可，可卖方爱人短期到不了，无法履行签字。根据规定，假如我光办公积金就不用卖方夫妻签字。由于手头资金比较紧张，我反复与房主沟通，要求房主将 3 万元定金存到监管账户。此时，我才知中介加价 2.5 万元，中介交给卖方定金仅 5000 元。

4 月 2 日，接到办理正式更名手续通知，我也提前通知中介到场，并且要求其将定金带过来。可是，到过户那天，中介电话关机。之后，我多次找中介索要剩余定金。中介先是让我找房主要。房主不同意，说一是和中介有约定，中介要承担其差额部分的契税大约 2000 余元；二是没收到我的定金，定金要找中介。可那中介就是赖着不给。

第十四章 收藏类骗子

公元 756 年夏，大唐倾城倾国的杨贵妃被缢死在马嵬坡。大诗人白居易叹道："马嵬坡下泥土中，不见玉颜空死处。"这位大美人香消玉殒后，留在世间供人凭吊的仅一只袜子。据蔡宏伟考证，具体有两种说法：

第一种传言是确确实实从杨玉环尸体上扒下来的。据李肇《国史补》卷上记载，李隆基让高力士负责在马嵬坡一所佛堂前的一株梨树上把杨玉环勒死。杨玉环脚上的袜子一只被殓尸的马嵬坡驿馆老太太扒走，一只被高力士拿去。老太太拿了那只袜子居为奇货，过往马嵬坡的客人想要一看，必须花上一笔门票钱，老太太因此发家致富；高力士拿去的那只袜子，后来被李隆基讨去，成为他晚年聊寄哀思的珍藏。

第二种传言里的袜子本身不具马嵬悲剧的魅力，但因是杨玉环生前施舍给寺院的，毕竟沾过她的体泽，故而也为世人所宝。据宋人刘斧《青琐高议前集》卷六记载，天宝十三年 (754 年) 因为久雨不止，杨玉环捐出大批衣物给寺院做道场。有位叫常秀的年轻和尚花钱赎得一只袜子，这只袜子因此一直在僧徒中传继。后来著名诗人李远得到它，李远和好友李群玉为此各赋诗一首以示纪念。李远《老僧续得贵妃袜》："坠仙遗袜老僧收，一锁金函八十秋。霞色尚鲜宫锦鞠，彩光依旧夹罗头。轻香为著红酥践，微绚曾经玉指构。三十六宫歌舞地，唯君独步占风流。" 李群玉《李远获贵妃袜》："故物犹存事渺茫，把来忍见旧时香。拗连绮锦分奇样，终合飞蝉饮瑞光。常束凝酥迷圣主，应随玉步浴温汤。如今落在吾兄手，无限幽情付李郎。"

专门拍卖好莱坞影星以及体坛运动明星纪念品的网站提供了近千个"具有收藏价值"的物品供网友竞标，其中最受瞩目的物品，便是麦当娜出道早期穿过的一件性感蕾丝胸罩。据悉，这件胸罩不但有麦当娜的亲笔签名，还有她的"汗渍与粉底印"。

美国已故知名歌手"猫王"曾经穿过的一条内裤，在一个拍卖会上拍卖。据悉，这条内裤浅蓝色是猫王1977年一场演出时穿过的，自从脱下后就一直没洗过，在前档部位留有黄的染色。

在伦敦奥运会上夺过两金的英国中长跑名将法拉赫的洗澡水，最近也在网上被公开售卖，每瓶起价是1000美元，并附有一张法拉赫在冰水中的照片。卖家强调说："这是法拉赫仅存的被留住的洗澡水，在他获得奥运金牌后，我把它们装进了瓶子。"还有，著名摇滚乐队"披头士"已故成员约翰·列侬生前使用过的私人马桶，以9500英镑的高价被拍卖。据报道，这个瓷制马桶是约翰·列侬1971年与太太小野洋子搬往纽约定居前，在英国家中使用的坐厕，为瓷制，蓝白色。在列侬家更换新马桶时，建筑工人约翰·汉考克拆下旧马桶并把它留在自己家中，一收藏就是40年。直到汉考克去世，马桶才得以拍卖。

在文物市场上，可以说无奇不有，这类骗子也数不胜数，本书只能挂一漏万。

一、赝品成灾

据报道，某医院家属院突然出现两位年轻人，声称生活困难，迫不得已将一枚珍藏多年的《祖国山河一片红》邮票出售，并亮出身份证和驾驶证，指天发誓说此票绝对真品无疑。正当人们疑惑时，两位身着邮政制服的女子出现在一旁。她们煞有介事地拿起邮票左看右看，对围观者说是真货。随后4人开始上演"双簧戏"，对邮票大肆吹捧。终于，一位李医生出来要买，马上付现款。几经讨价，20万元的"珍品"以17万元成交。钱交到对方手上，李医生又觉得不放心，提议去邮局鉴定一下。于是一行5人到集邮协会。当李医生从邮局工作人员口中得知这是一枚分文不值的假邮票时，如五雷轰顶，回过头再找人，那伙人消失得无影无踪。

价值越高的收藏品，越可能出现赝品。在一次座谈会上，一些艺术评论家指出，由于大多数收藏者缺乏必要的艺术修养和鉴别能力，使得一些假冒伪劣的"艺术精品"大行其道，严重扰乱艺术市场的秩序。目前中国收藏者高价购的"名家名画"，百分之八十至九十都是伪作。同时，赝品导致一些"货真"的大师之作无法做到"价实"。

中国做古董生意历史悠久，货可以陈列，但从不标价，全凭两张嘴较量。如果能用低价位把真品买来，行话叫"捡漏"，而把赝品当真品买走则叫"打眼"。古玩城顾问、文物投资收藏资深评论员说："古今文物店靠蒙人赚钱的那些少数店主，都练就一身真功夫，靠三寸不烂之舌，能把死的说成活的，把赝品说成真品，并能激发买主的占有欲望和贪心的欲望。买主在捡漏的诱惑下，失去冷静、客观的标准，分不出真伪，上当受骗。"还介绍说，从前有的古董商店往往把赝品放在旧王府或名人的手中由他们去卖，也有的是利用旧军官或太监的身份去卖，好像这东西都是从宫中传出的真品。还有的谎称是第一流的收藏家。时代在进步，骗人的花样也在更新，但万变不离其宗。人称兰州有"三假"，一是假"奇石"，二是假文物，三是假书(盗版)。其实，"三假"之类不仅仅兰州有。走在全国各地大街小巷，突然有一两个人神秘地走到你身边，悄悄地说："你要文物吗？"那多半是假的，不能理，一理他就粘住你。

赝品国外也不少。近两年，西班牙警方共截获3000多幅大师作品的仿制品，抓获西班牙和意大利两地涉嫌伪造人员11人。警方说，这批赝品主要仿制毕加索、沃霍尔和达利的名画，种类包括雕版画、平版画和用丝网印制的彩色画。有些赝品已通过画廊和代办处散布到西班牙、美国、德国、意大利和日本等地。

一般，我们总以为制造、贩卖赝品的只是些穷昏了头的小人，只存在于官方疏于管理的黑市。谁知我们错了！

另据报道，一位从事文物工作的读者指称正在举办的拍卖行秋季艺术品拍卖预展中有假画，而且上了拍卖图录的封面。另外，画家刘先生也指出该拍卖图录中有3件落款为他的作品是伪作。对此，拍卖行有关负责人基本认可，说既然有读者进一步提出了质疑，拍卖行决定坚决撤拍。至于封底的"吴湖帆"，他们认为与苏富比1992年香港秋季拍卖图录上的847号拍品为同一作品，曾以8万港元落槌，因此决定在没有进一步证据前，仍然保留拍卖。而对刘先生质疑的3件作品，全部撤拍。

与上例拍卖行的态度相比，有些机构就不敢恭维了。据报道，大英博物馆与法国巴黎罗浮宫等多间著名博物馆，有逾千件古物展品被揭发是伪品，当中大部分购自苏富比和佳士得等大拍卖行。考古学家指出，博物馆人员其实往往都清楚哪件文物是伪品。不少博物馆是因为怕开罪捐出展品的大慈善家，引起学术争议或避免尴尬，而把真相隐瞒。文物展馆馆长表示，他们曾怀疑米堤亚饰板是赝品，但因为找不到证据，所以最后把它当了真品。他说："博物馆可能展出一些来源地不详，或者不知道真假的文物，我认为确有其事。日后我们将加倍小心。"

更糟的是，有的著名学者也参与进行制贩赝品勾当。日本在宫城县上高森遗迹出土65件旧石器。这是由日本东北旧石器文化研究所副理事长、著名学者藤村新一率领的考古学者们发掘出土，被当作重大新闻在媒体广为宣传。可是没几天，日本一家报纸在首版显著位置刊登藤村在一处勘探现场埋赝品的照片。藤村此前由于多次做出重大考古发现，在日本享有"上帝之手"的美誉。现在，他坦承自己事先埋下的赝品均是从旧货、古玩市场上买来的，被他"发现"后变成可以追溯到旧石器时代初期的古物。藤村说，作为一名考古学家，他总是处于找不到更多更具有考古价值的瓷器的烦恼之中，于是才蒙生将自己已发现的器物或是购自古玩店里的赝品重新埋入地下的想法。

二、书画庞氏骗局

适当的商业炒作，对于商品制造者、销售者和投资者都是有好处的。但是，有些人恶意炒作，吃亏的就只能是中、小投资者了，严重者还会危及整个事业的发展。

某晚报最近报道：2007年之后成立的大画廊美术馆机构，基本上不是巨亏，就是破产，没有一家大画廊美术馆机构成功的案例，标志着艺术品市场的新一轮泡沫破灭潮到来，正在引发出新一轮的大画廊和大艺术机构密集破产潮——

美丽道画廊：号称中国最大的连锁画廊，买入冷军、郭润文等人的写实油画，几十万元一幅买入，计划炒高到几百万元一幅后出手，没想接盘者寥寥，巨亏上亿元，老板沈某卷款潜逃，不久在海外被抓并引渡回国。

重庆臻纪：又一个号称国内最大画商，签约1500个书画传销人员，把书画虚高提价几十倍、几百倍后，承诺以高额回报出售，受害者5000人，涉资20亿元，老板马某及18名高管试图卷款数亿元潜逃，被警方全数抓捕。

万丰国际：国内最大跨境艺术电商，被电视台及商报揭露为艺术品投资骗局，私自冻结投资者账户资金超过10亿元，涉及投资者数万人。

琼尚文化：在澳门制造"4亿港元美人枕"假拍骗局，是万丰国际最大的代理商，曾经富得流油，也是一夜之间崩盘倒闭。

河南泽华：号称中原地区第一大艺术品投资公司，聘请央视栏目的四位专家等，声称在郑州、洛阳拥有独立的5A级大型珍宝馆，珍藏数以万计的高端艺术品，因涉嫌非法集资被公安机关立案侦查。

以上几个都是在做到10亿元的规模之后一夜之间崩盘，其根本的原因就在于恶性炒作。有些人信奉"炒高几个画家就可以买下一座城市，炒高几个书法家就可以买下一个国家"。这篇长文报道中剖析说：

书画本身除了观赏外，并不能产生实质性的经济价值。书画投资者要获利只能去忽悠下一个更高价格的新书画投资者。这和庞氏骗局的模式类似，但是经过改良了，可以叫作"书画庞氏骗局"。相比于庞氏骗局，"书画庞氏骗局"增加使用了书画来作为货币凭证。

"书画庞氏骗局"链条：书画投资者A需要欺骗新的投资者B用更高的价格买走书画，这样原投资者A才能获利，而新的投资者B也需要再去欺骗更新的投资者C用更高的价格买走书画，新的投资者B才能获利，C再去欺骗D，如此骗局得以循环下去。如果没有新的投资者，这个书画庞氏骗局就会中止或者破灭。

邮市情况也堪忧。国家邮政局有关人士曾通过记者提醒公众：警惕邮市中的恶意炒作行为，避免盲目跟风酿成重大损失。如《崂山道士》刚刚发行，按规定在发行期内不允许提价。而这一邮票不仅发行期内身价倍增，早在期货时期就被广为炒作，这是很不正常的。为此提醒集邮爱好者，邮票有涨就有跌，炒家追求高额利润的同时，必然会布下"陷阱"。这位人士还提醒大家注意邮商所雇的"邮托"。这些"邮托"以各种形式蒙蔽消费者，哄抬邮价，千万不要上当。而且，国家邮政局邮票管理的宗旨是最大限度满足社会通信需求和集邮爱好者需求，他们不希望将邮市变为股市。

三、伪造错币

任何事物都会有差错。人民币印制自然是件管理极严的事，凡有印刷问题的，在厂里就给检查出来，并予销毁。但检查这事本身也难免出差错，因此极少印错的人民币还是有可能流通出来。在收藏界来说，信奉"物以稀为贵"。将"错版"收藏起来，本来无可厚非。然而，有的人走火入魔，竟然专事伪造"错版"。

某信息时报记者在广州一个被称为华南地区最大的邮票集藏品交易市场的暗访，发现伪造"错版"与挖补火车票的手法如出一辙：将票面需改动的地方，用特制的刀片将其表层挖出，然后再将挖出的部分倒置后重新贴上，只不过比挖补火车票更精致而已。

造伪者林某告诉记者，他们可以根据客户要求，制作各种不同的"错版"。在"错版"纸币中，改的位置不一样，价格也不一样。不光纸币能改，硬币也能改。还可以随意改好的号码，如"N03588888"这样的号码，特别值钱。而这样的钱，由于材料不假，验钞机都验不出来。

造伪技术也与价值成正比，越值钱的越会利用高科技。只要值钱，没有骗子不能利用的。

四、广告陷阱

陕西长武青年崔某，与未婚妻计某经营服装店，日子过得红红火火，甜甜蜜蜜。有天，崔某从小报上发现一条广告，称一枚清代的"咸丰重宝"古币现在值30万元，马上想起自己家里有这样一枚古钱，立刻回家找。父母都说没有这样的古钱，可他坚持说有，小时候玩过。经过一番翻箱倒柜，还真找到一枚"咸丰重宝"，一家人欢天喜地。

晚上，这对热恋的人儿约好上舞厅，计某叫崔某顺便把那价值30万元的"咸丰重宝"带出来开开眼界，崔某自然乐意。然而，计某把这小宝贝看完顺手塞进自己牛仔裤口袋，然后尽情跳舞、亲热，等分手时才发现那玩意儿什么时候丢了都不知道。马上返回寻找，找遍每一个角落，连个影子也没找着。

随着"咸丰重宝"丢失，两人的爱情和婚姻也丢差不多。崔某母亲想："莫不是计某见财起念故意？"她一时想不开，卧床不起。计家人心里也一肚子气："我们虽然不富，但是本分，你们却这样怀疑。丢古钱确实是我家女儿不对，但她也是不小心啊！实在不行，你走你的阳关道，我走我的独木桥！"

两家风波在街坊邻里闹得沸沸扬扬。有天，崔某的同学特意告知：亭口镇的范某集币20多年，他说"咸丰重宝"其实不值钱。崔某连忙专访范某。范某说："现在一些集币者，为了牟利，把自己有的一些古币通过媒体做假广告宣传出去，抬高身价，等吸引不知内情的人后再出手牟利。这就是炒作。'咸丰重宝'最多也就值15元，这样的古币我这里有4枚。"说着，范某真的拿出4枚"咸丰重宝"给崔某看。崔某看傻了眼，反应过来第一个念头是赶紧去告诉他的未婚妻计某。

说实话，这个新闻故事很让人怀疑是杜撰的（原文还有不少细节），而且模仿了中学就读过的外国小说《项链》。不过，这种古钱币广告的确不少，高雅杂志上也常见，但愿崔、计式的悲喜剧不常有。

第十五章　彩票类骗子

买彩票在形式上跟赌博差不多，这是无法否认的。

赌博的特点是什么？就是它的非必然性，也就是说赢的可能与输的可能都有，而这种可能并不能凭你的智力、勤奋、虔诚等外力去改变它。当然，如果庄家要作假另当别论。说它不能以智取胜，也就是说它没有科学所说的"规律"可循。因此，用以赌博的方式，越没智力因素越好。比方说，走象棋是要有水平的，谁有水平谁就能赢，水平越高赢的可能性越大，水平相差大，不用实战都知道谁赢谁输，这样的方式显然不适合用来赌博。而麻将就不同，虽然有一些技术成分，但还要靠"手气"。你技术好，但我手气好，三盘两盘"三金倒"，还是可以赢你。所以，麻将较多用来赌博。更不需要技术的，也就是更简单的，如"拔杠"——随机抽一张扑克牌比大小，又如猜单双——下一部来的汽车牌照是双号还是单号，这都更常被赌徒采用。

说买彩票也是一种赌博，就基于这一特点：你可能赢，也可能输。谁也不能保证你会赢，但谁也不能保证你输。庄家即彩票发行者偶尔也是这样输赢无定，如2000年上海福利彩票第6期全天销售创下23.2万余元的喜人业绩，可是开出的中奖号码竟有33人投中，人均获一等奖1万元，再加上通过组选方式投中号码但顺序不对的142注总额5.9万元的奖金支出，总共要掏出38.9万元，净亏15.7万元。彩评家张某说，这种可能性其实很小，但并非绝无仅有。从理论上推算，此次一等奖的出现概率是336万分之一，也就是当销售额达到大约600万元至700万元时才会出现，但第42期销售额仅为255万元，不但出了一等奖，而且一出就是7个，这个结果显然违背了数学的推算，令人始料不及。又如 2007 年 2 月 10 日，当天体彩"排列三"全国投注总额 1.659 亿元，全部兑付奖金后，体彩中心倒贴了 1.2 亿元。这充分说明彩票中心跟彩民一样有风险，只不过风险大小悬殊而已。

一、虚假网络彩票

1. 合作"投注"

厦门王甲伙同堂兄弟王乙、王丙、王丁策划，由王乙提供资金购买作案用的手机和笔记本电脑等设备，并负责网络平台的结账、结款；王丙租赁一个名为时时彩的网站，负责包装和维护；王丁负责后台操控输赢；王甲则负责通过 QQ、微信、陌陌等交友工具物色诈骗目标，四人分工严密，约定按照 30%、30%、30%、10% 的比例入股分成。然后，将时时彩改名为"新葡京娱乐城"，采取公司化运营模式，招聘员工，内部制定详细的操作剧本，并实时更新，及时修改，确保出效益。短短四个多月时间，该集团就骗取 30 余万元。

苏州的张先生在微店认识一名叫女顾客，她向张先生推荐"新葡京娱乐城"，说她可以利用网站后台数据漏洞进行改单套利，保证只赢不输。张先生心动了，便决定与她合作，约定交易成功按照七三分成。

张先生上网注册账户，开始只充几十元，几次交易，每次都赢。于是他放下戒心，投注越下越大，从几十元到上万元，最多时候赢到 100 多万元。2 月 9 日晚，在她建议春节前最后一次下注，张先生欣然听从，如约操作，忽然输得只剩 2 万元。她劝慰下，张先生又充 2 万元下注，结果仍是输，而且再也联系不上她了。所幸警方逮到了这伙骗子，且为张先生追回 19 万余元。

2. "网恋"只为彩票

武汉汉阳某商住楼一个公司，有 23 人职员，每人一台电脑，都以"美女"的身份不停向 QQ"热恋"的网友推荐"网上彩票"。该公司有一系列流程模板，业务员在基础流程上自由发挥。他们到交友网站上专门寻找江浙一带的有钱男士，添加 QQ 好友，用美女照片蒙骗对方，建立起朋友关系，称自己喜欢"上网买彩票"，并将公司提供的网址推荐给男方。很多男方迫于"女友"压力投注。而这"彩票网站"也是公司自己做的，输赢概率完全由公司决定。公司会让他们的"男友"先尝点甜头，随后说"别人曾中大奖"，引诱男方不断加大投注，直到输个精光。

警方从现场查获的资料发现，该公司考核严格，业务员们必须每天更新微信朋友圈、QQ状态，而且对于上传的美女图片都有一定要求。奖惩分明，加班、迟到早退按每小时增减奖金，拉到的新客户注入1万元资金，可拿到奖励300元，另按职位级别不同获相应提成。19岁的女子王某是骨干，一年多居然吸入近800万元资金，最多时她同时与6人"网恋"。但这20余人中一半是男性，每日伪装"网上美女"。

二、合法彩票也可能有猫腻

我们为什么去买彩票？即使没中奖白投了钱也在所不惜，一次又一次，一年又一年，为什么如此执着？因为我们相信彩票奖项的产生是公证的，开奖时都有公证员专门盯在那儿。但我们绝不能因为好人多而放松警惕性。

杜某按照平时的习惯，到该县朱某的体育彩票销售点，用自己丈夫和儿子的生日号码，买了3注体育彩票。由于工作忙，直到3月14日，杜某才到该彩票点查询有没有中奖。早知自己彩票点有人中500万元巨奖的店主朱某查看一下，发现杜某买的有一注正中500万元，便故作镇静地说没中奖，顺手将他的彩票扔在旁边的废票箱里。第二天，杜某自己查到被朱某扔掉的彩票有一注中了500万元，就找朱某论理。几次交涉无果，于是报案。而朱某前一日等杜某离开后，迅速捡起那张彩票，并马上以50万元雇朋友蒋某去领奖。在公安机关追查下，他们才坦白交代。

某晨报曾报道：一位姓王的彩民是一名司机，为购买彩票已经花费了两万多元，但中奖收入还不足200元，因此他格外注意观察中奖号码及摇奖过程。在研究中，王先生越来越觉得疑惑重重：摇奖箱内的彩球重量是否一致？每周五15时30分当周彩票销售结束至18时35分摇奖开始的3个小时内，彩票工作人员在干什么？摇奖直播开始时，箱内的彩球为何不让公证人员检验后当众放进去？

对王先生的疑问，体育彩票管理中心的任主任表示理解。她解释说，摇奖使用的彩球都是统一的乒乓球，不像一些充气球那样重量差别那么明显，而且采取刮片和旋转方式推出乒乓球，因此彩球的重量不可能对中奖结果产生影响。

每周五 15 时 30 分，是电脑体育彩票停止销售的时间。这也是公证人员开始工作的时间，公证人员将把分布在全市各网点的销售情况全部汇总起来并进行封存，等到 18 时 35 分。这项工作全部结束，摇奖工作随即开始。

对直播前摇奖箱内已放进彩球的问题，任主任表示，"由于直播时间有限，不可能把所有细节都播出来，不过摇奖箱内的彩球肯定都是公证员放置的。"

不久，该报又刊发该记者的追踪报道：本报关于《彩民投诉彩票有疑点》的消息刊出后，记者已接到百余名彩民的来函和来电，这些忠实的彩民都对彩票管理中心的解释不满意，同时希望有关部门能认真对待他们的疑问，尽量使电脑彩票这一新生事物的操作"透明化"。一位崔先生认为，电脑彩票的"最大疑点"不是"摇奖前 3 个小时工作人员在干什么"，而在于"号球的摆放、检验工作是否设在开奖现场当众操作"。既然是"公开、公平、公正"，就应该把号球当众用天平称一遍，然后无序地倒入机内，让现场来宾及电视机前的彩民看清楚，这样更能增加彩民对彩票事业的信赖。就彩票管理中心任主任对"电视直播时间有限，不可能把所有细节都播出来"的解释，崔先生认为，每期电脑彩票都能销售几百万元，资金如此大的一项"游戏"，开奖过程的确值得再细致些。

某省福利彩票发行中心就有一系列违规：一是向社会公布某期电脑福利彩票的特等奖基金保底 3000 万元，而实际可用于支付奖金的资金只有 1457 万元；二是无视财政部关于禁止实物返奖的规定，仍在当期彩票销售的设奖中规定，一等奖加送富康车；三是在对外宣传和本系统彩票投注站散发的宣传材料中，有意将体育彩票与福利彩票的有关指标进行比较，违背彩票从业者的基本职业道德准则。对此，财政部进行了"严肃查处"。

双色球某开奖，全国共中出一等奖9注，其中有5注落在深圳。中奖的彩票是一张机选5倍的单式票，投注额度仅10元，奖金总计3305万元。警方发布消息称，这巨奖是一起惊天的骗局：深圳一名电脑工程师利用在福彩中心实施其他技术合作项目的机会，通过木马供给程序，对彩票数据进行了恶意篡改，但在还没有伪造出彩票前被警方抓获。此案及时破了，公众却产生更多的疑问：造假者究竟是开奖前开改的数据，还是开奖后改的？黑客都可以轻而易举地改掉，那么福彩中心内部系统管理员是不是更近水楼台呢？在网上调查中，70%的人表示这一事件使彩票公信力受到严重的破坏，另外还有24.8%的人认为，既然黑客能改，其他人也能改。这些怀疑不无道理。

央视《新闻1＋1》讨论这一事件，特邀观察员认同福彩中心的观点，即这是一个管理方面存在的漏洞。但是总体来讲，技术本身还是安全的，否则在这么短的时间内不能破案。彩票中心能够及时发现问题和解决这个问题，至少说明技术上还是有保障的。

不久，又让全国彩民焦躁不安，福彩双色球某开奖，中奖号码为27、26、25、12、31、16(红色球号码)和05(蓝色球号码)。当期全国共中出一等奖93注，每注奖金409.07万元，其中北京、黑龙江、上海、广西和陕西各有1位彩民幸得一等奖，其余88注一等奖竟然均被河南安阳某彩民收入囊中，累计奖金高达3.599亿元(税前)。经检索，河南彩民所中的88注一等奖出自同一销售点，中奖彩票为一张2注的单式倍投票，由2注一模一样的号码进行44倍投注，购票金额为176元。这巨奖在全国范围内引起广泛的好奇与质疑：

首先，质疑是真还是假？因为用176元买88注同一组号有违常理。河南福彩中心宣传部门负责人的回答很干脆："不可能有假。"但有篇时评说：真相似乎越来越远。

其次，请问幸运儿是谁？河南福彩中心一方面声称，中奖者尚未兑奖，甚至从未联络过福彩部门。另一方面强调擅自披露彩民的个人信息是违法的。

再次，中奖者该不该曝光？百度、网易、新浪、搜狐(会同央视《经济半小时》栏目)等各大门户网站均在重要位置发起问卷调查，尽管两派观点争议很大，尽管60%的网民认为公开中奖者信息的确有助于提高彩票的透明度和可信度，但支持保护中奖者个人信息及其背后蕴涵的隐私权，仍然是这次调查共同体现的网络主流民意。

三、"偷梁换柱"中奖号

两名男子到福州仓山一家彩票店，声称自己热衷于买"即时彩"，希望能通过微信下注。彩票店老板小徐自然高兴，立即互加微信。

离开不久，这两人向小徐发送一条写有投注号码的图片链接，并转账支付900元，让小徐按照图片上的号码进行投注。10分钟后开奖，小徐告知对方未中奖。不料，对方竟然声称有一注投注号中了9000元，只是由于小徐输错号码，要求赔偿。小徐连忙查看聊天记录，发现确实有一组号码与中奖号码一样，只得赔。

次日上午，对方又发来图片链接，并转360元投注金。小徐接受教训，保留这图片截图。10分钟后开奖，他们的号码未中奖。但小徐在查看聊天记录，又发现图片链接内的一注号码与开奖号码一样，于是意识到可能被骗，立即报警。

四、私彩陷阱多

1. "六合彩"

"六合彩"在香港地区是一种合法的博彩活动，在内地是明令禁止的。但近年来，广东、福建一些城乡地下"六合彩"骗赌活动愈演愈烈，发展利用香港的"六合彩"的中奖号码和赔率等彩票规则自行设赌，也叫赌"外围码"，赌注由"庄家"收取，赔款也"承诺"由"庄家"支付。香港的"六合彩"中奖号码每周二、周五夜晚公告，内地的地下"六合彩"也与之同时进行。

其实，内地买"六合彩"中大奖不过是骗赌的诱饵。某都市报记者揭露：在一些地方，人们往往会听到这样的传言，某地某人用几千元博得几十万元，说得有鼻子有眼。这便是庄家和赌头骗人的伎俩之一，因为对未赌的人来说，这是一种巨大诱惑，而对赌输急于翻本的人是一剂强心针。其实，"一夜暴富的人"要么是经过庄家的加工后肆意渲染而成，要么干脆就是庄家捏造出来的，其情节有些像神话。除此以外，庄家、赌头的骗人手段还有以下 3 种：一是拉人下水。对未赌"六合彩"的人，他往往会打个电话，笑嘻嘻地说"透个码给你"。二是设置障碍。限制投注金额和投注时间，或根据情况不受注，多用于赌单双码，因为单与双的出现是有一定概率的，当一定时间内单或双多次出现，那么下一时间双或单出现的概率应该高一些，这时候庄家就拒绝受注。三是赖账。当彩民好不容易中彩，庄家就以无力兑付、武力威胁、报案接受处罚等方式赖账，或干脆逃之夭夭。

2. 销售奖

某晚报报道，黄某是大学毕业生，曾在徐闻、雷州和遂溪卖过"奖票"。记者采访录：

问：这份工作收入高吗？

黄：很高。底薪加上提成，一般每月的收入最低都有 3000 元。而老板在高峰期尤其是年底期间，每天几乎都有 1 万元至 2 万元的收入。

问：收入那么高，后来为什么不做了？

黄：去年 11 月我弟弟准备结婚，我爸爸、妈妈带着 3000 多元钱到镇上给我弟弟买结婚用品。他们看到很多人在买这种抽奖票，也看到不少人花很少钱就博中很多的钱，心动之下把 3000 多元全部买抽奖票，最后不但没有中一分钱，连坐车的钱都没有了。后来爸爸、妈妈报警，但最后却是不了了之。我妈妈伤心欲绝，我爸爸随后打电话告诉我这件事 (我当时正在另一个地方做着同样的工作)，我一听就蒙了，头脑一片空白。当时心里难受得不知如何是好。如果爸妈为这事情伤了身体，我却又在干着这种骗人钱财的不齿事情，我还能心安吗？我当即辞工不做了。

问：你们是怎么骗钱的？

黄：最大的玄机在卖票这里。我们必须做好"拉档"的角色 (唱双簧)，起码要 20 人以上才能骗人骗得天衣无缝。比如我是卖票的，口才要一流，说得别人心动也行动。这种抽奖的中奖规定是，抽任何两张票，刮开的号码如果是相同的话,就要买与号码对应的产品,如果抽出的号码是不相同的,就可以即时兑换现金200元。每张票价是50元。我们篮子里卖的票都是同号的,裤袋里装着几十张与篮子里的票号码不相同的票。所以在篮子里抽的票的号码永远是相同的,买奖票的人永远中不了现金奖。我们自己的人以非常快的速度从裤袋里拿出一张或多张外表与篮子里的票相差无几的票混在一起,两种票只有细小的不同,只有我们自己的人能分辨出来。因此同样的抽奖,其他人老抽都抽不中,抽中的其实都是我们自己的人,用以制造中奖的假象。

3. 假冒合法奖

成都徐某路过一商店时,发现有人在销售两元一张的香港某集团重庆分公司成立10周年庆贺的刮刮卡。徐某买了两张,刮开一看,发现其中一张居然中二等奖,奖金19万元。徐某找发卡方要求兑奖,对方给他一张领奖通知单,让他到重庆分公司兑奖。领奖通知单上写明活动由香港某集团重庆分公司主办,重庆市彩票中心发行并盖有公章,宣传单上还印有当地司法公证处两名公证员的照片和名字,并留有监督举报电话。徐某立即与该分公司取得电话联系,对方告诉地址,还说到了重庆公司将派人来接。见对方言辞恳切,担心夜长梦多,徐某当晚就乘火车赶到重庆。徐某再与分公司联系,对方却说人手不足走不开,不能派人到火车站接,让徐某自行打车到公司。徐某听从,但转了三四圈,问了无数人,都没找到那公司的具体地址。他不死心,在附近找一旅馆住下,然后逐条街走访,找了两天,依然一无所获。到公安局报案,才知道这里根本没有这一地址。

五、亲友来"借钱"

我家乡有个习俗:打猎打到了山货,凡是在场的,不论有没有功劳,都可以分到一分子。因此,大凡想分享意外之财,便用俚语说"见者有份"。

董先生是福利彩票100万元巨奖得主。他们夫妻捧着交完税后到手的80万元回到台安,盘算着要买一处带住宅的门市楼,妻子做生意,小董还照常上班工作。然而他们中巨奖的消息传开后，方方面面认识不认识的人都来"借钱"、"讨赏"，更有一些人言语之中暗含恐吓。再也受不了，董先生向单位请了长假，全家人躲得不知去向，可还是有人到他住宅去讨扰。

这并非个别现象。据某晚报报道，51 岁的上虞人阮某和表兄一起到德清某工地做电焊活。这天晚上，两人闲着无聊，于是商量去买几张彩票玩玩，当时两人还开玩笑似的商量：如果阮某中大奖，就送给表兄 5 万元；如果表兄中奖，就送他一辆小轿车。之后两人在一家体育彩票销售网点买了 10 多元彩票。没想到，玩笑成现实，阮某买的 5 注彩票中有一注独中 500 万元。欣喜若狂的阮某很快就去体彩中心领奖金，而且很爽快地兑现自己的承诺给表兄 5 万元。回到老家，忍不住喜悦之情的阮某决定庆祝一下。他在村里大摆宴席，款待亲朋好友和父老乡亲。当天他摆了十多桌流水席，招呼几乎同村的所有村民来吃，一些邻近村子的人听说消息后也去凑热闹，来者不拒。村里人说，那次流水宴菜肴丰盛，比平时结婚喜宴还要好。阮某意犹未尽，借着酒兴给当天赴宴的一些亲戚和好友派发红包，少的 200 元，多的 600 元。这场流水席和派发的红包，花了阮某 20 万元左右。没想到，第二大，阮某宁静的二层小楼前门庭若市。他的许多远房亲戚找上门来，一阵客套之余开始要求借钱，要买房的，要娶媳妇的，什么理由都有。阮某碍着面子借了些钱出去，没想到这样一来，借钱的人越来越多，很多多年不曾联系的亲戚也找上门来了，而且一张口就要借几十万元。看阮某为难，他们便说："几十万元，对你来说算什么，你不会这么小气吧？"阮某哭笑不得。一些陌生人也开始找上门来借钱，有些还半夜敲门，手机几乎被打爆。阮某叹道："以前没钱的时候好多烦恼，没想到现在有钱了，烦恼更多。"几天下来，阮某被上门借钱的人折腾坏了。他不得不紧锁家门，一天都不敢出门，装作不在家的样子，但敲门声仍然不断。他只好悄悄带着妻子儿子逃离。他发短信给几个亲友，说出门避避风头，不要找他，然后就把手机关了，亲友们至今不知道他躲到哪去了。但是，仍有前来借钱的人不断地敲响他的家门。

厂里不景气，生产任务不饱和，当车、铣工的李某被安排暂时"放假"休息，每月领 220 元基本生活费。本来，他从未与彩票打交道，现在想试试运气，便用 2 元钱投注，不想真的独中 18 万元一等奖。消息传开，厂里马上让他"下岗"，理由是"为照顾更多的困难职工"。李某叹道："我还不到 40 岁，这10 多万元怎能养我一辈子？"

第十六章　柜台里的骗子

柜台里是象征性说法，特指银行人。

银行人有着自己行业的特殊性。《银行人就应当与众不同》一文中写道：

银行的设立条件，使得一开始它就必须有钱，否则，根本无法开业。我国商业银行法规定："设立商业银行的注册资本最低限额为十亿元人民币"，"注册资本应当是实缴资本"。所以，社会上传言"银行福利待遇好"，银行职员"西装革履，进出高楼大厦；收入颇丰，出手一掷千金；地位优越，结交社会名流"，是中外银行业多年经营才获得的无形资产和商标价值。作为银行人应当扩大这种资产，纵然贫困也要像个富人，这是职业道德的一种表现。富有、值得信赖是银行的第一生命，它利用自身的信用吸收公众存款，不同于一般的企业用商品吸出公众手里的钞票。银行必须把安全性放到第一位，必须保证支付，不能赖账。否则，将导致社会动荡。一家企业倒闭，不致引起全行业的关门；一家银行的挤兑，可能造成整个银行业的崩溃。因此，对银行有更多的保护，是现代政府的普遍做法。如果银行员工的工资都无法保证，那这个国家的经济很快就要垮掉。

总之，银行的特殊性，在于它树立符合自己行业特点的人物，不要炫富，不要怕富。银行的使命是使穷人变成富人，自己就必须具备致富的能力，不能用衡量一般干部的标准来衡量银行人，银行人应当与众不同。

套用一种世俗的说法：银行人绝大多数是尽心尽责为客户服务的，但是极个别……

一、冒充银行人

1. "处长"的教唆

山东某染织总厂设计员曹某,下海经商,通过银行一位老同学帮忙贷款300万元,成立某海洲实业有限公司。但这公司一直不景气,虽有银行信贷支持,仍只能拆东墙补西墙。有天,生意场上的朋友请曹某吃饭,介绍认识银行青岛分行处长刘某。曹某借着酒劲,竭力奉承这刘处长。火候差不多时,她说:"海洲公司目前资金困难,要做大买卖无钱周转,刘处长给帮忙贷点款吧。事成之后,必重谢领导。"刘某指导说:"贷款的程序复杂,操作起来很难,不如拆借资金。我的关系很广,可以拉来资金,你只要在当地银行有熟人,把钱存上然后再转出来用一年,不是很简单吗?"两人一拍即合,当场敲定:刘某负责到省城以21%的高息拉存款,曹某负责在银行找可靠的关系。

曹某到银行潍坊分行对公存款组找老朋友李某。李某是部队转业干部,刚到银行,正为完不成揽存任务犯愁,一言为定:如果能拉进存款,留十分之一在对公存款组顶任务,其余归曹某支配。

刘某也很快拿出成果,说是从某财政国债服务部拉到1000万元,除高利息,还要2万元介绍费。钱到账后,由刘某朋友借500万元,剩下的归曹某支配。要求曹某在银行用假名存100元的定期。几天后,曹某、刘某等人到潍坊银行找李某,在营业厅办理1000万元汇票存款手续,银行出具银行进账单。办完存汇手续后,刘某叫曹某买6套汇票委托书,回大酒店填写5套汇票委托书。然后再到潍坊的银行,利用李某按汇票委托书填写的内容办理5份汇票,从潍坊的银行骗得583.1万元,其中借给刘某朋友427.9万元,即500万元扣除一年的高息,付中间人息差或好处费155.2万元。算账时,曹某多算给刘某3万元,让刘某独得50万元。回到公司,刘某叫曹某拿出那张100元的存单,用"消字灵"将存单上的100元改成1000万元。

没几天,曹某又到潍坊的银行。在李某的协助下,用汇票、支票从银行诈骗316.9万元。至此,某财政局国债服务部存入潍坊的银行的1000万元,除100万元留在银行对公存款组的账户上,李某给曹某出具储蓄存单外,其余 900 万元全部被曹某、刘某骗走。曹某送给李某一万元，以示感谢。

曹某被判无期徒刑释放回来的二哥来海洲公司，成他的帮手，他便甩开刘某单独行动。他到济南找某机械施工有限公司副总孔某，用月息 21% 做诱饵，经他联系山东省某青干院的蔡某，又由蔡某联系招远某信用联社主任董某，从这信用社拉到存款 500 万元。另外，曹某伙同二哥找某市社会劳动事业保险处会计曲某，由在潍坊银行营业厅任会计的曲某之妻提供一套作废的但已盖好储蓄所公章和记账员名章的空白"银行特种转账传票"，再由曹某将 500 万元汇票存入银行，然后又从曲某之妻手中取回这张汇票，背书转让，将 500 万元存到海洲公司在潍坊的账户。当天下午，曹某把一张 50 元的存单变造为 500 万元，连夜将假存单和一张 62.1 万元的息差汇票交给招远某信用联社。

几天后，曹某又以同样的手段，从招远某供应股份有限公司骗来两张 500 万元的银行汇票，然后用两张 50 元存单变造两张 500 万元的存单。不同的是，他伙同他人制作假委托投资协议，私刻存款人和潍坊银行储蓄所公章，企图将此款从银行骗出，因银行经办人发现对方身份证编号错误而未提取，又因案发被冻结，诈骗未遂。

就这样，曹某进行金融凭证诈骗作案 3 起，总额 2500 万元，其中 1000 万元未遂。案发后，追缴人民币及赃物计 1205.4 万元，造成经济损失 294.5 万元。

令曹某大失所望的是，直到走进高墙他才知道刘某根本不是银行的处长，而是青岛的无业游民，是个十足的江湖骗子。在公判会上，被判死刑的曹某久别重逢刘某。刘某只是被判无期徒刑，却吓得两腿直哆嗦。曹某问他："你冷不冷？"刘某嘴唇发颤说："不——冷。"

如果没有"青出于蓝胜于蓝"，骗术也不会长足发展。

2. 离职后的揽储

辽宁抚顺某石油公司总经理董某，经人介绍，以 16% 的年息为条件，将公司 100 万元现金存入银行市西支行。办理手续的热心人，是被称作"银行老张"的中年人。当时，张某还用一张"上海侨胞服务中心"的 30 万元支票，换取董某 25 万元现金，差额 5 万元作为支付首期利息，其余的利息待 100 万元存期到后再结算。于是，董某将30万元的支票和70万元现金一并存入银行。过两天，董某不放心，还要求介绍人到银行去拿一张对账单。介绍人很快从"银行老张"那里拿来100万元存款的对账单，证明无误。

没想到，两天后，这笔70万元存款就被人划走69.5万元。先是划到"上海侨胞服务中心"在该银行开设的账户，然后又被分几次划走，仅剩下几百元。而那张换25万元现金的支票，根本就没有入过银行的账。当时，因为张某和银行里的工作人员都很熟悉，到处打招呼，介绍人也介绍他是"银行老张"。张某正是利用这种关系，在替董某办理开户手续时，在事先准备好的贷记凭证上偷盖被骗单位的印章。

侦查得知：张某原系银行上海分行市北支行副行长，因犯受贿罪被判刑，离开银行后也无建树。张某利用和市西支行工作人员都很熟的关系，以"上海侨胞服务中心"名义先在市西支行开设账户，又利用老同学关系到某广电设备公司要7张空白的贷记凭证，接着在金融圈里散布自己能为企业获得高利息的信息，骗得金融掮客上钩，介绍被骗的董某。

真是"胡汉三又回来了"！

3. 无业人员代办信用卡

乌鲁木齐的无业人员童某，复印信用卡申领表百余份，又以公司招工名义收取41人的照片，接着以银行"向社会事业单位招揽储户，庆国庆免费办理信用卡业务"为由，骗取5人的身份证，并为这5人申办信用卡。然后，又利用那41人的照片制作41张假身份证，到银行透支36万元。

某银行信用卡业务部发现这5张信用卡使用不正常，马上报警。警方很快找到在信用卡申领表上登记的5个人，可他们的姓名与申领表上的姓名不一样。这5个人说自己确实办过信用卡，是某银行业务员童某代办的，说是等通知到银行签名领卡，此后一直无消息。

骗子往往是"全才"，装什么像什么，要什么有什么。

4. 冒充银行上门"服务"

新疆乌鲁木齐的佟某好赌。一次打牌时，有位在银行工作的朋友开玩笑说："我们打牌可以用信用卡透支。没钱时，先透支一部分，只要到时间给人家还回去就是。"由此，佟某居然真的打起信用卡的主意。他先自己办一张，熟悉操作流程，研究作案可行性。然后，冒充银行工作人员在报纸刊登招聘广告，招收"业务员"，并在某宾馆开房间作为他的办公室，与前来应聘者洽谈。他将申领信用卡的表复印给业务员，让他们到各个单位免费办理信用卡。每来一个申请用户，得到该用户的详细表格和身份证复印就可以获40元提成。

骗得申请人的身份证复印件之后，佟某替换照片，按照身份证复印件上的信息制作足以乱真的身份证，然后到当地银行骗取信用卡。为应付银行调查，他在不同宾馆同时开4个房间，找几个朋友入住，交代好接到银行的核对电话该怎么说。就这样，他第一次办4张金卡，每张透支一万元。第二批办3张金卡，透支3万元。紧接第三批、第四批，一共办多少卡，透支多少钱，他自己也记不清楚。银行与警方联手查证，佟某冒名办了43张卡，其中金卡22张，银卡2I张，共透支32.5万元。

二、"金融掮客"作奸

1. 骗存款

浙江宁波的戚某，曾以优异成绩考取浙江某大学能源系。毕业前夕，他与人合伙盗窃现金8000元，逃到广州，在外地混几年溜回宁波，通过贷款中介人介绍，充当起"金融掮客"的角色。他认识某局长，为该局充当几次中介人，逐步赢得该局长的信任。在一次酒席上，戚某告诉局长，将款存到银行宁波市支行，可获高息。局长信以为真，将该局的公章和印鉴卡等交给他，叫他尽快去办理。

戚某让人模仿私刻"某局财务专用章"和该局会计的私章，又偷换该局的银行印鉴卡。某局则按戚某的要求，先后将1300万元存入银行。戚某趁机在转账支票或汇票上加盖伪造的印鉴。短短的6个月中，先后将1300万元存款划到由他操纵的其他账户上，然后将这些资金转账或套现，分别用于个人存款、投资、借贷和挥霍。

局财务人员进行现金核对时，发现 1300 万元不翼而飞。戚某闻讯，携带巨款匆匆出逃。警方虽然在四川宜宾将他抓获，但有 500 余万元赃款无法追回。

骗子也要投资。除了"感情投资"，也会有经济投资，如戚某开始那几次"中介"，肯定让局长得了某种好处。

2. 骗贷款

南京的银行三元支行行长杨某是个女强人，无奈同业竞争激烈，业绩不佳。她把下手"吸储能人"严某找来，要求想点办法。严某说有两个"金融掮客"能拉存款，但要"以储放贷"。杨某表态：只要能拉存款，可以按 60% 放贷。

"金融掮客"卞某，没几天就拉来 3000 万元存款。但也没过几天，他就说有个朋友在某实业公司做彩管生意，要贷 300 万元，有恒鑫公司担保。杨某派员简单调查一下，就分两次如数发放。一个月后，卞某又出面，说巨龙公司要贷 350 万元，由风华公司担保，杨某也照办。

另一个"金融掮客"王某，拉来 1000 万元存款。他说一台商在江苏句容投资 1000 万美元，成立远东度假村公司，正在兴建华东地区最大的高尔夫球场，每张高尔夫球场会员卡可卖 5 万元人民币，第一期 500 张卡已售完，急需 400 万元资金周转，有合资企业中德电公司担保。杨某派人到公司驻宁办事处看了看，也如数发放。

然而，这 3 家贷款公司其实都是负债累累的皮包公司。某实业公司仅有一间办公室，为它担保的恒鑫公司严重资不抵债，早已停业。巨龙公司未办工商年检现已停业，为它担保的风华公司变更法人，只有 20 来万元的货能抵债。远东度假村公司的法人代表某台商早已走人，为其担保的中德公司因欠债被法院查封。"金融掮客"拉来的贷款户就是这样一些"垃圾"，1000 多万元贷款根本没指望收回。

于是，杨某被判处有期徒刑 9 年，并处罚金 5 万元。这是我国银行法颁布后第一个因"违法放贷"被判刑的银行工作人员。她觉得好冤，在庭审中叹道："我一心为工作，没有拿一分钱好处，却落得如此下场。"

杨某个人是没捞经济上的好处，可是骗子呢？骗子捞了多少？

三、吃里爬外的职员

（一）基层行长
1. 非法吸储
广东佛山某邮政支局局长何某，频繁到澳门赌博，欠下巨额赌债。其间，她认识三名澳门人，对方得知其身份后，便设下圈套游说其投资澳门某大项目，以快速回本。何某从此铤而走险，挪巨款用于偿还赌债和个人投资。她利用储蓄监控不严的漏洞，通过"公款私存"、设立"中间账户"等方式非法吸储。何某最早对介绍者往往给予较高的提成，一般的标准是5%左右。她又承诺，只要在邮政存钱，给高于国家规定的利息，甚至直接给奖金。这种办法吸引的是公款，以致很多单位负责人不惜冒着挪用公款的风险，将钱"存"到她处，甚至有村干部将数千万公款私自存入。由于非法吸存走漏风声，何某竟然雇凶伤人。警方介入调查，这才掀开这惊天大案的冰山一角，发现她非法吸储多达17.9亿元，涉及储户352户。

真如古人所言"螳螂捕蝉，黄雀在后"。

2. 克隆汇票
河南一家公司总经理史某，请河南许昌某信用社主任马某帮助拆借资金。马某找到董某，董某找到姬某。

姬某拿来两张银行承兑汇票，一张盖有银行的章，出票单位是某钢铁股份有限公司，金额为200万元；另一张盖有另一银行的章，出票单位为某金猴集团商贸公司，金额为100万元，还有盖好章的空白合同书。讨价还价，史某事先付2万元，贴现或贷款成功后再按总金额支付8%——10%的好处费。

可是，这两张汇票拿到河南济源银行一查，发现是"克隆"的。警方深入调查，发现一个组织严密、分工细致的伪造、贩卖金融凭证和票据诈骗的特大犯罪团伙，涉及的23人来自全国各地，共"克隆"银行承兑汇票22份、银行大额存单一份、商业承兑汇票3张，累计金额2590万元，堪称全国"克隆"银行承兑汇票第一案。而姬某交代，其中一部分承兑汇票的原件是某银行一名副行长提供的，他每提供一张要收费 2000 元。

难道家长要当"家贼"吗?

（二）信用社主任

江西抚州临川某信用社主任饶某，把自己几万元钱借给赌徒朋友方某。不久，方某将钱还给饶某，加付几千元利息。在方某的唆使下，饶某也参与赌博，没想输得精光。为了翻本，他竟然伪造假存单 11 份，金额达 236.4 万元。然后，伙同方某夫妇等人，用假存单先后到抚河银行营业部、长岭营业所、临川银行营业部等地进行贷款诈骗，共骗得 114.9 万元。他们将诈骗到的贷款拿去赌场翻本，结果全部输光。

幸好饶某只是一个小小的信用社主任。

（三）分理处主任

陕西潼关的兰某，从银行学校毕业后即被当地银行聘为代办员，先后在银行信用卡部、会计部和开发区分理处任记账员、出纳员、复核员等职，最后被委任开发区分理处主任。银行同业竞争激烈，为完成揽储任务，他不惜违规违纪。几位储户因无法兑出在基金会投资入股的本金，求助于兰某，他居然私自动用银行资金为他们兑现。他先后挪用公款 38 万元，用于给储户基金贴现、付债、付劳务费。当一些不符合条件的储户要求贷款时，他也擅自办理，以口头约定期限和利息，私自贷出公款 269 万元，竟然没有任何贷款合同及账务记载。他还自作主张，用 13 万元买 50 部手机奖励储户。就这样，他赢得"揽储状元"的虚荣。

同时，兰某还挪用银行资金为自己做生意。当地有许多金矿，但银行收购黄金不及时付款，令矿主很不满。他从中发现商机，从矿主手中低价收购，然后以国家牌价卖给银行，从中赚上一把。他还买下两座金矿，不想迟迟不见效益，弄得进退两难。

经查，兰某在当分理处主任的 3 年中，采取直接从银行账面偷支储户存款、私开"双整"存单和国库券收款凭证、转卖国库券收款凭证等手段，挪用银行资金 1000 万元以上，全部用于开矿、私自贷款和个人挥霍。后来，仅追回150 万元贷款。

兰某在当地银行任纪检组长的父亲向警方举报，这才东窗事发。而由于种种原因，检察机关难以摸清他的犯罪底数，只好要求凡与该分理处有业务往来的客户紧急到银行登记核对，这才发现他涉嫌挪用达 1000 多万元。

原报道没有谈及当地这银行的管理情况，但我们从字里行间不难想见那是怎样一种状况。有道是"十案九违章"，看来不假。说骗子太狡猾，往往是抬举他们。

（四）信贷员

1. 帮人骗存款

上海浦东某科工贸公司法人代表陈某、某建筑装潢工程有限公司总经理赵某和某工贸公司贸易部经理王某，3 人共谋行骗。王某负责通过熟人、朋友作中介，寻找有资金的企业；赵某负责贿赂银行有关人员，设法弄到有关存款单位的印鉴卡等凭证；陈某则负责伪造印鉴，将企业的存款偷转到他们的账户上。

王某得知某医院有一笔资金，便通过熟人找到这医院财务科，说他可以搞"封资"存款，年息高达 30%，但存款期间不得以任何形式取款。医院方面动心，同意将这笔款存到王某指定的银行。赵某也开始行动，找某银行信贷员，说："某医院将带 100 万元来开户存款，院方会把盖过印鉴的贷款凭证转到我工贸公司的账上。"信贷员表示："只要双方单位约好，我们没意见。"这位信贷员将 3 张空白印鉴卡和开户申请单给赵某。第二天，赵某、王某和中介人到银行办存款手续，医院拿到 30% 的高额利差，皆大欢喜。

不久，医院发现这 100 万元存款只剩下 2000 元。一查，发现在他们存款第六天，王某和赵某等人便到银行，在那信贷员的帮助下，用私刻的印鉴章，分两次将这项存款划到工贸公司账上。

不仅如此。这家银行还有 9 笔共 2490 万元存款被人划走，这伙骗子还诈骗其他单位的存款 4000 万元。

有些骗子往往离开不了银行内部人员的帮助，一种情况是银行规章制度有漏洞，另一种情况是银行人得了骗子的某种好处有意无意为之。

又如山东栖霞的韩某，先后注册成立北海公司和中恒基公司，都是这样"经营"：从银行贷款后，先挥霍再考虑投资，往往是项目才搞一半，资金就用完，然后拆东墙补西墙，这里贷出来那里还进去，但时间一长，很多银行都防备他。在这种情况下，他另寻办法，但也不是正道。

韩某通过种种关系，认识山东某银行的林某，进而结识滨州某信用社信贷科的宫某。他鼓动宫某到银行青岛分行存款，说那不仅利息高，还有丰厚回扣。宫某动心，去存600万元。通过银行职员杨某的帮助，在没有任何有效证件的情况下，韩某从银行青岛分行取走这600万元。事后，韩某给宫某80万元"利息"。不到3个月，这笔巨款就被挥霍一空。韩某又找银行栖霞支行文化路储蓄所的吕某，通过种种贿赂，使吕某为他们提供该所的空白存单及该行带有印章的文件纸一份。韩某按照纸上的公章，偷刻该行的公章及客户刘某的私章。再通过关系找到有存款的单位，揽存1000万元。他将这1000万元转到自己公司户头，伪造一张假存单给吕某，由吕某交给客户。很快，他又将这1000万元分批转出，继续挥霍。

只要宫某、吕某想谋"好处"，他们不帮这个骗子也会帮那个骗子。对于银行来说，管自己的员工应该比管骗子更容易。

2. 帮人骗贷款

成都的高某，是个年轻的老骗子。他大学毕业不久就当上泸州某石油化工产品开发公司副总经理，利用父亲的职权以都江堰某硫酸厂作担保，从某信托投资公司泸州办事处贷款400万元。到期不能还款，因涉嫌贷款诈骗罪被公安机关拘留，在归还部分款项并对余款做出归还承诺后才被释放。他接着伪造资料注册成立新公司，参与重庆某广告公司在长江边修建世界最大广告牌的项目，并合作成立三业公司，法人代表为高某。公司有了，项目也有，那么高某的资金呢？

高某聘请从攀枝花某事业单位下海的黄某。黄某毛遂自荐，说跟银行雅安分行行长、党组书记杨某是老朋友，能够贷到款。其实，他们只是偶然下围棋认识，但杨某对他很热心，亲自给雅安信用社主任王某打电话，并一再催促，很快让黄某贷到100万元。不久，又贷149.5万元。

贷款很快到期，高某又还不上，声称在上海某银行重庆分行联系到300

万元贷款，要求雅安的信用社担保，保证该笔贷款用于归还他们的两笔贷款。杨某又支持他，但他把新的贷款并没有归还信用社，而是转出还债等。这300万元也很快到期，高某仍然还不上，但在杨某的要求下，信用社继续为他提供连带保证责任。

按修建时的合同规定，那块仍然停在建设中的广告牌必须按期拆除，也就是说这广告的巨额投资无望收回。法院审理查明，高某的公司负债1100多万元，债权及净资产仅230多万元，资金缺口达900多万元。

杨行长这样的行长太好当了！只要开个口，损失是别人的，人情是自己的。如果央行行长都这么当，哪个商业银行行长也别想当好。

3. 帮人伪造存单

山东莒县的张某，想做生意又没本钱，便找当地某银行的信贷员徐某帮忙，借存单给他搞抵押贷款，给徐某好处。徐某同意，先后两次将储户的4万元存单借给张某。张某用这些存单贷款经营化肥。

然而，张某不善经营，生意亏本。他又想用假存单作抵押诈骗贷款，并请徐某提供空白储蓄存单。徐某为尽快收回前两次借给他的存单，先后数次将10余张盖好本单位公章及本人印章的空白定期储蓄存单交给张某。张某私刻某信用社公章，在空白存单上虚开储蓄金额，又在某行《关于核实回执单》上加盖私刻公章，先后从某行骗得贷款1.63万元。

难道说骗银行比做生意更容易？

4. 帮人非法集资

张某曾因盗窃罪被判刑，成为无业游民。他到新疆承包某劳改局贸易商场，留下404万元债务，逃到湖南桃源。

在桃源，张某打通关系，成立建材物资公司，挂靠在风景名胜区管理处名下。没有资金，又打通银行桃源支行桃花源分理处，虚开388万元的存款资信证明。这个公司4年间只做过两笔生意，一是采取预付30%的方式，从河北定州某客车厂购得中巴十几辆，低价出售，得货款70多万元，既没付给厂方也没有入公司账上；二是以同样方式从湖南某钢铁厂购得100多万元的钢材，又是低价销售私吞。

在此基础上，张某串通银行武陵支行的杜某，骗开 480 万元的资信证明，成立典当拍卖有限公司。另外串通银行德山支行行长程某，骗开 3300 万元的虚假资信证明，将原来几个小公司拼凑成更大的空壳公司——湖南万琦物业集团公司，张某以高利差、高中介费大搞非法集资，总额达 4.337 亿元。

银行德山支行行长程某及其营业部主任肖某，因为得了张某的好处，死心塌地为张某大开方便之门。只要有人愿意出资，不论开什么样的手续都可以，不讲价钱。每次出资方提出存单要求，只要一个电话，程某和肖某就会按"老办法"办好。本应用电脑打印的存单，他们用手填写，然后偷盖他人印章。他们先后为张某开出存单 40 多份，签订合同 10 多份，资金总额达 4.237 亿元。最后，银行方面查账才查出此案。

银行人与骗子结伙，如同警匪一家。

5. 帮人拆借银行资金

山东桓台农民宋某，只有小学文化，从事建筑业，没赚到钱，想改行搞股票和证券交易。他结识银行淄博市证券交易部总经理逯某，声称自己在海南有 3000 多万元资金可以投资，但那里房地产不景气，想把这笔资金转回淄博，可是海南不准资金外流，只允许买国库券带回，而这么大量的国库券也很难兑换成现金，因此想找一家金融单位，在武汉的证券交易中心开设席位，通过证券交易使国库券变现。当时，逯某所在的证券交易部因成立时间短，企业存款少，经营十分困难。如果能把宋某这几千万元资金拉过来，自然很好。于是，双方很快达成协议：合作在武汉的证券交易中心开设一个席位，开办费 28.65 万元和一切手续由逯某负责；开展交易的铺底现券 300 万元由宋某提供；席位所有权归淄博的证券交易部，使用权归宋某；宋某使用席位操作只限于证券购销，并负有该席位一切经济、行政、法律责任，淄博的证券部对交易中的亏损不负责任。宋某还许诺，给逯某 30 万元现金答谢。

申办席位获得批准后，宋某以淄博的证券交易部的名义，到处宣传自己有几千万元国库券参加交易，拉不少关系，认识一些新朋友，向场内一些金融机构大肆拆借资金。为稳住逯某，他一边将许诺的 30 万元现金分两次亲自回淄博交给逯某，一边欺骗逯某，说场内交易顺利，赢利不少，并以场内赚取的赢利转出场需淄博的证券交易部出具证明为由，骗取淄博的证券交易部营业执照复印件，在银行武汉某支行设立淄博的证券交易部的场外账户，然后将场内大量资金转移到该账户。短短9个月时间，先后与在中心内开户的40多家金融机构买卖证券、拆借资金，总金额达3亿多元。宋某将其中拆借来的1.4亿多元资金通过设在银行武汉一支行的淄博的证券交易部账户转出，流向广西、广东、海南、山西、湖北、山东、天津和福建8省16个地市。

后来，逯某听说淄博的证券交易部有可能被合并撤销，便通知宋某抓紧清理，结束武汉的证券交易中心席位的业务。但宋某已经铺大的摊子，一时难以收拾，便同逯某密谋，以商丘公司的名义和淄博的证券交易部签订假"租赁协议"，将签订时间倒回。然后，宋某开始外躲，导致拆借单位蜂拥到银行讨债。事后追赃，仅收回600万元，确认债权1.02亿元。

骗术高低与学历高低无关，而骗术比学历更容易变现。不少案例都强调骗子的学历很低，似乎说学历越低道德素质也越低下，实则大谬！

6. 帮骗子办假票据

甘肃玛曲某银行职员赵某，在新疆做边贸生意时认识张某。张某问："我有一个姓刘的朋友能搞到银行承兑汇票，你在银行熟人多，能不能办贴现？"赵某一口答应。不久，刘某给他一张面值100万元的银行承兑汇票，要求他想办法找银行贴现，事成后按10%——20%的比例提成。按规定办贴现业务必须有自己的实体公司和相应的财产抵押，赵某便找一个开公司的老板杨某，以高额回报请他帮忙办理贴现。杨某也答应。赵某又找兰州某银行郭某帮忙，100万元现钞很快到手。两个月后，他们又办成一张480万元的汇票。两笔巨款到手后，赵某偿还以前做生意时的欠款，然后作为山东一家苹果酒厂的营销总代理南下广州。

经张某介绍，赵某在广东认识湖南人周某，决定合伙。周某对赵某说，他有一个福州的朋友王某，善于用伪造的汇票到银行贴现，可以一起干。这样，3人结成团伙，由王某负责提供银行承兑汇票资料，周某负责伪造汇票，赵某在郭某的配合下负责办理汇票贴现。王某委托福建闽清的张某帮他开一张银行承兑汇票，又通过别人伪造一份购销合同，从福州一家公司开出一张面值200万元的银行承兑汇票，将企业留存一栏传真给周某。周某到广州，找人伪造汇票。然后，赵某在兰州某信用社办理贴现。

为掩人耳目，赵某用100万元注册，在兰州成立中环生物开发有限公司，不断在兰州某信用社办承兑汇票贴现业务，滚动式还款。最后一次是一张金额为300万元的银行承兑汇票，票号和密押号齐全，在全国联网的微机上查询，也没有什么问题，便给予兑现。可是，眼看该汇票就要到期，赵某迟迟不还款。信用社多次催，他都以生意不景气、资金紧张为借口，一拖再拖。信用社只好要求出票的闽清银行支付。不料，该行说这汇票是伪造的。信用社派人火速赶赴福建闽清那家银行进一步查对，发现该行确实开过一张300万元的银行承兑汇票，票号、密押号和汇票资料都是正确的，但他们手中这张汇票却是用高新技术伪造的。据调查，赵某先后12次持12张假银行承兑汇票在兰州某信用社及其下属的三家信用合作社办理贴现，成功10次，骗取2290万元，造成直接经济损失1210万元。

同一类骗子，天南海北也会同流合污。

7. 帮骗子作伪证

吉林长春某化学制品厂的销售员孟某，在麻将桌上认识银行长春市分行站前广场办事处劳动服务公司经理卢某，明白提出："我能拉来存款，你能不能找个熟悉的地方，把钱存进去再取出来，咱哥俩儿弄点钱花花？"卢某一拍即合。

孟某与保险公司长春市分公司宽城区支公司副经理林某牵上线，卢某则与银行长春市分行清明街支行专柜主任郭某挂上钩。不久，在孟某带领下，保险公司的会计赵某、出纳董某一起到清明街支行存入300万元，存期一年。因公款不能私存，双方商定暂时在存款单位一栏填上单位名字，而银行底账用董某个人名字，以后再换过来。保险公司为获得高额贴息，同意这么做。卢某要郭某再开3张同样带有单位名字的存单，在背面注明"不能抵押、担保，不能提前支取"字样，金额分别为240万元、40万元、20万元，由孟某交给保险公司。同时，孟某以"怕提前支取"为借口取走全部真存单。没过几天，卢某称急着用这笔钱，派人持真存单和伪造的董某身份证到分理处取走240万元。后来，他们又如法炮制。审判机关认定，卢某、孟某以给高额贴息为诱饵，骗取几家保险公司存款2640万元。

长春保险公司为防范金融风险，开始将各基层单位存款单拿到相关银行对账，宽城支公司的假存单被发现并被没收。林某慌了，孟某便把新换的一张绿色存单交给林某，说这是全国统一编号，带有防伪标志。然而，保险公司总稽核杨某立刻指出，原存单上的开户行有三家，而新存单的开户行却只盖"清明街支行"的公章。杨某根本不相信孟某的辩解，决定亲自带人到清明街支行查账。

孟某无意间听到这个消息，他急忙告诉卢某。卢某找来清明街支行会计科长于某和交换员沈某，开门见山地说："明天保险公司要到你们那儿查账，你们替我搪塞一下，说'有钱'就行。"这两人真帮卢某伪造存款证实书，由孟某交回保险公司。第二天，保险公司一行人到清明街支行，沈某对保险公司递过来的"存款证实书"装模作样地算一会，肯定地回答银行确有这笔钱。保险公司坚持要书面证明。沈某将他们领上二楼。卢某在二楼假冒副行长，说存单绝对没问题。杨某追问："我们的存单原是存在站前分理处的。没通过我们转账，怎么擅自转到你们账上来了呢？"卢某无从应对，把保险公司人员又带到楼下，由于某冒充行长，满面笑容地告诉杨某："要什么证明都可以，我们出——但是今天不行，我们办公室管章的不在，明天就给你们送去。"至此，保险公司无奈。

在某电影中，吃了败仗的将领向上峰禀报说："不是我军无能，实在是敌军太狡猾了！"这样的话，真可以让杨某来戏说。

8.找人骗钱箱

银行浙江温州分行押款驾驶员潘某，经常吃喝玩乐，又梦想发大财，竟打起自己运钞车的主意。利用工作之便，他掌握银行库款交接的操作程序，也摸透各分理处、储蓄所在交接中存在的漏洞。他找来同乡王某等3人，多次密谋，精心制订骗款方案。他们聘请一名驾驶员，用其照片制作一张假身份证和假驾驶员证，用这两份假证到温州市区某汽车出租公司租一辆小型面包车，伪装成运钞车，并从街上买来经警穿的迷彩服、钢盔、断线钳等作案工具。

傍晚下起小雨。这伙骗子认为有利时机到，便开始行动，由潘某亲自驾驶假运钞车，王某扮成银行工作人员，其他人员扮成押运经警，来到银行温州市分行中心分理处接钱箱。该分理处的工作人员将71万元人民币和4万美元现钞装进3只铁皮箱子，并封好。车来了，跟往常一样，车一样的型号牌子，人一样迷彩着装警棍在手。大家本来就累，加上天色特别暗些，谁也没意识到车和人都是冒充的，就把钱箱送上那假车。

得手太容易，这伙骗子觉得不够尽兴。车开出15分钟后，得意忘形，不顾露出马脚，竟然用手机打电话给银行温州分行保卫科的负责人，挑衅说："钱，我们已经提走，你不要来了。"车开到市区金丝桥一幼儿园附近，他们将车、迷彩服、钢盔等作案工具丢弃，换上事先准备好的出租车。在出租车上，4人开箱分赃，然后分头潜逃。

这起诈骗案惊动全国。中央政治局委员、政法委书记批示：必须尽快破案！警方首先抓到潘某，不久将余犯一一抓获。

银行人要找人来骗，就像大姑娘要勾引大男人上门，比一般家贼更难防。

9. 联手偷总统

赞比亚总统奇卢巴发现，他存在巴克利银行的工资8200万克瓦查（约合21678美元），公然被人偷走。警方发现窃贼有3人，一个是与总统弗雷德里克·奇卢巴同名同姓的商人，另2名是巴克利银行驻赞比亚分行的职员。每次收到向总统私人账户划拨工资的单据时，这2名银行职员就把总统的账号划掉，填上商人弗雷德里克·奇卢巴的账号，再由这位奇卢巴从银行里把钱取出来，3人分赃。他们连续作案达16个月之久。

没人敢把总统剥得赤身裸体，但骗子敢把国王骗得一丝不挂，还要让他上街自取羞辱。古往今来，君王被杀的不多，被骗的不少。所谓"欺君之罪"，从来吓不倒真正的骗子。

（五）金库保管员

1. 狸猫换太子

银行阳谷支行营业部副主任、管库员兼复点员杨某，很多酒肉朋友。在河南台前开印刷厂的梁某，资金紧张，找杨某贷款，说按 2 分高息借也行。杨某经不住缠磨，答应帮他。令人不敢相信的是，杨某的帮法是趁同事不注意，打开金库的钱袋子，偷出 19 万元现金。杨某明确对梁某说："这钱是从金库里弄出来的，你要抓紧还。银行每月查库两次，要是给发现，我就完了。"梁某答应一收账就还。

然而，梁某的账一直讨不回来，而查库的压力越来越大。无奈之下，他们只好弄假币来应付，想等印刷厂的账一要回来就补上。没想到，印刷厂不仅欠账没要回来，还因为资金缺乏面临停产。如果真的停产，还债更无望。这样，杨某只好又用假币从金库换出 10 万元真币。

不巧的是，杨某曾为另一个朋友王某作担保，从人行典当行贷款 11 万元，而贷款到期王某无力偿还，法院责成杨某还款，本息共 15 万元。杨某无奈，被迫如法炮制这 15 万元债款。

更糟糕的是，梁某为催债，竟然绑架一个欠债人，被当地警方逮着。为找人帮忙放人，梁某妻子董某找杨某弄钱。杨某不肯，董某居然以金库假币案来要挟，逼着他又从金库换出 2 万元真币。

至此，杨某对梁某还钱绝望，以致对人生绝望，整天借酒消愁，索性将剩余的 14 万元假币全部换成真币，替另一个到期还不了贷款的朋友（也是杨某担保）还 3 万元，借给同学朋友 3 万多元，还酒店吃喝欠账一万多元，其余继续挥霍，直到行长查库时发现 60 万元假币。

这也是"逼良为娼"，从小骗逼成大骗。有意无意骗他的逼他的，都是他那些酒肉朋友。

2. 梁上君子

广东东莞的陈某和惠东的林某，都曾参过军，在部队服役时表现良好，林某还入党担任过班长，退伍后一起安排在银行东莞分行金库任保管员。然而，他们热衷于经商赚钱，合伙做生意欠下债，利用工作之便和银行金库监控设施及管理方面的漏洞，先后 4 次从金库盗走人民币 950 万元。

陈某和林某将最后一笔款 200 万元从金库盗出来之后，分别以旅游和护理妻子为由请假，逃到广州，从蛇头手中拿到有关证件，乘船偷渡到澳门，然后转到泰国。他们天真地认为，只要盗款金额不超过 1000 万元，国家不会通过国际刑警组织通缉。孰料错了。由于案情重大，引起中央领导的关注，总理作批示。没多久，他们就被东莞警方从泰国逮回。

骗子最终总是在关键的问题上出错。

（六）预备作案的储蓄员

银行重庆分行的熊某，曾在重庆某商业银行沙区支行高滩岩储蓄所工作。利用工作之便，偷偷复制内部管理卡和储蓄所的钥匙。

第二年 10 月，熊某伙同他在某商业银行重庆市分行中华路支行工作的哥哥，以及时任重庆恒宁开发公司经理的嫂嫂丁某，开始策划作案，化名谢军，用假身份证在该行建北、两百、观音岩等 7 家储蓄所开好户头。12 月 25 日晚 6 时许，趁星期五又是圣诞节，储蓄所无值班，用私配的钥匙进入高滩岩储蓄所，由丁某利用那张早备下的内部管理卡进入电脑网络，在终端机上虚存 270 万元，而熊氏兄弟则在门外望风，作案前后仅一分钟。第二、三天，他们分别在那几家储蓄所提取现金 208 万元。

幸好熊某没多到几个储蓄所"工作"。

四、储蓄员骗储户

1. 填写一式两样的存单

济南的杨某，通过"公关"，一方面成立济南市 A 银行历下支行济王公路代办所，另一方面成立"楚银公司"。每当储户来存款，他给储户填写真实的存单，但银行留存的第二联却被他抽出来单独填写，从中间截留大量款项。所挪用的钱，用于楚银公司和炒期货，再就是吃喝玩乐。但他办企业欠债、炒期货亏本，储户存款来越多到期，拆东墙补西墙也难以招架。

这时，杨某结识济南 B 银行湖山路支行服务部主任徐某，臭味相投。杨某要求贷款，徐某没答应。杨某又生一计，拉一些客户把钱存到徐某的服务部，由徐某更改进账单，然后把钱都划到楚银公司账上，另外给徐某个人好处。徐某答应。于是，先后有 3373 万元存款转入楚银公司及杨某个人账户，除支付高息500万元和投资楚银公司520万元之外，其余全被杨某贷出或炒股、炒期货，然而又都亏老本。陆续有储户拿着到期存单取不到款，A银行终于发现这当中的罪恶。

一手办银行，一手办公司，天底下有这样的好事？

2. 骗客户重输密码

重庆垫江的陈先生帮其母取钱，来到某支行一储蓄柜台，将卡递进去，要求取1000元。陈先生输完密码，柜员说："密码不对，重输。"他重输了一遍，才取到款。不料，两天后，陈先生的母亲问为什么取了1200元，却只给1000元？他说只取1000元，母亲说到ATM机上查了明细，他那天取了2次，一次200元，一次1000元。陈先生深感委屈，便去找银行那名柜员。那柜员查了一下，说他只取1000元。他问他输了两次密码，是否多了账？柜员否认。他不甘善罢，转而找支行领导。支行有关人员查看了陈先生当天取款的记录，证明他当时的确取了两笔款。奇怪的是，两笔取款只间隔20秒，这柜员显然有问题。于是，该支行立即检查由那名柜员经手的取款流水账，赫然发现，这柜员近一年里，采取类似手法作案29次，共从储户账户里偷了1.9万元，每次金额从50元到200元不等。马不停蹄，该银行重庆分行在全行范围内展开检查，发现另一分理处也存在类似情况，一柜员从30多个储户账户里偷了3.2万元。

这家银行善后工作倒是不错。

3."克隆"储户存单

李某大学毕业入职银行，工作积极肯干，聪明好学，不久就成为科里业务骨干，深得领导与同事们喜爱。两年后，一个分理处主任调动，行领导将这副重担交给他。这家分理处成立不久，业务辐射面窄，知名度低，在激烈的同业竞争中显得势单力薄。李某与同事们动脑筋、想计策，使存款直线上升，不到一年时间面貌大为改观。随着客户不断增多，在社会上的知名度也大幅度提高，分理处连续被评为"青年文明号"，李某本人也被评为"文明标兵"、"岗位明星"，还参加上级行组织的"爱岗敬业"事迹报告团。

然而，这样一个优秀青年很快中金钱的魔。多年不见的老同学白某得知他在分理处负责时，设法找机会与他联系，经常请他出入高级酒楼，让他领略纸醉金迷的生活。看到白某出手阔绰，李某的心态有些失衡。白某趁机说："你呀，就是死心眼。天天守着那么多钱，就不会动动脑筋？现在我有一笔能赚钱的生意，可惜少点周转资金。如果你可以搞到点钱，咱们一起做生意，赚的钱四六分，怎么样？"李某点头。于是，趁着替同事顶岗的机会，他将一张空白存单复制成与储户相同的存单，拿到另一家银行办理贷款10万元。他把这钱交给白某，指望在生意场上大赚一把。其后，他又一次次将手伸向储户的存单，复制后拿去贷款。最后，白某告诉他：生意亏了，20万元全赔进去了！李某这才感到害怕："那20万元存折马上要到期了呀！"他想让白某借点先把贷款还上，然而白某却不见踪影。直到一名储户提前来支取存单，却被告之他的存单已被冻结，行里开始调查。眼看就要败露，李某带着仅有的900多元钱仓皇而逃。

有些骗子本身也是受骗者，也是出于无奈，但这无助于改变事实。

4. "代理"储户取款

银行杨凌支行东风路储蓄所负责人张某，长得挺漂亮，曾被捧为"校花"，但染有毒瘾。那份令别人羡慕的工资对于她来说杯水车薪，欠下的毒债日见增长。于是，她盯上银行的钱，伪造储户存单，然后对出纳谎称代储户取款。多则十天少则三五天，她就要作案一次。两年时间，她骗出85万元，挪用公款5万元，其中50余万元用于吸毒，20万元用于因吸毒被罚款。

杨凌支行召开储蓄所负责人会议，布置对各网点财务进行检查。张某慌了，连夜叫弟弟帮忙，在计算机上做手脚。但她作案次数太多，且金额又大，改起数据来很费时，改完总账来不及改分账。第二天，支行的检查组来，发现通知存款905470.86元有问题。张某说，可能是电脑的问题，要求让她检查一下。检查组离开后，她借口有事出去一下，跑得无影无踪。

看来，业务检查还是多些好，且要"突然袭击"，让张某这样的骗子再多找几个人帮忙也措手不及。

5. 边收储边转支

黑龙江兰西的刘某是个"神童"，读小学4年级就获得黑龙江省初中数学竞赛一等奖，并代表黑龙江参加全国小学生速算比赛，又荣获二等奖。上初二时，当地银行的人登上门来，邀请刘某代表该县支行参加全国银行系统的速算比赛。这有点像开玩笑。可是来人说，银行可以聘刘某为临时工。如果参赛能取得好名次，就正式调入。结果，刘某获全国第七名，成为银行正式员工。

哪知，年仅16岁的刘某很快心术不正起来。有天午休时，他趁同事不在，以"姜波"的名义打一张一元钱的存折，盖上一位同事的印章。又一天，有位姓马的客户来存8万元，刘某经办。客户一走，他竟然通过电脑从马某存折里取出7.5万元，存入"姜波"的户头。后来，马某提前来取5万元，却被告知他存折上只剩5000元，东窗事发，"神童"流星般坠落。

从骗子这个角度看，刘某也是"神童"。

6. 火烧储户存单

河南禹州的刘某，到表孙女李某所在的信用社存款10万元，李某却将此款偷偷挪给自己的弟弟做生意。弟弟不争气，把钱给亏了。一年到期，刘某来取款，李某只好如实相告，请求宽限一段时间。念在亲戚的份上，刘某忍气吞声。偏偏刘某的朋友张某向刘某索债8万元。她把10万元的存折拿出来，说一时取不出："不信，我把存折和密码给你！"张某因用钱很急，只得要了存折和密码亲自取。信用社当班小姐核对存折和密码，说："我把情况向新领导汇报一下，你们明天再来。"

第二天，只有李某一人当班。李某接过张某的存折，开始填单。好像填错，填一张撕一张，随手扔进一旁的火炉里。填着填着，她突然将存折扔进火炉。张某责问："你咋把我的存折给烧了？"她竟变脸说："谁见你的存折了？想讹人是不是？"到公安局审讯室，她还坚持要赖说："我没见存折。他们来取款，掏了掏口袋，啥也没掏出来……"直到表姨家人出来作证，她这才承认。

骗子一般都很"坚强"。如果表姨家的人不出面作证，那么骗子之名很可能要落到张某头上，信乎？

五、信贷员骗贷款

河南镇平信贷员刘某，私自高息揽储。当时法定利率为 7.5%，他给的利率高出 50%。这样，人们纷纷把款存到这个偏僻小镇的落后小村。甚至，刘某还到相邻的南阳一家宾馆包房间，长期吸纳外地存款。几年间，他揽到 52 个储户的 100 多万元存款，但他并没有把这些存款交上级社，而以更高的利息贷出去。他先后私自放贷 143.53 万元，个人获利差 6.1 万元。但由于放贷手续不严，有些贷款户根本就没打算还款。

刘某欺骗储户，贷款户欺骗刘某，最终吃亏的还是储户。

1. 给自己放贷

银行浙江温州瓯海支行梧埏分理处信贷员胡某，对 3 笔自然人抵押贷款台账中的名称做改动，骗得金额达 116 万元，然后去向不明。该支行在规范内部信贷管理过程中，发现胡某没有按时将有关档案上对抵押物进行核对，又发现无入库记录和抵押权证，于是向警方报案。

警方获悉胡某在上海证券交易所买进 44.6 万元的股票，当晚冻结他的账户。随后，又获悉胡某在大连出现，立刻赶赴将其抓获，但赃款仅追回 60 余万元。

2. 借企业之名贷款

上海某银行的信贷员黄某，负责某印钞厂的存贷款业务。他竟然利用职务之便，采用伪造对账单、进账单的手法蒙骗印钞厂，擅自挪用 180 万元借给朋友。后来，他又将印钞厂的公章及法定代表人的私章复印下来，私刻伪造，接二连三从银行骗取贷款。先后 21 次从银行骗取贷款，累计金额 3.5 亿元。除以借新还旧方式归还贷款 2.5 亿元外，造成银行实际损失仍达一亿元。

信贷员骗贷款竟然像厨师"偷"吃菜一样容易，难道银行管理也像厨房管理一样简单？

3. 私自贷出客户存款

四川广元某建筑公司的熊某，通过银行广元支行房地产业务部负责人王某，揽到该银行修建宿舍楼工程。王某请熊某帮助揽存款。熊某一时找不到有存款的人，便将自己 4 万元现金交给王某，由王某存入，并注明委托存款。

不久，保险广元分公司下属的酒楼申请4万元流动资金贷款，王某竟以熊某及某银行房地业务部的双重身份与这家酒楼签订贷款合同。

酒楼的生意并不好，每况愈下，濒临倒闭。而熊某生意很好，完成银行宿舍楼工程后，又联系到新的业务，急需资金。他拿着存单到银行取款，被告知钱被贷出去，借方尚未还本金，要等还款才能取款。

4. 伪造储户印章

深圳的王某和刘某，炒房炒成房东，遂决定找银行"融资"。他们勾结某银行的信贷员宋某，密谋将检察院行政处的2000万元引存到宋某所在的银行。首先，宋某利用工作之便在他所在支行开一个"市检察院"的账号，拿到空白申请书、印鉴卡，交给他老乡毛某，让人冒充成宋某，拿着银行的开户资料上门为检察院办开户手续。然后，套取印章样本，造假公私章。接着，又找人冒充检察院工作人员的"替身"，到宋某所在银行申请开户，在申请书和印鉴卡上盖上伪造的检察院印章。宋某又提供"方便"，在没核对原件情况下，在开户意见栏写上"复印件与原件核对一致"。接着，王某又用假印鉴购买检察院转账支票一本。次日，王某填好两张近2000万元的盖有假印鉴的检察院转账支票，转走款项2000万元。他们还用同样手段骗走国土局4000万元，至案发有1200万元无法追回。

骗子都有孙悟空大闹天宫之胆，谁的钱不敢"借"？

六、电脑黑客

1. 偷改软件

江苏丕州某银行的软件维护员孙某，到本行下属一个分理处办一张信用卡，只存10元。当天晚上，他登录网上银行，将这10元改成50010元。第二天，他就从ATM机取出10张百元大钞。后来，他又为自己虚增一次10万元、一次13万元存款，陆续在全国各地取出。

邳州支行向市分行申请安装一套库存现金查询系统，孙某竟然设计一套自动增加自己账上存款余额的程序，即每当余额低于5万元时，该系统会自动增加 3 万元。然后，他辞职去北京，陆续取用这些存款，半年里支取 33.8 万元。家里人知道后，劝他自首。

这算是骗子之最了。因为只要一个人轻轻松松拨弄那么一会儿，一劳永逸，就有钱像山泉一样源源不断地流到自己口袋。从理论上说，山有多高水有多高，银行有多少钱他孙某也可以有多少钱。好在他家里人深明大义，劝他悬崖勒马。

2. 虚增存款

银行漳州芗城支行外贸储蓄所主持工作的副主任戴某，在全省银行系统更换电脑储蓄操作程序时偶然发现，他原来只能进入后台的密码也能进入前台操作，便乘储蓄所下班之时，利用电脑虚存 76 万元入个人账户，同时办好上缴银行现金的手续，做平当天的账。然后，利用双休日，在漳州几个储蓄所取出十几万元，又特地到银行厦门牛山路储蓄所取出 30 多万元。星期一，他照常于上午 10 时送出报表，然后赶到厦门，将剩余的 20 多万元取出，直奔机场，逃往广州。

狼狈的是，在厦门，由于太慌张，丢一包 20 多万元，戴某顾不上找，逃上飞机要紧。在广州火车站，戴某认识一个叫小华的人，委托他办一张假身份证。小华发现戴某很有钱，便鼓动合伙开美容厅。戴某答应，掏给几万元，可那人一拿钱就跑，他不敢报警。有天在公共汽车站等车，发现小偷在偷他的钱，本该抓住。没想到，小偷招呼一群同伙来围攻，反而把他的手给打断，但他仍不敢报警。就这样东躲西藏，忍气吞声，还是逃不过警方的追捕。

逃亡生涯如此窝囊，难怪不少逃犯宁愿选择自首。

七、私开新业务骗存款

叶某是著名作家，曾在贵州插队多年，对贵州有感情。苗族子弟杨某高考到上海，曾在复旦读书。有一年，遵义饭店开张，贵州驻沪办事邀请叶某去参加，认识杨某。杨某的名片上这么写着：银行上海分行营业总部负责人、经济师。从此，两人常有些交往。然而，杨某却将叶某骗一场。叶某对某周刊记者回忆说：

也是一次聚会上，他跟我说，现在银行对外的利率很低。内部有办理"委托投资业务"，对象是社会上有身份、有成就的总经理、董事长、企业家和知名人士等。对于投资者的个人回报率是10%。我说，如果有书面的文件，那就让我先了解一下情况。不几天，杨某就将"委托投资协议书"发了一份传真给我。中间，他又打电话来联系过。后来就说好我"委托投资"50万元。

银行是个特殊的地方，它本身就包含着可靠、安全等金融要素。我相信银行，我是奔着银行去的。如果是另外的地方别的人，跟我说有什么投资有什么回报，我是不会相信的。这是常识。2000年5月31日，我带着50万元现金，来到银行12楼的1223房间。这12楼是该银行的办公室，样子跟报社那样的一个个格子差不多的。杨某说，你看到的协议书是传真，现在我拿正式的给你。我看后觉得可以，杨某就说，那我就让隔壁的同事填一下再拿来。

一会儿，杨某回来，手里拿着填好的委托书和银行图章。委托书上的字，是另外一个人的笔迹。我再看一遍，无疑义，就签了字。事先，杨某还特地让我带上图章，所以我用了杨某的印泥，又盖上章。杨某也在协议书上盖了银行的章。

手续办理完毕，杨某就领着我来至底楼大厅营业柜台，钱存进银行。因为数目比较大，柜台里几个人用了几台点钞机。随后给了我一张"银行借存(取)款回单"，上面盖上了银行的章。直到2001年5月31日，存单一年期满，我到银行浦东支行去，我填单取款50万元。柜台的青年人从姓名上知道是我，挺客气地告诉我，叶先生你的账面上只有50多元。我听不懂了，我要昏过去了，50万元变成50元了？

工作人员在电脑上查了一下，说我去年5月31日存款，第二天6月1日就提走了4万元。我说，不可能，我今天存明天提，谁吃饱了没事情干了？青年人就打印了一份我的提款清单，就是这张(展示给记者看)。

事情就出在那张"放在银行里的卡"上。杨某讲卡放在银行里，后来才知道，杨某就是用这张卡把钱提空了。

叶某连忙找支行领导、上海分行领导，要求维护储户的权利和银行的信誉。银行方面说，这是个人诈骗，与银行无关。对方不承认银行搞过委托投资业务，说这项业务及委托书是杨某伪造的。红图章是假的，杨某名片上的"负责人"也是假的。双方分歧很大，叶某将银行上海分行告上法庭，要求银行赔偿50万元本金及一年利息的损失。

银行上海分行办公室主任助理陈某对记者说，叶某是将50万元人民币存进了银行的柜台。但是，在办存款磁卡和密码之后，他却没有把磁卡拿回去，让杨某掌握了这张磁卡。这在我们银行的说法里，叫"权力让度"。银行对职工的要求，是在银行规定的业务范围之内，遵从相应政策和管理法规，做好自己的业务工作。对于某个个人的某种个人行为，越出了以上法律法规的范畴，他自己负责。叶某不是在银行里认识杨某的，他们是社交场合认识的。叶某听信了他一个人的话，说是银行有"委托投资业务"。我们银行开展的各项业务，都是要通过总行批准的，要有正式行文的。再说，这世界哪里有那么高的利息回报？年利率是本金的10%啊，这事情哪里会有啊！

骗子没有因为叶某是名人、友人和高智慧的人而心慈手软，几如死神对于所有生灵那样无情。

八、小职员造成的大伤害

因巴林银行案入狱的利森，在英国《镜报》公开撰文说："我对于当局没在我的个案上汲取丝毫教训，让相同事件发生，感到震惊。这些大公司的金融保安竟如此松散，令人吃惊！核对和监管审计在哪？我的巴林事件曾被写成不少文章，但全都起不了作用。"也许，利森说对了。

爱尔兰联合银行是爱尔兰最大的外汇交易公司，长期以来被视为欧洲经营最好的"无风险"银行之一，在全世界有3.1万名职员。其爱弗斯特分行是美国50大银行之一，有职员6000人。进入2002年没几天，突然在美国爱弗斯特分行发现大量伪造的外汇交易单，涉案金额累计5亿英镑，约合7.5亿美元，惊动全世界。犯罪嫌疑人鲁斯纳克向调查人员承认，他曾经做一系列没有规避风险的日元对美元的交易。交易失败后，他的损失愈聚愈大。为弥补损失，他开始伪造与其他银行的交易合同，制造一种没有亏空的假象。为此，他还伪造大量由其他银行发来的传真。

37 岁的鲁斯纳克是一个普通的小人物，在这家银行工作 7 年。他每天早上与妻子及两个孩子道别后，开车去上班，过着刻板的生活。鲁斯纳克在自己社区口碑也甚佳，被称为"社区栋梁"，是当地学校董事局成员，又是教会常客。该分行负责人基廷说："直至事发前，他仍是众人眼中的好职员，是社会中正直的一员。"

这个诈骗案曝光后，立即轰动国际金融界。业内人士普遍认为，该案对爱尔兰联合银行以及美国的外汇市场造成的冲击波，不亚于 1995 年利森对巴林银行造成的危害。爱尔兰联合银行会不会沦为"巴林银行"第二？其影响可能超过巴林银行破产案吗？当时，国际金融界非常担忧。所幸联爱银行事后处置非常得力，通过一系列免职、问责、整改，它幸运地挺了过来。

10 年过去了，联爱银行现在的业务已覆盖到爱尔兰、美国、英国、波兰等多个国家和地区，是爱尔兰最大的金融公司。但是，国际金融界仍然将此欺诈案，视为银行业在全球化过程中的一个典型教训。前面引述利森那话，曾经很对，但在联爱银行案之后，也许不再对了！

此例作为全书结尾，很巧挺有意义：尽管金钱骗子给尢数人造成程度不一的伤害，但宏观来看，终究不过如虱子扰人，世界金融业终究如联爱银行一样挺过一场场危机，人类经济生活也终将一天比一天更美好！

后 记

　　我早想"金盆洗手"了，不再写作家和金融专家学者都不屑一顾的金融读物，甚至不想再写小说，而潜心于故纸堆，专心写我的历史随笔系列。尽管我基本不看电视、不读报刊也不大上新闻网了，然而，我并没能躲开金钱骗子的骚扰，还是经常被微信朋友圈中日新月异的金融诈骗震惊，——是他们"逼"着我再次"不务正业"。

　　2013年秋，我到英、法、德、意四国旅游一趟，收获了诸多美好印象。因为有女儿及准女婿导游，我们常自驾住民宿。记得有天在罗马，出门时我提一大袋垃圾独自先下楼，没想门口街边那垃圾箱跟老式邮箱一样，口很小，塞不进。我顺手搁在那垃圾箱边的地面，挺起腰转身要离开，忽然听有个男子在几米外的车里大声说什么。我感觉过去是对我说的，当然我听不懂他说什么，但从他比画手势中我明白了，随即弯腰拎起那袋垃圾，朝他指的方向转身——我知道那不远有大的垃圾箱，并冲他抱歉一笑，他则竖起拇指对我说OK。他显然不是警察，也没戴什么红袖章，非常可能只是一个普通的公民。我马上对女儿等说了这事，说这让我明白：一个公民随时随处都有自己的责任，该鼓励什么，该批评阻止什么。我不希望收集了那么多案例让它们在图书馆里沉睡，并让女儿加入这项事业；希望读者朋友看了不仅自己不再受骗，也请多转述给你的亲人、朋友、同事……罗马不是一天建城的，罗马等西方社会较美好的一面也不是靠警察等一类几类职员建构的。

　　这书是在本人《银行 VS 骗子——银行知识与金融防诈》、《捂紧口袋防诈骗》及《百姓经济学——怎样用小钱赚大钱》（第二版，）基础上重新编写的。重点是：原来知识与"指南"性内容全删，还删了一些过时之嫌的案例，添补几个类别及最新案例。

本书所涉典型案例，均出自公开的媒体，主要有国际央视、中国警务报道、《法制文萃报》、《金融时报》等，还有早报网、凤凰网等及通过百度检索与微信朋友圈。在案例摘要改写中，限于体例，没能逐一注明新闻出处。观点性材料多数有注明，有些未注明只因为网上过多转载而丢失作者姓名，请谅解。如有涉及版权问题，请来函纠正。

新华出版社副总编黄国绪老师继三部历史随笔系列之后又约我出这本书，中国建设银行董事会秘书陈彩虹老师为本书写了序，深为感激。在本人金融写作中，还曾得到如下人士支持和帮助：杨长岩（中国人民银行）、吴沁沁（中国人民银行）、赵彦峰（中国建设银行）、阙文凯（中国建设银行）、廖者文（中国建设银行）、萧毓龙（中国农业银行）、邓元高（招商银行）、林晓雯（兴业银行）、邱成安（阳光保险）、杨怀龙（法官）、萧文禄（警察）、肖远扬（房产）等，还有福建省文艺创作（泰宁）基地为我近来回乡生活、写作提供了诸多便利，本稿主要是在中国作家协会北戴河创作中心度假期间完成，一并鸣谢！

2016 年 9 月 1 日 厦门海沧彼岸